"十二五"职业教育国家规划教材 修订版

经全国职业教育教材审定委员会审定

基础会计

（会计学原理）

第3版

主　编　郭　涛　何乃飞

副主编　叶　铟　苏利人

参　编　曾春梅　刘恒梅　李　生

U0366937

机械工业出版社

本书根据财政部颁布的新会计准则精神，结合财政部 2017 年 3 月以来对会计准则的修订内容以及 2019 年 3 月 22 日财政部、税务总局、海关总署联合发布的《关于深化增值税改革有关政策的公告》，消化吸收我国会计与税法改革的理论与实践新成果，在第 2 版的基础上修订而成。本书循序渐进、深入浅出地介绍了会计的有关基本理论、基本方法及基本操作技能。全书共分十章，主要内容包括：总论、会计要素与会计恒等式、会计科目与账户、复式记账、账户与借贷记账法的运用、成本计算、账户分类、会计凭证、会计账簿、会计核算形式、财产清查、会计报表、会计工作规范等。本书注重教材的实用性；每章后面均附有习题和业务训练题，便于学生加强理解和练习，使学生能够举一反三、融会贯通。为方便教学，本书配备电子课件、习题答案和教案等教学资源。凡选用本书作为教材的教师均可登录机械工业出版社教育服务网 www.cmpedu.com 下载。咨询可致电：010-88379375，服务 QQ：945379158。

　　本书可作为普通高等院校和高职高专财经类与管理类专业教材，也可以作为经营管理人员学习会计知识的参考书。

图书在版编目（CIP）数据

基础会计：会计学原理/郭涛，何乃飞主编. —3 版. —北京：机械工业出版社，2019.7
（2024.1 重印）

"十二五"职业教育国家规划教材　经全国职业教育教材审定委员会审定

ISBN 978-7-111-62669-5

Ⅰ. ①基…　Ⅱ. ①郭…　②何…　Ⅲ. ①会计学—高等职业教育—教材　Ⅳ. ①F230

中国版本图书馆 CIP 数据核字（2019）第 083789 号

机械工业出版社（北京市百万庄大街 22 号　邮政编码 100037）

策划编辑：孔文梅　　责任编辑：孔文梅
责任校对：王　欣　　封面设计：鞠　杨
责任印刷：刘　媛

涿州市殷润文化传播有限公司印刷

2024 年 1 月第 3 版第 5 次印刷

184mm×260mm · 16.5 印张 · 388 千字

标准书号：ISBN　978-7-111-62669-5

定价：39.80 元

电话服务　　　　　　　　　　　　　网络服务

服务咨询热线：010-88361066　　　　机　工　官　网：www.cmpbook.com

读者购书热线：010-88379833　　　　机　工　官　博：weibo.com/cmp1952

　　　　　　　010-68326294　　　　金　书　网：www.golden-book.com

封面无防伪标均为盗版　　　　　机工教育服务网：www.cmpedu.com

前　言

随着我国加入 WTO 和社会主义市场经济的迅猛发展，亟须培养大批厚基础、宽口径、重应用的初级和中级经济管理人才，这是我国高职高专教育所面临的紧迫任务。

本书是按照教育部《关于加强高职高专教育教材建设若干意见》和《高职高专规划教材编写的指导思想、原则和特色》的要求，根据财政部于 2017 年 3 月以来发布的新会计准则，结合 2018 年 4 月 4 日财政部和国家税务总局联合发布的最新税收法律法规的新要求，在消化吸收我国会计和税法改革的理论与实践成果的基础上，对以往的会计教材进行更新，及时编撰而成。

2017 年 3 月至 5 月，财政部发布了《企业会计准则第 22 号——金融工具确认和计量》《企业会计准则第 23 号——金融资产转移》《企业会计准则第 24 号——套期会计》《企业会计准则第 37 号——金融工具列报》共四个修订后的金融工具会计准则，以及修订后的《企业会计准则第 16 号——政府补助》和修订后的《企业会计准则第 14 号——收入》；2017 年 4 月财政部发布了新企业会计准则，即《企业会计准则第 42 号——持有待售的非流动资产、处置组和终止经营》；2018 年 4 月 4 日财政部和国家税务总局联合发布《关于调整增值税税率的通知》（财税〔2018〕32 号）：纳税人发生增值税应税销售行为或者进口货物，原适用 17% 和11% 税率的，税率分别调整为 16%、10%；2018 年 6 月 15 日财政部发布了《关于修订印发2018 年度一般企业财务报表格式的通知》，对一般企业财务报表格式进行了较大的修订；2019年 3 月 22 日财政部、税务总局、海关总署联合发布了《关于深化增值税改革有关政策的公告》，推进增值税实质性减税，增值税一般纳税人发生增值税应税销售行为或者进口货物，原适用16% 税率的，税率调整为 13%；原适用 10% 税率的，税率调整为 9%。2019 年 4 月 30 日财政部发布了《关于修订印发 2019 年度一般企业财务报表格式的通知》，对一般企业财务报表格式进行了较大的修订。为了体现财政部最新发布的企业会计准则及我国增值税税率调整的新内容，反映财务报表格式的最新变化，我们及时对本书进行了修订，力图使本书内容与会计和税法改革实践同步更新，使学生和读者能更好地学习会计新知识。

本书循序渐进、深入浅出地介绍了会计的有关基本理论、基本方法及基本操作技能。全书共分十章：第一章总论；第二章会计科目、会计账户和复式记账；第三章工业企业主要生产经营过程核算和成本计算；第四章会计账户分类；第五章会计凭证；第六章会计账簿；第七章会计账务处理程序；第八章财产清查；第九章财务会计报告；第十章会计工作规范与会计工作组织。本书的特点是：内容深入浅出，注重教材的实用性及适用性；每章后面附有适量的习题和业务训练题，便于学生加强理解和练习，使学生能够举一反三、融会贯通。

本书由郭涛和何乃飞任主编，叶铟、苏利人任副主编。全书共十章，其中第一章、第七章由郭涛（广州航海学院）编写；第三章、第八章、第九章由何乃飞（广州航海学院）编写；第四章由叶铟（广东省广播电视大学）编写；第二章由苏利人（广州航海学院）编写；第十章由曾春梅（广州航海学院）编写；第五章、第六章由刘恒梅（广州航海学院）和李生（广州航海学院）共同编写。郭涛负责本书编写大纲的拟订及全书的统稿、修订和定稿工作。

  为方便教学，本书配备了电子课件、习题答案、教案等教学资源。凡选用本书作为教材的教师均可登录机械工业出版社教育服务网 www.cmpedu.com 免费下载。如有问题请致电010-88379375，服务 QQ：945379158。

  在本书编写过程中，借鉴了大量文献资料，在此向有关单位及作者表示感谢。

  本书的编写，得到袁炎清教授、李永生教授的大力支持和帮助，在此表示衷心感谢。

  由于编者的业务水平有限，书中难免有不妥或错误之处，恳请读者批评指正。

编　者

目　录

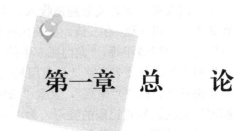

第一章 总 论

学习目的

通过本章学习，要求了解并掌握会计的概念、会计的职能；理解会计的对象、会计的任务；了解会计核算的七项专门方法及其相互关系；掌握会计基本假设和会计信息质量要求。

技能要求

理解工业企业资金运动过程与商品流通企业资金运动过程的区别，并能用图表示出来。

第一节 会 计 概 述

一、会计的概念

会计是以货币为主要计量单位，采用一定的方法对企业、行政和事业等单位的经济活动进行核算和监督的一种管理活动。

会计产生于人们对经济活动进行管理的客观需要，随经济管理的要求而发展，并与经济的发展密切相关。

会计在我国有着悠久的历史，早在原始社会，就已经有了很简单的计算工作，如"结绳记事""刻契记数"等。到了西周，开始出现"会计"的命名和较为严格的会计机构。《周礼·天官》篇中指出："会计以参互考日成，以月要考月成，以岁会考岁成"，而"参互""月要""岁会"则相当于现代的日报、月报、年报等财务报告。这时的会计，已有记录、计算、考核和监督的内容，并且还出现了会计制度的简略轮廓，是我国会计发展史上一个突出的进步。

唐宋时期，出现了"四柱清册"的会计核算方法，即在会计账册和报表中并列"旧管""新收""开除""实在"四柱，其含义分别相当于现代会计中的"期初结存""本期收入""本期支出""期末结存"。四柱之间的数量关系可用会计方程式表示：旧管+新收－开除=实在。在四柱中，每一柱都反映着一定的经济活动内容，它们之间相互联系、相互制约，形成统一的整体。"四柱清册"的创建和运用是我国会计理论和技术的重大发展，它为我国通行多年的收付记账法奠定了理论基础。

明清两代，会计工作核算方法出现了"龙门账"，即把全部账目分为："进""缴""存"

"该"四大类，其含义分别是收入、支出、资产、负债。四者之间的数量关系可用会计方程式表示：进-缴=存-该。年终结账时，分别编制"进缴表"和"存该表"，两表各自计算出的差额应该相等。"龙门账"中的"进缴表"和"存该表"分别与现代会计中的"利润表"和"资产负债表"意义与作用相近。继"龙门账"之后，又出现了"四脚账"，对每一笔经济业务，既登"来账"，又登"去账"，即反映同一账项的来龙去脉。"龙门账"和"四脚账"是我国复式记账的雏形，为以后发展严密的复式记账方法奠定了基础。

清代后期，辛亥革命以后，我国从国外引进了借贷复式记账。1494年，意大利数学家、会计学家卢卡·帕乔利在威尼斯出版了《数学大全》一书，对借贷复式记账做了系统的介绍，并介绍了以日记账、分录账和总账三种账簿为基础的会计制度，以后相继传至世界各国，为世界现代会计的发展奠定了基础。

新中国成立以来，根据不同时期经济发展的要求，制定了一系列的企业会计制度，并于1985年公布了《中华人民共和国会计法》（以下简称《会计法》），标志着我国的会计工作走上了法治的轨道。1993年又颁布了《企业财务通则》和《企业会计准则》，此后，根据我国具体情况，不断对其进行修订和完善，使我国会计工作更好地适应了市场经济的需要，并与国际会计准则相协调。2006年2月15日，我国财政部发布了《企业会计准则——基本准则》和38项具体准则在内的企业会计准则体系，2006年10月30日，又发布了企业会计准则应用指南，从而实现了我国会计准则与国际财务报告准则的实质性趋同。

二、会计的职能

会计的职能是指会计在经济管理中所具有的功能。会计的职能可以概括为：综合核算与监督经济活动过程，参与企业预测、决策，并对经济活动进行控制和分析。

（一）会计的基本职能是核算与监督

1. 会计的核算职能

会计的核算职能，也称会计的反映职能。主要指是会计从数量上连续、系统和完整地记录、计算和报告各单位的经济活动情况，为经济管理提供数据资料。会计核算是会计的首要职能，它具有以下特点：

（1）会计核算提供的信息主要是通过货币形式来反映的，具有可比性

现代会计的主要特点就是货币计量。会计核算所提供的会计信息最终都可以以货币的形式来表示。由于会计核算在计量单位上的统一性，使得会计核算所提供的会计信息不论在横向还是纵向都具有可比性，而且为信息资料的汇总、统计分析带来很大的方便。

（2）会计核算具有可靠性和可验证性

会计主要核算已经发生或已经完成的经济活动。在每件经济业务发生后，会计核算都应该编制和审核会计凭证，以保证其真实性，然后根据会计凭证登记账簿，最后根据账簿编制财务报告。从会计凭证到会计账簿，再到财务报告，环环相扣，具有很强的可验证性。

（3）会计核算具有连续性和综合性

会计核算主要通过设置会计科目和登记会计账户来进行，而账户能将经济活动按其发

生的先后顺序不间断地进行记录，保持其记录的连续性。同时，会计核算采用货币计量方式把大量分散的、不易理解的经济业务数据，分门别类地加以汇总，使之成为便于理解、能说明情况的综合信息。

2．会计的监督职能

会计的监督职能，主要是对各单位经济活动全过程的合法性、合理性和有效性进行监督。它具有以下特点：

（1）会计监督具有强制性和严肃性

会计监督是《中华人民共和国会计法》赋予会计机构和会计人员的一项权利和义务，会计监督的标准和依据是国家财经法规和财经纪律，因此，会计监督具有强制性和严肃性。

（2）会计监督具有适时性和连续性

会计监督是伴随会计核算进行的过程监督，是针对每一项经济活动连续、完整地进行的监督，这与审计监督、财政监督和税务监督等只能定期地进行不同，所以说，会计监督具有适时性和连续性。

（3）会计监督具有综合性

会计是以货币计量的，其资产、负债、所有者权益、收入、费用、利润和现金流量等指标都是以货币计量形式综合地反映企业的经济活动过程和结果，因此，会计监督也可以利用这些指标从总体上监督整个经济活动。

会计核算和监督是会计的两个基本职能，会计的核算职能是会计监督职能的基础，会计监督职能则又贯穿于会计核算的全过程，两者相辅相成，既有独立要求，又紧密联系，缺一不可。

（二）会计职能随着经济的发展和管理理论的提高不断充实和发展

会计的基本职能是核算和监督，但随着历史的发展，传统的职能已得到不断充实，新的职能不断出现，各种职能的重要性也起了变化。例如，随着我国经济体制改革和国民经济的发展，为了加强经济核算，讲求经济效益，要求会计工作开展预测经济前景、控制经济过程、参与经济计划和经济决策等工作。因此，会计学术界提出"会计多功能论"，认为会计除了核算与监督外，还有预测、决策、控制、分析等职能。

第二节 会计的对象和目标

一、会计的对象

会计的对象是指会计核算和监督的内容。一般来讲，会计的对象是企业、机关和事业单位在社会再生产过程中可以用货币表现的经济活动。以货币表现的经济活动又称为价值运动或资金运动。

以工业企业为例，工业企业的经营活动大体可以分为供应过程、生产过程和销售过程三个阶段。工业企业的资金运动按其运动的程序可分为资金投入、资金周转、资金退出三个基本环节。随着供、产、销过程的不断进行，企业的资金也在不断地进行着循环和周转。

工业企业取得资金后，在供应过程中，企业用货币资金购入原材料，从而由货币资金转化为储备资金；在生产过程中，企业利用劳动手段将原材料投入生产，引起了原材料的消耗、固定资产的折旧、工资的支付和生产费用的开支，使储备资金和一部分货币资金转化为生产资金；产品完工后，生产资金就转化为成品资金；在销售过程中，产品销售出去取得销售收入，成品资金又转化为货币资金，同时支付销售费用。在这三个过程中，货币资金依次不断改变其形态，称为资金循环，资金循环不断重复，称为资金周转。企业对净收入进行分配时，一部分资金就退出了循环。工业企业经营资金运动过程如图 1-1 所示。

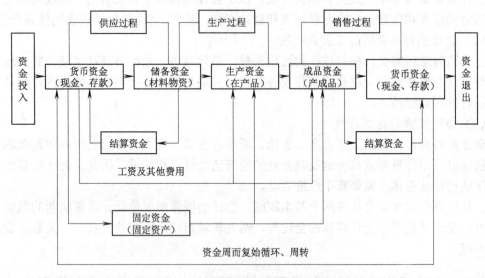

图 1-1　工业企业资金运动过程图

再以商品流通企业为例，商业企业的经济业务是组织商品流通，其经营过程有商品购进和销售两个阶段。在商品购进阶段，用货币购入商品，货币资金转化为商品资金；在商品销售阶段，取得销售收入，商品资金又转化为货币资金。其资金运动的具体过程如图 1-2 所示。

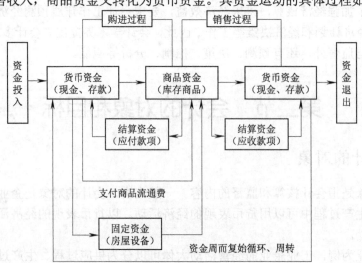

图 1-2　商品流通企业资金运动过程图

机关、事业单位会计对象的具体内容与企业有所不同，它们的经济活动是执行国家预算过程中的预算收入和预算支出。对一些兼有经营业务、实行企业管理的事业单位，由于财务管理上的双重性质，既有预算资金收支活动，又有经营资金活动。因此，其会计对象的具体内容可概括为预算资金收支和经营资金循环。

二、会计的目标

会计目标是指根据会计的职能而规定的会计应该完成的工作和所达到的目的与要求。我国基本会计准则中明确规定：财务会计报告的目标是向财务会计报告使用者提供与企业财务状况、经营成果和现金流量等有关的会计信息，反映企业管理层受托责任履行情况，有助于财务会计报告使用者做出经济决策。

由于现代企业大多是建立在所有权与经营权分离的基础上的，作为企业的所有者并不直接参与企业的经营，而是将其财产委托给企业的管理人员经营，以期实现财产的保值与增值；企业的经营者有义务履行管理责任，并且定期向所有者报告履行情况。他们通过定期编制反映财务状况、经营成果和现金流量的财务报告等方式，向所有者汇报其财产的保值增值情况以及受托责任的完成情况，同时为其他各种利益相关者提供决策有用的会计信息。

企业会计信息使用者主要包括投资者、债权人、政府及有关部门和社会公众等。

投资者，包括现在和潜在的投资者。潜在的投资者是指准备进行投资的投资者。作为投资者需要全面了解企业的经营能力、获利能力、偿债能力、风险控制能力等方面的信息，来决定是否应该对企业投入更多资金（购入股份），是否应该转让其在企业中的投资（出售股份）等，而这些信息主要通过财务报告来提供。

债权人，包括银行、非银行金融机构、企业债券购买人及其他提供贷款的单位和个人。他们通过企业的财务报告掌握其贷款的安全性，判断企业能否如期偿还贷款本金并支付利息，并据此决定是否借款给该企业。

政府及有关部门，他们通过会计信息了解企业承担的义务。例如：税务部门需要利用会计信息了解：企业依法应纳多少税？是否依法纳税？未来的纳税前景如何？证券交易监督管理部门需要了解：企业公开的财务信息是否充分？是否会误导投资者决策？投资者是否理解企业公开的会计信息？

社会公众等其他外部信息使用者，包括企业日常往来产生经济联系的会计信息使用者，如供应商和顾客；社会中介机构，如会计师事务所、资产评估机构、律师事务所等。这些会计信息使用者从自身经济利益出发，从不同角度关心企业的会计信息，进而做出有利于自己的决策。

第三节　会计核算方法

会计核算方法是对会计对象进行确认、计量和记录，并通过编制报告使其成为有效的会计信息所采用的手段和技术。它主要包括设置会计科目和账户、复式记账、填制和审核凭证、登记账簿、成本计算、财产清查和编制财务报告等七种方法。

一、设置会计科目和账户

会计科目是对会计对象的具体内容分门别类进行核算所规定的项目。设置会计科目，就是根据会计对象的具体内容和经济管理的要求，事先规定分类核算的项目。一切会计核算都必须在这些事先规定的分类核算项目内进行。会计科目的设置，是会计核算制度设计的一项主要内容，对于正确运用填制凭证、登记账簿和编制财务报告等核算方法，都具有重要意义。

账户是根据不同的会计科目在账簿中开设的户头。账户的名称就是会计科目。例如，企业为了核算主要劳动资料，就应当设置"固定资产"账户。"固定资产"则是该账户的名称。（第二章将详细介绍）

二、复式记账

复式记账是记录经济业务的一种方法。复式记账是对发生的每一项经济业务，都必须用相等的金额在两个或两个以上相互联系的账户中进行登记的一种专门方法。它是一种科学的记账方法。通过复式记账，可以了解每笔经济业务的来龙去脉及其相互联系。（第二章将详细介绍）

三、填制和审核凭证

会计凭证是记录经济业务、明确经济责任的书面证明，是登记账簿的重要依据。已经发生或已经完成的经济业务，都要由经办人员或有关单位填制凭证，并签名盖章。所有凭证都要经过会计部门和有关部门的审核，只有经过审核并认为正确无误的凭证才能作为记账的依据。这就要求企业工作人员在为企业购买一切物品和发生相关费用时，一定要在付款后取得发票、收据，并检查所取得的发票、收据是否合法有效。通过填制和审核凭证可以保证会计记录有根有据，并明确经济责任，还可以监督经济业务的合法性和合理性。（第五章将详细介绍）

四、登记账簿

登记账簿是根据会计凭证在账簿上连续、完整、系统地记录和反映经济业务，提供各项数据资料的一种专门方法。登记账簿必须以会计凭证为依据，利用账户和复式记账的方法，把经济业务分门别类地登记到账簿中去，并定期进行对账和结账，以便据以编制财务报告，提供完整而又系统的会计数据资料。（第六章将详细介绍）

五、成本计算

成本计算是对生产经营各阶段中所发生的各项费用，按照一定对象和标准归集和分配，以计算确定各个成本计算对象的总成本和单位成本的一种专门方法。进行成本计算，可以核算和监督生产经营过程中所发生的各项费用是否节约和超支，并据以确定企业盈亏。

成本计算主要应用于工业生产部门，但随着加强经营管理和提高经济效益的需要，其范围也逐渐扩大到非工业生产部门。（第三章将详细介绍）

六、财产清查

财产清查就是盘点实物，核对账目，查明各项财产物资和资金的实有数额。为了保证核算资料的客观、真实和正确性，必须定期或不定期地对各项财产物资、货币资金和债权债务进行盘点、核对，以便发现问题，分析原因，明确责任，调整账簿记录，保持账实一致。（第八章将详细介绍）

七、编制财务报告

编制财务报告是根据会计账簿记录的数据资料，采用一定的表格形式，总括、综合地反映各单位在一定时期内经济活动过程和结果的一种方法。编制财务报告是对日常核算工作的总结，是在账簿记录的基础上对会计核算资料的进一步加工整理。财务报告提供的会计信息是进行会计分析、会计监督和各种经济决策的重要依据。（第九章将详细介绍）

上述会计核算的各种方法相互联系、密切配合，构成一个完整的方法体系。各种会计核算方法之间的相互关系，可以按照会计核算对经济业务的处理程序来表示，如图 1-3 所示。

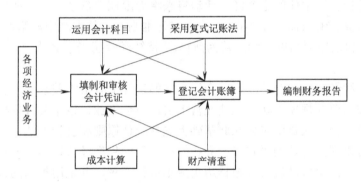

图 1-3 会计核算对经济业务的处理程序

在各种会计核算方法中，最基本的会计核算程序主要是三个依次继起的环节：填制和审核会计凭证、登记会计账簿和编制财务报告。每一个会计期间所发生的经济业务，都要通过这三个环节周而复始地进行会计处理，将大量的由经济业务产生的经济信息转换为系统的会计信息。习惯上，将填制会计凭证、登记会计账簿和编制财务报告这一会计核算程序称为会计循环。

第四节　会计基本假设和会计信息质量要求

一、会计基本假设

会计基本假设是企业会计确认、计量和报告的前提，是对会计核算所处时间、空间环境等所做的合理设定。会计基本假设也称会计基本前提，是人们在长期会计工作中逐步认识和总结而形成的。只有规定了这些前提条件，会计核算才能正常地进行下去。会计基本假设包括会计主体、持续经营、会计分期和货币计量。

1. 会计主体

会计主体是指企业会计确认、计量和报告的空间范围，实际上就是限定会计对象的范围。凡是具有独立经济活动的独立实体，都可以成为一个会计主体，实行独立核算。《企业会计准则——基本准则》第五条指出："企业应当对其本身发生的交易或者事项进行会计确认、计量和报告。"会计主体假设是指企业会计核算应当以企业发生的经济业务为对象，记录和反映企业自身的各项经济活动。尽管企业总是与其他企业、单位或个人的经济活动相联系，但是对于会计来说，其核算范围既不包括企业所有者本人的经济活动，也不包括其他企业的经济活动。

值得注意的是，会计主体不同于法律主体。一般来说，法律主体必然是一个会计主体，但会计主体不一定是法律主体。会计主体既可以是独立的法人（法律主体），也可以是非法人；可以是一个企业，也可以是企业内部的车间、分公司、营业部等；可以是单一企业，也可以是由几个企业组成的集团公司。

2. 持续经营

持续经营是指会计主体的生产经营活动将来将无限期地延续下去，在可以预见的未来不会因破产、清算、解散而不复存在。《企业会计准则——基本准则》第六条指出："企业会计确认、计量和报告应当以持续经营为前提。"持续经营明确了会计确认、计量和报告的时间范围。

企业是否持续经营，在会计原则、会计方法的选择上有很大差别。一般情况下，应当假定企业将会按当前的规模和状态继续经营下去，不会停业，也不会大规模削减业务。明确这个基本假设，会计人员就可以在此基础上选择会计原则和会计方法。如果判断企业会持续经营，就可以假定企业的固定资产会在持续经营的生产经营过程中发挥作用，并服务于生产经营过程，固定资产就可以根据历史成本进行记录，并采用折旧的方法，将历史成本分摊到各个会计期间或相关产品的成本中。如果判断企业不会持续经营，固定资产就不应采用历史成本进行记录并按期计提折旧。

如果一个企业在不能持续经营时还仍然按照持续经营进行会计处理，选择会计确认、计量和报告原则与方法，就不能客观地反映企业的财务状况、经营成果和现金流量，会误导会计信息使用者的经济决策。

3. 会计分期

会计分期是指将会计主体持续不断的经济活动划分为一个个连续的、长短相同的期间，以便分期提供会计信息。《企业会计准则——基本准则》第七条指出："企业应当划分会计期间，分期结算账目和编制财务会计报告。"会计分期的目的在于通过会计期间的划分，据以结算账目和编制财务报告，及时向有关方面反映企业经营成果、财务状况、现金变动情况及其他情况的信息，满足企业外部和内部的信息需求。我国的会计期间分为年度和中期，年度以公历年度为标准，即从公历1月1日起至12月31日止为一个会计年度。中期指短于一个完整的会计年度的报告期间，是会计年度进一步划分的结果，如月度、季度和半年度。

明确会计分期基本假设意义重大，由于会计分期，才产生了当期与以前期间、以后期间的差别，才使不同类型的会计主体有了记账的基准，进而出现了折旧、摊销等会计处理方法。

4. 货币计量

货币计量是指会计主体在会计确认、计量和报告时以货币计量，反映会计主体的生产经营活动。《企业会计准则——基本准则》第八条指出："企业会计应当以货币计量。"

在我国，要求企业对所有的经济业务采用同一种货币作为统一尺度进行计量。若企业的经济业务有两种以上的货币计量，应选用一种作为基准，称为记账本位币。记账本位币以外的货币称为外币。我国的有关会计法规定，企业的会计核算应以人民币为记账本位币。业务收支以人民币以外的货币为主的企业，可以选定其中一种货币作为记账本位币，但是编报的财务会计报告应当折算为人民币。在境外设立的中国企业向国内报送的财务会计报告，应当折算为人民币。

在会计确认、计量和报告过程中之所以选择货币作为计量单位，是由货币本身的属性决定的。货币是商品的一般等价物，是衡量一切商品价值的共同尺度，具有价值尺度、流通手段、贮藏手段和支付手段等特点。其他的计量单位，如重量、长度、容积、台、件等，只能从一个侧面反映企业的生产经营成果，无法在量上进行比较，不便于实物管理和会计计量。所以，为全面反映企业的生产经营、业务收支等情况，会计确认、计量和报告就选择了货币作为计量单位。

在有些情况下，统一采用货币计量也有缺陷，某些影响企业财务状况和经营成果的因素，如企业经营战略、研发能力、市场竞争力等，往往难以用货币计量，但这些信息对于使用者进行决策也很重要，为此，企业可以在财务报告中补充披露有关非财务信息来弥补上述缺陷。

二、企业会计基础——权责发生制

会计主体的资源流动会引起相应的现金流动，但由于存在会计分期，现金实际的收付期间和资源流动发生的期间往往不一致。这样，在进行会计确认、计量和报告时，就出现了两种交易记录的会计基础：权责发生制和收付实现制。

权责发生制是以收入和费用是否实现或发生为标志来确定其归属期的一种会计核算基础。其含义是：凡是当期已经实现的收入和已经发生或应当负担的费用，不论款项（现金）是否收付，都应作为当期的收入和费用处理；凡是不属于当期的收入和费用，即使款项（现金）已经在当期收付，也不应作为当期的收入和费用，即日常所说的应收应付制。例如：A 企业销售一批商品给 B 企业，货款 100 万元。商品 8 月份发出，货款 9 月份收到。在权责发生之下，A 企业应在 8 月确认收入 100 万元。再如，W 企业 5 月份预付 6 月份的水电费 1 000 元，W 企业应在 6 月确认费用 1 000 元。

与权责发生制相对应的是收付实现制，它是以实际收到现金和支付现金作为确定收入和费用的核算基础。收付实现制又称为现金收付制或实收实付制。例如，A 企业销售一批商品给

B 企业，货款 100 万元。商品 8 月份发出，货款 9 月份收到。在收付实现制下，A 企业应在收到现金的 9 月份（而不是 8 月份）确认收入 100 万元。再如，W 企业 5 月份预付 6 月份的水电费 1 000 元，W 企业应在付出现金的 5 月（而不是 6 月）确认费用 1 000 元。

权责发生制是以是否取得收款权利和是否形成付款义务为标准来确认收入和费用，因此，它比收付实现制更能真实合理地反映特定会计期间的财务状况和经营成果。我国《企业会计准则——基本准则》第九条规定："企业应当以权责发生制为基础进行会计确认、计量和报告。"

目前，我国企业在会计确认、计量和报告时全部采用权责发生制；而行政单位则采用收付实现制；事业单位除经营业务采用权责发生制外，其他业务采用收付实现制。

三、会计信息质量要求

会计信息质量要求是对企业财务报告中所提供会计信息质量的基本要求，是财务报告中所提供会计信息对投资者等使用者决策有用应具备的基本特征。它主要包括可靠性、相关性、可理解性、可比性、实质重于形式、重要性、谨慎性和及时性等。

1．可靠性要求

可靠性是对会计信息的基本质量要求。可靠性又称客观性或真实性。可靠性要求是指企业会计核算应当以实际发生的经济业务为依据，如实反映企业的财务状况、经营成果和现金流量。《企业会计准则——基本准则》第十二条规定："企业应当以实际发生的交易或者事项为依据进行会计确认、计量和报告，如实反映符合确认和计量要求的各项会计要素及其他相关信息，保证会计信息真实可靠、内容完整。"

2．相关性要求

相关性又称有用性。相关性要求是指企业提供的会计信息应当与会计信息使用者的经济决策需要相关，有助于会计信息使用者对企业过去、现在或者未来的情况做出评价或者预测。

会计核算的目标是向有关方面提供对决策有用的信息。会计信息的使用者可以分为三类：一是国家宏观管理部门，二是企业投资人和债权人，三是企业内部职工和经营管理部门。会计信息的相关性就是指所提供的信息能满足这三个方面决策的需要，对其决策有用。

3．可理解性要求

可理解性要求是指企业的会计核算和编制的财务会计报告要清晰明了，便于理解和利用。《企业会计准则——基本准则》第十四条规定："企业提供的会计信息应当清晰明了，便于财务会计报告使用者理解和使用。"

提供会计信息的目的在于使用，要使用会计信息首先必须了解会计信息的内涵，弄懂会计信息的内容，这就要求会计核算和财务会计报告必须清晰明了，易于理解。在会计核算工作中坚持可理解性原则，会计记录应当准确、清晰，填制会计凭证、登记会计账簿必须做到依据合法、账户对应关系清楚、文字摘要完整；在编制财务报告时，项目钩稽关系清楚、项目完整、数字准确。

4．可比性要求

《企业会计准则——基本准则》第十五条规定："企业提供的会计信息应当具有可比性。"可比性要求，是指企业的会计核算按照规定的会计处理方法进行，会计指标应当口径一致，相互可比。可从两方面来理解可比性：

纵向可比：同一企业不同时期发生的相同或者相似的交易或者事项，应当采用一致的会计政策，不得随意变更。确实需要变更的，应当在财务报告附表中说明。

横向可比：不同企业相同会计期间发生的相同或者相似的交易或者事项，应当采用规定的会计政策，确保会计信息口径一致、相互可比。

5．实质重于形式要求

实质重于形式要求是指企业按照交易或事项的经济实质进行会计核算，而不应当仅仅按照它们的法律形式作为会计核算的依据。

在实际工作中，交易或事项的外在法律形式并不总能完全真实地反映其实质内容。所以，会计信息要想反映其拟反映的交易或事项，就必须根据交易或事项的经济实质，而不能仅仅根据它们的法律形式进行核算和反映。

例如，企业与另一家单位签订融资租赁合同租入某项生产流水线设备，合同规定，该项资产长期供企业使用，直到资产的使用寿命结束，企业则以分期支付租赁费的方式取得该资产的长期使用权。这项资产如果仅从法律意义上分析，其所有权在使用期间还不属于该企业。但是，企业按合同可以长期控制和支配该项资产并从中受益，从其经济实质来看，企业能够控制其创造的未来经济利益，所以，会计上就应当将融资租赁方式租入的固定资产视为企业自有的资产来核算，并且列入企业的资产负债表。

6．重要性要求

《企业会计准则——基本准则》第十七条规定："企业提供的会计信息应当反映与企业的财务状况、经营成果和现金流量等有关的所有重要交易或者事项。"如果会计信息的省略或者错报会影响财务报告使用者据此做出的经济决策，该信息就具有重要性。重要性的应用需要依靠职业判断，企业应当根据其所处环境和实际情况，从项目的性质和金额大小两方面加以判断。

企业在会计核算过程中对交易或事项应当区别其重要程度，采用不同的核算方式。具体来说，对于那些对财务报告使用者相对重要的会计事项，应单独核算，分项反映，力求准确，并在财务报告中重点说明；而对于那些次要的会计事项，在不影响会计信息真实可靠的情况下，则可适当简化处理。

坚持重要性原则，能够使会计核算在全面反映企业财务状况和经营成果的基础上保证重点，有助于加强对经济活动、经营决策有重大影响和有重要意义的关键性问题的核算，达到事半功倍的效果，并有助于简化核算，节省人力、物力和财力，提高工作效率。

7．谨慎性要求

谨慎性又称稳健性。《企业会计准则——基本准则》第十八条规定："企业对交易或者事项进行会计确认、计量和报告应当保持应有的谨慎，不应高估资产或者收益、低估负债或者费用。"谨慎性要求，是指会计人员在对某些经济业务或会计事项存在不同的会计处理方法和程序可供选择时，在不影响合理选择的前提下，应尽可能选择不虚增利润和夸大所有者权益的会计处理方法和程序进行会计处理，要求合理核算可能发生的损失和费用。在会计确认及计量过程遵循谨慎性要求，对存在的各种风险和损失加以合理估计，就能在风险和损失实际发生之前化解，同时可避免夸大利润和所有者权益及掩盖不利因素，有利于保护投资者和债权人的利益。

比如，企业的应收账款因为债务人破产或死亡而不能收回，固定资产因为技术进步而提前报废等。为了避免一旦发生损失给企业正常生产经营造成严重的影响，在会计处理上，应当遵守谨慎性原则，既不高估资产或收益，也不低估负债或费用。我国会计准则规定，企业可以计提坏账准备，选择加速折旧法提取固定资产折旧费用，等等，都体现了这一原则的要求。

8．及时性要求

及时性要求企业对于已经发生的交易或者事项，应当及时进行确认、计量和报告，不得提前或延后。会计信息的价值在于帮助所有者或者其他方面做出经济决策，具有时效性。即使是可靠、相关的会计信息，如果不及时提供，就失去了时效性，对于使用者的效用就大大降低，甚至不再具有实际意义。在会计确认、计量和报告过程中贯彻及时性。会计核算过程中坚持这一原则，一是要求及时收集会计信息，即在经济业务发生后，及时收集整理各种原始单据；二是要求及时处理会计信息，即在规定的时限内，及时编制出财务会计报告；三是要求及时传递会计信息，即在规定的时限内，及时传递财务报告，便于财务报告使用者及时使用和决策。

本章小结

1．会计是以货币为主要计量单位，采用一定的方法对企业、行政和事业等单位的经济活动进行核算和监督的一种管理活动。

2．会计的基本职能是核算与监督，会计除了核算与监督外，还有预测、决策、控制、分析等职能。

3．会计的对象是指会计所要核算和监督的内容。一般来讲，会计的对象是企业、行政和事业单位在社会再生产过程中可以用货币表现的经济活动。

4．会计的目标是指根据会计的职能而规定的会计应该完成的工作和所达到的目的与要求。

5．会计核算方法是对各单位已发生的经济活动进行完整的、连续的、系统的核算和监督所应用的方法。它主要包括设置会计科目和账户、复式记账、填制和审核凭证、登记账簿、成本计算、财产清查和编制财务报告七种方法。

6．会计基本假设是企业会计确认、计量和报告的前提，是对会计核算所处时间、空间环境等所做的合理设定。会计基本假设包括会计主体、持续经营、会计分期和货币计量。我国企业会计基础是权责发生制。

7．会计信息质量要求是对企业财务报告中所提供会计信息质量的基本要求，是财务报告中所提供会计信息对投资者等使用者决策有用应具备的基本特征。它主要包括可靠性、相关性、可理解性、可比性、实质重于形式、重要性、谨慎性和及时性等。

复习思考题

1. 什么是会计？它有什么基本职能？

2. 什么是会计的对象？工业企业、商业流通企业以及机关和事业单位的会计对象各有何特点？

3. 会计核算有哪些方法？

4. 什么是会计的基本假设？

5. 我国对会计信息质量有哪些要求？

本章习题

一、单项选择题

1. 会计基本假设包括会计主体、（　　　　）、会计分期、货币计量等四个方面的内容。
   A. 实际成本　　　　B. 经济核算　　　　C. 持续经营　　　　D. 会计准则

2. 会计的基本职能是（　　　　）。
   A. 核算和监督　　　　　　　　　　B. 预测和决策
   C. 监督和分析　　　　　　　　　　D. 反映和核算

3. 会计核算应以实际发生的交易或事项为依据，如实反映企业财务状况，体现了（　　　）要求。
   A. 实质重于形式　B. 可理解性　　　C. 可靠性　　　　　D. 谨慎性

4. 计提坏账准备的做法体现了（　　　）要求。
   A. 相关性　　　　B. 谨慎性　　　　C. 重要性　　　　　D. 可比性

5. 企业的会计核算要求会计指标应当口径一致，体现了（　　　）要求。
   A. 相关性　　　　B. 可理解性　　　C. 可靠性　　　　　D. 可比性

6. 起到明确了会计确认、计量和报告的空间范围作用的是（　　　　）。
   A. 会计主体　　　B. 持续经营　　　C. 会计分期　　　　D. 货币计量

7. 起到明确了会计确认、计量和报告的时间范围作用的是（　　　　）。
   A. 会计主体　　　B. 持续经营　　　C. 会计分期　　　　D. 货币计量

8. 对会计确认、计量和报告时间范围的具体划分，是指（　　　　）。
   A. 会计主体　　　B. 持续经营　　　C. 会计分期　　　　D. 货币计量

9. 我国企业会计确认、计量和报告的基础是（　　　　）。
   A. 收付实现制　　B. 权责发生制　　C. 现收现付制　　　D. 现金制

10. 要求企业对于已经发生的经济业务，应当及时进行会计确认、计量和报告，不得提前或者延后是指（　　　　）。
   A. 相关性　　　　B. 及时性　　　　C. 可靠性　　　　　D. 可比性

二、多项选择题

1. 工业企业的资金循环形态有（　　　　　）。

A. 货币资金　　B. 流通资金　　C. 生产资金
D. 储备资金　　E. 成品资金　　F. 商品资金

2. 会计的新职能包括（　　　　）。
    A. 控制　　　　　B. 分析　　　　C. 核算
    D. 检查　　　　　E. 预测　　　　F. 决策

3. 下列各项属于会计核算专门方法的有（　　　　）。
    A. 登记账簿　　　B. 成本计算　　C. 复式记账
    D. 预测决策　　　E. 财产清查　　F. 监督检查

4. 下列各项属于会计信息质量要求的有（　　　　）。
    A. 可靠性　　　　B. 完整性　　　C. 重要性
    D. 相关性　　　　E. 连续性　　　F. 可比性

5. 下列各项可作为会计主体的有（　　　　）。
    A. 集团公司　　　　　　　　B. 独立核算的分公司
    C. 非独立核算的车间　　　　D. 独立核算的营业部

6. 会计基础一般有（　　　　）。
    A. 公允价值制　　　　　　　B. 历史成本制
    C. 权责发生制　　　　　　　D. 收付实现制

7. 会计中期主要包括（　　　　）。
    A. 年度　　　　　B. 半年度　　　C. 季度　　　　D. 月度
    E. 半月度

8. 按照权责发生制，应计入本期收入和费用的有（　　　　）。
    A. 本期实现的收入，尚未收到
    B. 本期实现的收入，并已收款
    C. 属于本期的费用，尚未支付
    D. 本期收到上期应收的款项
    E. 属于以后各期的费用，本期已支付

9. 按照收付实现制，应计入本期收入和费用的有（　　　　）。
    A. 上月发出的商品，本月收到货款
    B. 本月预收的货款
    C. 本月预付下季度的保险费
    D. 上月预付应由本月负担的款项
    E. 属于本月费用，但尚未支付

10. 会计对象是指（　　　　）。
    A. 社会再生产过程中的全部经济活动
    B. 再生产过程中以货币表现的经济活动
    C. 再生产过程中发生的能够用货币表现的经济活动
    D. 社会再生产过程中的价值运动或资金运动
    E. 会计反映和监督的内容

三、判断题

（ ）1. 会计核算的各种专门方法在会计核算过程中应单独运用，互不相干。

（ ）2. 会计主体应该是独立核算的经济实体。

（ ）3. 会计的基本职能是检查和监督。

（ ）4. 会计基本假设包括会计主体、货币计量、资料完整和经济效益。

（ ）5. 会计是一种经济管理活动。

（ ）6. 商品流通企业生产经营过程有供应、生产和销售三个阶段。

（ ）7. 凡是特定对象能够以货币表现的经济活动，都是会计核算与监督的内容。

（ ）8. 会计基本假设之所以称为会计基本前提，是由于其缺乏客观性及人们无法对其进行证明。

（ ）9. 企业集团不是一个独立的法人，但也可以作为一个会计主体。

（ ）10. 会计核算以人民币为记账本位币。业务收支以外币为主的企业，也可以选择某种外币作为记账本位币，但编报的财务报告应当折合为人民币反映。

第二章　会计科目、会计账户和复式记账

学习目的

通过学习本章，要求：掌握会计要素的概念及其构成、基本会计等式；掌握会计科目的概念及分类；掌握会计账户的设置、账户的基本结构；掌握复式记账法，尤其要掌握借贷复式记账法的基本内容，以便为以后有关章节的具体会计业务核算打下坚实的理论基础。

技能要求

理解账户结构中有关数字之间存在的必然联系，能够熟练运用借贷记账法编制会计分录；掌握过账和编制试算平衡表的方法。

第一节　资金平衡原理

一、资金平衡关系

如前所述，会计对象是社会再生产过程中的资金运动。任何事物的运动都有相对静止和显著变动两种形态，资金运动也不例外。资金运动处于静态状况时，表现为资金的使用和资金的来源两个方面。这两个方面有着相互依存、互为转化的关系，有一定的资金使用，必定有一定的资金来源。这是同一资金的两个侧面，表示资金从哪里来，又用到哪里去，而且两者的数额必定是相等的，完整地反映了资金的来龙去脉。

例如，某公司所有者投入资本700 000元，向银行借入50 000元，欠甲单位货款250 000元；用于购买商品250 000元，购置设备300 000元，银行存款150 000元，应收乙单位货款300 000元。资金总额为1 000 000元，即资金来源是1 000 000元，资金使用同样也是1 000 000元，两者总额是相等的，如图2-1所示。

图2-1　资金平衡关系

16

二、会计要素

在市场经济环境下，会计反映和监督的内容繁多，涉及面广。为了便于会计核算，必须对会计对象进行进一步的分类，这样不仅有利于对不同经济类别进行确认、计量、记录和报告，而且还可以为设置会计科目和设计财务报表提供依据。在会计上，我们将这种分类称为会计要素，它是会计对象的基本组成部分。

（一）会计要素的概念及其构成

所谓会计要素，就是对会计对象按其经济特征所做的最基本的分类，也是会计核算对象的具体化。它是会计对象的基本组成部分。

企业的会计要素分为资产、负债、所有者权益、收入、费用和利润。这六大会计要素又分为两大类：一是反映企业某一时日静态财务状况的要素，包括资产、负债和所有者权益，这三者构成资产负债表，所以又称为资产负债表要素；二是反映企业在一定期间（月度、季度、半年度、年度）动态经营成果的要素，包括收入、费用和利润，这三者构成利润表，所以又称为利润表要素。

行政事业单位的会计要素由资产、负债、净资产、收入和支出五项构成。其中前三项反映了单位的资金收支活动的静态表现；后两项反映了资金收支活动的动态表现。

（二）会计要素的基本内容及确认条件

1．资产

（1）资产的概念

资产是指企业过去的交易或者事项形成的、由企业拥有或者控制的、预期会给企业带来经济利益的资源。它具备下列几个基本特征：

1）资产能够直接或间接地给企业带来经济利益。这是资产最重要的特征。所谓"预期会给企业带来经济利益"，是指能直接或间接增加流入企业的现金或现金等价物的潜力。例如：货币资金可以用于购买所需要的商品或用于利润分配；厂房场地、机器设备、原材料等可以用于生产经营过程，制造商品或提供劳务，出售后收回货款，货款即为企业所获得的经济利益。如果预期不能带来经济利益，就不能确认为企业的资产。

2）资产都是为企业所拥有的，或者即使不为企业所拥有，也是企业所控制的。这就是说，一项资源要作为企业资产，企业必须拥有此项资产的所有权，并可以由企业自行使用或处置。但是某些条件下，对一些特殊方式形成的资产，企业虽然不拥有所有权，但能够控制的，也可作为企业资产。如融资租入固定资产，虽然企业并不拥有其所有权，但是由于租赁合同规定的租赁期相当长，接近该资产的使用寿命；租赁期结束时，承租企业有优先购买该资产的选择权；在租赁期内，承租企业有权支配资产并从中受益。所以，融资租入固定资产应视为企业的资产。对于以经营租赁方式租入的固定资产，由于企业不能控制它所能带来的经济利益，那么就不能作为企业的资产。

3）资产是由过去的交易或事项形成的。这就是说，作为企业资产，必须是现实的而不是预期的资产，它是企业过去已经发生的交易或事项所产生的结果。例如，已经发生的固定资产购买交易会形成企业的资产，而计划中的固定资产购买交易则不会形成企业的资产。

（2）资产的分类

资产按其流动性可分为流动资产和非流动性资产。资产满足下列条件之一的，应当归类为流动资产：①预计在一个正常营业周期中变现、出售或耗用；②主要为交易目的而持有；③预计在资产负债表日起一年内（含一年）变现；④在资产负债表日起一年内，交换其他资产或清偿负债的能力不受限制的现金或现金等价物。流动资产以外的资产应当归类为非流动资产。通常情况下，流动资产主要包括库存现金、银行存款、交易性金融资产、应收及预付款、存货等；非流动资产主要包括长期股权投资、固定资产、无形资产等。

（3）资产的确认条件

根据基本准则的规定，符合资产定义的资源，在同时满足以下条件时，才能确认为资产：

1）与该资源有关的经济利益很可能流入企业。这里所讲的"很可能"是指发生的可能性超过50%的概率。对于资产而言，其预期会给企业带来经济利益，所以，在确认资产时，只有当其包含的经济利益流入企业的可能性超过50%，并同时满足其他确认条件时，企业才能加以确认；否则，不能将其确认为资产。例如，对于公司因销售业务而形成的应收款项而言，如果公司所销售的商品完全满足合同要求，同时没有其他例外情况发生，公司能够在未来某一时日完全收回款项。也就是说，公司因销售业务而形成的应收款项所包含的经济利益很可能流入企业，满足会计要素确认的第一个条件。

2）该资源的成本或者价值能够可靠地计量。会计工作就是要以货币计量的形式，在财务报表中反映企业的财务状况和经营成果，因此，能否可靠地计量是会计要素确认的一个基本前提。如果与资源有关的经济利益能够可靠地计量，并同时满足会计要素确认的其他条件，就可以在财务报表中加以确认；否则，企业不应加以确认。也就是说，如果与资产有关的经济利益不能够可靠地计量，就无法在资产负债表中作为资产列示。例如，对于无形资产项目中的自创商誉而言，由于企业在自创商誉过程中发生的支出难以计量，因而不能作为企业的无形资产予以确认。

符合资产定义和资产确认条件的项目，应当列入资产负债表；符合资产定义但不符合资产确认条件的项目，不应当列入资产负债表。

2. 负债

（1）负债的概念

负债是指企业过去的交易或者事项形成的、预期会导致经济利益流出企业的现时义务。它具备下列几个基本特征：

1）负债是企业承担的现时义务。作为负债，企业应承担偿还义务，有的还可能要按合同或法定要求强制执行。所谓现时义务，是指由企业过去的交易或事项形成的现在已承担的义务。例如，银行借款是因为企业接收了银行贷款而形成的负债；应付账款是因为企业采用信用方式购买商品或接受劳务而形成的债务。

2）负债的清偿预期会导致经济利益流出企业。一般来说，企业履行偿还义务时，关系到企业会有经济利益的流出，如以现金偿还或以实物资产偿还，以提供劳务偿还，将负债转为所有者权益等。如果企业能够回避该项义务，则不能确认为企业的负债。

3）负债是由过去的交易或事项形成的。作为现时义务，负债是过去已经发生的交易或事项所产生的结果，只有过去发生的交易或事项才能增加或减少企业的负债，未来发生的交易或者事项形成的义务不属于现时义务，不应当确认为负债。如购货的应付账款、借入的款项等，只有因过去的交易或事项而产生的负债，才能予以确认偿还的义务，而正在筹划的未来的交易或事项形成的义务，不属于现时义务，不应当确认为负债。

（2）负债的分类

负债按其流动性可分为流动负债和非流动负债。负债满足下列条件之一的，应当归类为流动负债：①预计在一个正常营业周期中清偿；②主要为交易目的而持有；③在资产负债表日起一年内到期应予以清偿；④企业无权自主地将清偿推迟至资产负债表日后一年以上。流动负债以外的负债，应当归类为非流动负债。

通常情况下，流动负债包括短期借款、应付票据、应付账款、预收账款、应付职工薪酬、应付股利、应交税费、其他暂收应付款项和一年内到期的长期借款等；非流动负债包括长期借款、应付债券、长期应付款等。

（3）负债的确认条件

符合负债定义的义务，在同时满足以下条件时，才能确认为负债：

1）与该义务有关的经济利益很可能流出企业。在确认负债时，只有当其包含的经济利益流出企业的可能性超过50%，并同时满足其他确认条件时，企业才能加以确认；否则，不能将其确认为负债。例如，对于公司因借款而形成的长期或短期借款，如果公司的生产经营情况正常，财务状况良好，同时没有其他例外情况发生，公司能够在未来某一日履行还款的义务。也就是说，公司因借款而形成的负债所包含的经济利益很可能流出企业，满足会计要素确认的第一个条件。

2）未来流出的经济利益的金额能够可靠地计量。能够可靠地计量是会计要素确认的一个基本前提。如果与义务有关的经济利益能够可靠地计量，并同时满足会计要素确认的其他条件，就可以在财务报表中加以确认，否则，企业不应加以确认。

3．所有者权益

所有者权益是指在企业资产扣除负债后由所有者享有的剩余权益。公司的所有者权益又称股东权益。它具有以下特征：

1）除非发生减资、清算，企业不需要偿还所有者权益。

2）企业清算时，只有在清偿所有的负债后，所有者权益才返还给所有者。

3）所有者凭借所有者权益能够参与利润的分配。

所有者权益在性质上体现为所有者对企业资产的剩余权益，在数量上也就体现为资产和负债的计量。所有者权益的来源包括所有者投入的资本、直接计入所有者权益的利得和损失、留存收益等。直接计入所有者权益的利得和损失，是指不应计入当期损益的、会导致所有者权益发生增减变动的、与所有者投入资本或者向所有者分配利润无关的利得和损失。利得，是指由企业非日常活动所形成的、会导致所有者权益增加的、与所有者投入资本无关的经济利益的流入；损失，是指由企业非日常活动所发生的、会导致所有者权益减少的、与向所有者分配利润无关的经济利益的流出。

4．收入

（1）收入的概念

收入是指企业在日常活动中所形成的、会导致所有者权益增加的、与所有者投入资本无关的经济利益的总流入。它具有以下特征：

1) 收入是从企业日常活动中产生，而不是从偶发的交易或事项中产生。日常活动，是指企业为完成其生产经营目标而从事的所有活动，以及与之相关的其他活动。如工业企业销售产品，流通企业销售商品，服务企业提供劳务、出租等。有些交易或事项虽然也能为企业带来经济利益，但由于不属于企业的日常经营活动，所以，其流入的经济利益不属于收入，而是直接计入当期利润的利得，称为营业外收入，如债务重组利得、与企业日常活动无关的政府补助、盘盈利得、捐赠利得（企业接受股东或股东的子公司直接或间接的捐赠，经济实质属于股东对企业的资本性投入的除外）等。

2) 收入可能表现为企业资产的增加，或负债的减少，或二者兼而有之。收入可能表现为资产的增加，如增加银行存款、形成应收账款等；也可能表现为负债的减少，如减少预收账款；还可能表现为二者的组合，如实现销售时，部分收入冲减预收账款，部分收入增加银行存款。

3) 收入会导致企业所有者权益的增加。由于收入是经济利益的总流入，收入会导致所有者权益的增加。但是，收入与相关的成本费用相配比后，既可能增加所有者权益，也可能减少所有者权益。

4) 收入只包括本企业经济利益的总流入。企业所有者向企业投资资本导致的经济利益总流入，一方面增加企业的资产，另一方面增加企业的所有者权益，因此，不能作为本企业的收入。同样道理，企业为第三方或者客户代收的款项，如增值税、代收利息等，一方面增加企业的资产，另一方面，增加企业的负债，因此，不增加企业的所有者权益，也不属于企业的经济利益，不能作为本企业的收入。

（2）收入的分类

按照日常活动在企业所处的地位，收入可分为主营业务收入、其他业务收入和投资收益。其中，主营业务收入是企业为完成其经营目标而从事的日常活动中的主要项目，如工商企业销售商品。其他业务收入是主营业务以外的其他日常活动，如工业企业销售材料、提供非工业性劳务等。投资收益，是指企业对外投资所取得的收益减去发生的投资损失后的净额。

（3）收入的确认条件

通常情况下，收入只有在经济利益很可能流入从而导致企业资产增加或者负债减少且经济利益的流入额能够可靠计量时才能予以确认。符合收入定义和收入确认条件的项目，应当列入利润表。

5. 费用

（1）费用的概念

费用是指企业在日常活动中所发生的、会导致所有者权益减少的、与向所有者分配利润无关的经济利益的总流出。它具有以下特征：

1) 费用是企业在日常活动中发生的经济利益的流出，而不是从偶发的交易或事项中发生的经济利益的流出。工业企业采购原材料、商业企业采购商品、金融企业从事存款业务等发生的经济利益的流出，属于费用。有些交易或事项也能使企业发生经济利益的流出，但是由于不属于企业的日常活动，所以其经济利益的流出不属于费用而是应直接计入当期利润的损失，如资产重组损失、公益性捐赠支出、非常损失、盘亏损失、非流动资产毁损报废损失等。

2）费用可表现为资产的减少，或负债的增加，或二者兼而有之。费用的发生形式多种多样，既可能表现为资产的减少，如购买原材料支付现金、制造产品耗用存货；也可能表现为负债的增加，如负担长期借款利息；还可能是二者的组合，如购买原材料支付部分现金，同时承担债务。

3）费用会导致所有者权益的减少。企业发生费用会导致所有者权益的减少，但是，会导致所有者权益减少的经济利益的总流出却不一定属于费用。如企业向所有者分配利润，一方面减少企业的所有者权益，另一方面减少企业的资产或增加企业的负债，因此，不属于费用。

（2）费用的分类

按照费用与收入的关系，费用可分为营业成本和期间费用。

营业成本是指销售商品或提供劳务的成本。营业成本按照其销售商品或提供劳务在企业日常活动中所处地位可以分为主营业务成本和其他业务成本。期间费用包括管理费用、销售费用和财务费用。管理费用是企业行政管理部门为组织和管理生产经营活动而发生的各种费用；销售费用是企业在销售商品、提供劳务等日常活动中发生的除营业成本以外的各项费用以及专设销售机构的各项费用；财务费用是企业筹集生产经营资金而发生的费用。

（3）费用确认条件

费用只有在经济利益很可能流出从而导致企业资产减少或者负债增加，且经济利益的流出额能够可靠计量时才能予以确认。企业为生产产品、提供劳务等发生的可归属于产品成本、劳务成本等的费用，应当在确认产品销售收入、劳务成本等时，将已销售产品、已提供劳务的成本等计入当期损益。企业发生的支出不产生经济利益的，或者即使能够产生经济利益但不符合或者不再符合资产确认条件的，应当在发生时确认为费用，计入当期损益。企业发生的交易或者事项导致其承担了一项负债而又不能确认为一项资产的，应当在发生时确认为费用，计入当期损益。

符合费用定义和费用确认条件的项目，应当列入利润表。

6. 利润

利润是指企业在一定会计期间的经营成果。利润包括收入减去费用后的净额、直接计入当期利润的利得和损失等。直接计入当期利润的利得和损失是指应当计入当期损益，会导致所有者权益发生增减变动的、与所有者投入资本或者向所有者分配利润无关的利得和损失。

利润金额的计量取决于收入和费用、直接计入当期利润的利得和损失金额的计算。企业利润是由营业利润、利得、损失和所得税费用等部分组成的。营业利润加上直接计入当期利润的利得，减去直接计入当期利润的损失，其余额称为利润总额。利润总额减去所得税费用，其余额称为净利润。

以上各要素，凡符合资产、负债的定义和确认条件的项目以及所有者权益项目都应列入资产负债表；凡符合收入、费用的定义和确认条件的项目以及利润项目均应列入利润表。会计要素项目分类如图2-2所示。

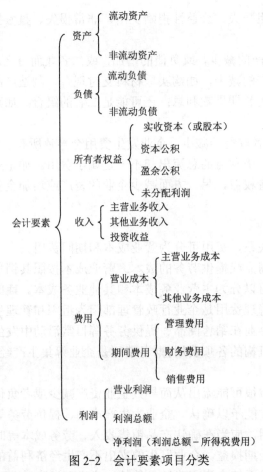

图2-2　会计要素项目分类

会计要素的划分在会计核算中具有重要作用，它是对会计对象进行科学分类和设置会计科目的基本依据，也构成了财务报表的基本框架。

（三）会计要素的计量

会计计量是根据一定的计量标准和计量方法，在资产负债表和利润表中确认和列示会计要素而确定其金额的过程。会计计量基础，又称会计计量属性，是指用货币对会计要素进行计量时的标准。根据基本准则的规定，会计计量属性主要有历史成本、重置成本、可变现净值、现值和公允价值。

1. 历史成本

历史成本又称原始成本，是指以取得资产时实际发生的成本作为资产的入账价值。在历史成本计量下，资产按照购置时支付的现金或者现金等价物的金额，或者按照购置资产时所付出的对价的公允价值计量；负债按照因承担现时义务而实际收到的款项或者资产的金额，或者承担现时义务的合同金额，或者按照日常活动中为偿还负债预期需要支付的现金或者现金等价物的金额计量。由于历史成本最容易确定，且历史成本的确定通常要有一定的原始凭证作为依据，因此最具有客观性、可验证性和易于理解等优点，现行会计普遍采用历史成本计量属性。

2．重置成本

重置成本又称现行成本，是指按照当前市场条件，重新取得与其所拥有的某项资产相同或与其功能相当的资产需要支付的现金或者现金等价物。重置成本适用的前提是资产处于在用状态，一方面反映资产已经投入使用，另一方面反映资产能够继续使用，对所有者具有使用价值。

在重置成本计量下，资产按照现在购买相同或者相似资产所需支付的现金或者现金等价物的金额计量；负债按照现在偿付该项债务所需支付的现金或者现金等价物的金额计量。重置成本多用于盘盈固定资产的计量。

3．可变现净值

可变现净值是指在日常活动中，资产的估计售价减去完工时估计将要发生的成本、估计的销售费用以及相关税费后的金额。

在可变现净值计量下，资产按照其正常对外销售所能收到现金或者现金等价物的金额扣减该资产至完工时估计将要发生的成本、估计的销售费用以及相关税费后的金额计量。可变现净值通常应用于存货减值情况下的后续计量。

4．现值

现值是指资产或负债形成的未来现金流量的折现价值。在现值计量下，资产按照预计从其持续使用和最终处置中所产生的未来净现金流入量的折现金额计量；负债按照预计期限内需要偿还的未来净现金流出量的折现金额计量。现值通常用于非流动资产可收回金额的确定。

5．公允价值

公允价值是指在公平交易中，熟悉情况的交易双方自愿进行资产交换或债务清偿的金额。在公允价值计量下，资产和负债按照在公平交易中熟悉情况的交易双方自愿进行的资产交换或者债务清偿的金额计量。公允价值主要应用于交易性金融资产的计量。

在实务中，企业在对会计要素进行计量时，一般采用历史成本。如果采用重置成本、可变现价值、现值、公允价值计量，应当保证所确定的会计要素金额能够取得并可靠计量。

第二节　会　计　等　式

一、基本会计等式

会计等式是指运用数学方程的原理来描述会计对象具体内容（即会计要素）之间相互关系的一种表达式。它由会计要素所组成，反映了会计要素之间的平衡关系。

资金运动在静态情况下，其资产、负债和所有者权益三要素存在着平衡关系。资产的各个项目反映了资金使用情况，负债和所有者权益的各个项目反映了资金来源情况，其平衡关系公式为

$$资产=负债+所有者权益$$

这一平衡公式是会计的基本等式，叫作会计恒等式，简称会计等式。这个等式反映了资产与负债、所有者权益之间的数量关系。即有一定数额的资产，必定有一定数额的负债和所有者权益；有一定数额的负债和所有者权益，也必定有一定数额的资产。会计的基本等式亦可简化表示为"资产=权益"。权益包括了债权人权益（即负债）和所有者权益。

资金运动在动态情况下，其循环周转过程中发生的收入、费用和利润也存在着平衡关系，其平衡关系公式为

$$收入-费用=利润$$

上述两个平衡公式相互之间存在着有机的联系。在会计期间的任一时刻，两个公式可以合并为

$$资产=负债+所有者权益+（收入-费用）$$

企业通过生产经营活动获取利润，实现的利润只能属于所有者权益。利润的实现总是表明所有者在企业中的所有者权益数额增加；反之，企业经营亏损，只能由所有者承担，则表明在企业中的所有者权益数额减少。这一等式表明会计主体的财务状况与经营成果之间的相互联系。

企业在结算时，利润经过分配，上述平衡公式又表现为

$$资产=负债+所有者权益$$

综上所述，会计等式完整地表达了企业财务状况和经营成果及其形成过程，是资金平衡理论依据，也是设置会计账户、复式记账和编制财务报表的基本理论依据。因此，会计上又称为基本会计等式。

二、经济业务的发生对会计等式各个会计要素的影响

企业在经营过程中，各项经济业务不断发生，例如购买材料、支付工资、销售产品、上缴税金等，必然会引起有关会计要素发生增减变化。但是，无论发生什么经济业务，都不会破坏上述资产与负债和所有者权益各会计要素之间的平衡关系。会计要素的增减变动不外乎以下四种类型：

（1）资产和负债及所有者权益双方同时等额增加。

（2）资产和负债及所有者权益双方同时等额减少。

（3）资产内部有增有减，增减的金额相等。

（4）负债及所有者权益内部有增有减，增减的金额相等。

以上四种资金变化情况如图2-3所示。

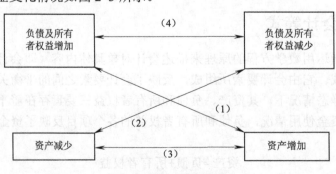

图2-3 资金增减变化图

现对上述变化情况举例说明如下：

假设某企业20××年12月31日的资产、负债及所有者权益的状况如表2-1所示。

表2-1 某企业资产负债表（简式） （单位：元）

资 产	金 额	负债及所有者权益	金 额
库存现金	800	短期借款	6 000
银行存款	26 000	应付票据及应付账款	42 000
应收票据及应收账款	35 000	应交税费	8 000
原材料	42 000	长期借款	18 000
库存商品	40 000	实收资本	260 000
固定资产	200 000	资本公积	9 800
总 计	343 800	总 计	343 800

上表资产和负债及所有者权益各为343 800元，双方相等。随着经济业务的发生，有关项目会相应发生变化，但无论如何变化，双方的总额总是平衡的。

例如：该企业下年1月份发生下列经济业务。

例 2-1

该企业接收其他企业投资新设备一台，价值26 000元。

这项经济业务的发生，使该企业资产（固定资产）增加了26 000元，所有者权益（实收资本）也增加了26 000元。资产和所有者权益同时增加26 000元，会计等式保持平衡。

例 2-2

以银行存款8 000元偿还长期借款。

这项经济业务的发生，使该企业资产（银行存款）减少了8 000元，负债（长期借款）也减少了8 000元，资产和负债同时减少了8 000元，会计等式保持平衡。

例 2-3

用银行存款2 000元购买原材料。

这项经济业务的发生，使该企业资产（银行存款）减少了2 000元，同时原材料资产增加了2 000元，企业资产一增一减，增减金额相等，会计等式保持平衡。

例 2-4

该企业向银行短期借款1 000元，直接偿还应付账款。

这项经济业务的发生，使该企业负债（短期借款）增加了1 000元，同时另一项负债（应付账款）减少了1 000元。企业负债一增一减，增减金额相等，会计等式保持平衡。

以上变化对"资产=负债+所有者权益"平衡公式的影响如图2-4所示。

资产期初总额343 800	=	（负债+所有者权益）期初总额343 800
银行存款（3）-2 000		短期借款（4）+1 000
银行存款（2）-8 000		应付账款（4）- 1 000
原材料（3）+2 000		长期借款（2）- 8 000
固定资产（1）+26 000		实收资本（1）+26 000
资产期末总额 361 800	=	（负债+所有者权益）期末总额361 800

图2-4 资金增减示意图

以上举例的四项经济业务代表着四种不同的业务类型，从中可以看出，不论哪一项经济业务的发生，均未破坏资产总额与负债、所有者权益总额的平衡。上述四例经济业务所引起的资产方和负债及所有者权益方的变动情况如表2-2所示。

表2-2　企业资产负债变动情况表　　　　　　（单位：元）

资产	期初金额	增减金额	期末金额	负债及所有者权益	期初金额	增减金额	期末金额
库存现金	800		800	短期借款	6 000	(4) +1 000	7 000
银行存款	26 000	(3) −2 000 (2) −8 000	16 000	应付票据及应付账款	42 000	(4) −1 000	41 000
应收票据及应收账款	35 000		35 000	应交税费	8 000		8 000
原材料	42 000	(3) +2 000	44 000	长期借款	18 000	(2) −8 000	10 000
库存商品	40 000		40 000	实收资本	260 000	(1) +26 000	286 000
固定资产	200 000	(1) +26 000	226 000	资本公积	9 800		9 800
总　　计	343 800	18 000	361 800	总　　计	343 800	18 000	361 800

将上述四种类型业务具体化，可表现为九种情况，如图2-5所示。

```
1. 一项资产增加，另一项资产减少
2. 一项负债增加，另一项负债减少
3. 一项所有者权益增加，另一项所有者权益减少
4. 一项资产增加，一项负债增加
5. 一项资产增加，一项所有者权益增加
6. 一项资产减少，一项负债减少
7. 一项资产减少，一项所有者权益减少
8. 一项负债减少，一项所有者权益增加
9. 一项负债增加，一项所有者权益减少
```

图2-5　会计要素增减变动的九种情况

现举例说明以上九种情况经济业务的发生，都不会破坏会计等式的平衡关系。

某企业1月份发生下列经济业务。

例 2-5

从银行存款中提取现金1 000元。

这项经济业务的发生，使该企业资产（银行存款）减少了1 000元，同时资产（库存现金）增加了1 000元，企业资产一增一减，增减金额相等，会计等式保持平衡。

例 2-6

从银行借款15 000元，偿还企业所欠货款。

这项经济业务的发生，使该企业负债（应付账款）减少了15 000元，同时另一项负债（银行借款）增加了15 000元，企业负债一增一减，增减金额相等，会计等式保持平衡。

例 2-7

经批准用资本公积中的90 000元转增资本。

这项经济业务的发生，使所有者权益（实收资本）增加了90 000元，同时另一项所有者权益（资本公积）减少了90 000元，所有者权益以相等的金额一增一减，所有者权益总额未变，会计等式保持平衡。

例 2-8

该企业向银行短期借款 80 000 元存入银行。

这项经济业务的发生，使该企业资产（银行存款）增加了 80 000 元，负债（短期借款）也增加了 80 000 元。资产和负债同时增加了 80 000 元，会计等式保持平衡。

例 2-9

该企业收到企业所有者投资投入的机器一台，价值 40 000 元。

这项经济业务的发生，使该企业资产（固定资产）增加了 40 000 元，所有者权益（实收资本）也增加了 40 000 元。资产和所有者权益同时增加 40 000 元，会计等式保持平衡。

例 2-10

以银行存款 30 000 元偿还企业所欠贷款。

这项经济业务，使该企业资产（银行存款）减少 30 000 元，负债（应付账款）也减少了 30 000 元。资产和负债同时减少 30 000 元，会计等式保持平衡。

例 2-11

投资者收回对企业原投资 20 000 元，办妥手续后企业以银行存款发还。

这项经济业务的发生，使该企业资产（银行存款）减少 20 000 元，同时所有者权益（实收资本）也减少了 20 000 元。资产和所有者权益同时减少 20 000 元，会计等式保持平衡。

例 2-12

经批准将企业已发行的债券 80 000 元转作实收资本。

这项经济业务的发生，引起负债（应付债券）减少 80 000 元，同时所有者权益（实收资本）增加了 80 000 元，负债减少，所有者权益增加，增减金额相等，会计等式保持平衡。

例 2-13

用盈余公积 5 000 元弥补职工福利费。

这项经济业务的发生，使该企业负债（应付职工薪酬）增加了 5 000 元，同时所有者权益（盈余公积）减少了 5 000 元，负债增加，所有者权益减少，增减金额相等，会计等式保持不变。

综上所述，任何一项经济业务的发生都不会破坏"资产=负债+所有者权益"这一会计基本等式的平衡关系。

第三节 会计科目

一、会计科目的概念

会计科目是对会计要素对象的具体内容进行分类核算的类目。会计对象的具体内容各有不同，管理要求也有不同。为了完整、连续、系统地核算经济活动的增减变化情况及其结果，定期编制财务报表和分门别类地为经济管理提供会计核算资料，必须以会计要素为基础对会计核算的内容进行具体的分类，即设置会计科目。例如，工业企业在生产经营活动中所需用的房屋及建筑物、机器设备和交通运输工具等价值较高的劳动资料，在生产经营过程中能长期地发挥作用而不改变其实物形态，根据这些共性，把这些劳动资料归为一类，设置一个会计科目，取名为"固定资产"。

又如，企业为生产产品，就必须储备各种原料及主要材料、辅助材料、修理用备件等。由于它们的性质相同，在生产经营过程中构成产品实体或有助于产品形成，同属于劳动对象。因此又可归为一类，设置一个会计科目，取名为"原材料"。通过把相同性质的会计核算内容归为一个具体类别，确定一个会计科目名称，就能分门别类地核算和监督企业单位的经济活动。所以，会计科目是对会计对象的具体内容进行分类核算的项目，每个会计科目都有特定的含义和反映特定的经济内容，设置会计科目是会计核算的一种专门方法。

会计科目是进行各项会计记录和提供各项会计信息的基础，在会计核算中具有重要意义。

二、设置会计科目的原则

会计科目的设置是会计核算方法体系的起点。只有合理地设置会计科目，才能够提供科学、完整、系统的会计信息。因此，在设置过程中，应努力做到科学、合理、适用，并遵循下列基本原则：

1）统一性原则。为了保证会计核算指标口径一致，是各企业的会计信息具有可比性，国家要求各企业所设置的会计科目应当符合统一会计制度的规定。我国财政部 2006 年颁布的《企业会计准则应用指南——会计科目和主要账务处理》中，公布了涵盖各类企业经济业务的会计科目表，要求各企业依据该会计科目表来设置符合本单位实际情况的会计科目。

2）相关性原则。会计核算所提供的会计信息是企业外部投资者、债权人、政府及其部门和社会公众进行经济决策的依据，也是企业内部进行预测、决策和分析的依据。所以，设置的会计科目应为提供有关各方所需要的会计信息服务，满足对外报告与对内管理的要求。

3）实用性原则。在满足统一性原则条件下，会计科目的设置还要符合单位经济业务的特点和经营管理的需要。企业在不违反会计准则的前提下，可以根据本单位的实际情况自行增设、分拆、合并会计科目。如制造企业需要设置"生产成本""制造费用"等会计科目，而商业企业则不需设置这些会计科目。

4）清晰性原则。会计科目名称力求简明扼要，内容确切，通俗易懂。同时，企业对每个会计科目所反映的经济内容必须做到界限明确，既要避免不同的会计科目反映内容重叠的现象，又要防止全部会计科目未能涵盖企业某些经济内容的现象。

三、会计科目的分类

（一）根据反映的经济内容分类

会计科目按其反映的经济内容不同，可分为资产类、负债类、共同类、所有者权益类、成本类、损益类。需要说明的是，共同类科目是属于少数金融企业设置的，本书不做详细介绍。

1）资产类科目分为流动资产类和非流动资产类。

2）负债类科目分为流动负债类和非流动负债类。

3）共同类科目包括清算资金往来、货币兑换、衍生工具、套期工具等。

4）所有者权益类科目包括实收资本、资本公积、盈余公积、本年利润和利润分配等。

5）成本类科目包括生产成本、制造费用和劳务成本等。

6）损益类科目包括主营业务收入、主营业务成本、销售费用、管理费用、财务费用、其他业务收入、其他业务成本等。

（二）按提供指标的详细程度分类

会计科目按其提供核算指标的详细程度，可分为总账科目和明细科目。明细科目又可分为二级明细科目和三级明细科目。总账科目又称总分类科目或一级科目，它反映各种经济业务的概括情况，提供总括信息的会计科目；二级明细科目是对总账科目所做的进一步分类；三级明细科目是对二级明细科目的分类。如工业企业中的"原材料"科目属于总账科目，下设"原料及主要材料""辅助材料""燃料"等二级明细科目，而在二级明细科目下再根据材料的品种、规格、型号分设三级明细科目（具体情况请见图2-6）。又如"长期股权投资"科目属于总账科目，下设"股票投资""其他股权投资"等明细科目，并按股票种类和接受投资单位设置三级明细科目。

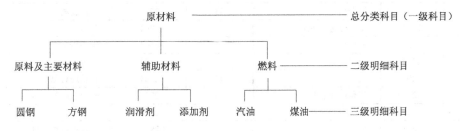

图 2-6 原材料会计科目的细分

值得说明的是，并非所有的总分类科目都要设置明细分类科目，各企业单位应根据实际的需要设置。对某些核算内容比较单一的总分类科目，如"库存现金"总分类科目，可不设置明细分类科目，对某些核算内容比较繁杂的总分类科目，如"原材料"总分类科目，可设多层次的明细科目。但并非科目设置越细越好，而要以既满足管理需要，又简化核算为原则。

四、常用的会计科目

会计科目依据企业会计准则中确认和计量的规定，涵盖了各类企业的交易或者事项。企业在不违反会计准则中确认、计量和报告前提下，可以根据本单位实际情况自行增设、分拆或合并某些会计科目，企业不存在的交易或者事项可不设置相关会计科目。对于明细科目，企业可以按相关的规定自行设置。会计科目编号供企业填制会计凭证、登记会计账簿、查阅会计账目、采用会计软件系统参考。企业可结合实际情况自行确定会计编号。常用的会计科目如表 2-3 所示。

表 2-3 会计科目表

顺 序 号	编 号	会计科目名称	顺 序 号	编 号	会计科目名称
一、资 产 类					
1	1001	库存现金	18	1431	长期股权投资
2	1002	银行存款	19	1441	长期股权投资减值准备
3	1012	其他货币资金	20	1451	投资性房地产
4	1101	交易性金融资产	21	1461	长期应收款
5	1121	应收票据	22	1471	固定资产
6	1122	应收账款	23	1501	累计折旧
7	1123	预付账款	24	1502	固定资产减值准备
8	1131	应收股利	25	1503	在建工程
9	1132	应收利息	26	1511	工程物资
10	1221	其他应收款	27	1512	固定资产清理
11	1231	坏账准备	28	1521	无形资产
12	1401	材料采购	29	1531	累计摊销
13	1402	在途物资	30	1532	无形资产减值准备
14	1403	原材料	31	1541	商誉
15	1404	材料成本差异	32	1601	长期待摊费用
16	1405	库存商品	33	1602	递延所得税资产
17	1417	存货跌价准备	34	1603	待处理财产损溢
二、负 债 类					
35	2001	短期借款	43	2232	应付股利
36	2101	交易性金融负债	44	2241	其他应付款
37	2201	应付票据	45	2501	长期借款
38	2202	应付账款	46	2502	应付债券
39	2203	预收账款	47	2701	长期应付款
40	2211	应付职工薪酬	48	2711	专项应付款
41	2221	应交税费	49	2801	预计负债
42	2231	应付利息	50	2901	递延所得税负债
四、所有者权益类					
51	4001	实收资本	54	4103	本年利润
52	4002	资本公积	55	4104	利润分配
53	4101	盈余公积			
五、成 本 类					
56	5001	生产成本	58	5201	劳务成本
57	5101	制造费用	59	5301	研发支出
六、损 益 类					
60	6001	主营业务收入	68	6601	销售费用
61	6051	其他业务收入	69	6602	管理费用
62	6101	公允价值变动损益	70	6603	财务费用
63	6111	投资收益	71	6701	资产减值损失
64	6301	营业外收入	72	6711	营业外支出
65	6401	主营业务成本	73	6801	所得税费用
66	6402	其他业务成本	74	6901	以前年度损益调整
67	6403	税金及附加			

第四节 会计账户及基本结构

一、设置账户的必要性

前述会计科目只是对会计要素具体内容进行分类的类目，但各单位发生的各种经济业务十分频繁、复杂，为了序时、系统、连续地记录由于经济业务发生而引起的会计要素的增减变动，提供各种会计信息，还必须根据规定的会计科目在账簿中开设账户，以便提供日常管理上的核算资料。

二、会计账户的概念

账户是根据会计科目设置的、具有一定的格式和结构、用来分类反映会计要素增减变动情况及其结果的载体。设置账户是会计核算的重要方法之一。每一个账户都有一个简明的名称，用以说明账户的经济内容。会计科目就是会计账户的名称。设置账户的作用在于，能够经常提供有关会计要素变动情况和结果的数据。

会计科目与会计账户既有联系，又有区别。它们的联系在于会计科目是设置会计账户的依据，是会计账户的名称，会计账户是会计科目的具体运用，会计科目所反映的经济内容就是会计账户所要登记的内容。它们之间的区别在于：会计科目只是对会计要素具体内容的分类，规定该项目反映监督的经济内容，起了对经济业务归类定性的作用，本身没有结构；会计账户则有相应的结构，运用其特有的结构能把经济业务数量上的增减变化及其结果完整系统地记录下来，起了定量记录的作用。因此，会计账户比会计科目内容更为丰富。

三、账户的基本结构

会计账户的结构就是指账户的格式，即是指账户要设置几部分，每一部分反映什么内容。账户是用来记录经济业务的，由于经济业务发生引起会计要素具体项目的变动，从数量上看不外乎增加和减少这两种情况。因此，用来分类记录经济业务的账户，在结构上也相应地划分为左右两个基本部分：一方反映数额的增加；另一方反映数额的减少，分别记录经济业务各项目的增加和减少的数额。至于哪一方登记增加，哪一方登记减少，取决于所记录经济业务和账户的性质。账户上增减相抵后的差额，称为余额。账户的名称和账户的左方、右方构成了账户基本结构，账户的名称规定了该账户记录和反映的特定经济内容。在借贷记账法下，账户的左方称为"借方"，账户右方称为"贷方"，账户的基本结构如图2-7所示。

左方（借方）　　　账户名称　　　右方（贷方）

图 2-7　账户的基本结构

图 2-7 所示的结构，称为"T"形账户（也称"丁"字账），它是一种最简单的账户示意图，通常只在教学或对账时使用。

在账户结构中，除了左方（借方）和右方（贷方）两大基本部分外，还需包括下列内容：

1）会计账户的名称（会计科目）；

2）日期和凭证号数（用以说明账户记录的日期及来源）；

3）摘要（概括说明经济业务的内容）；

4）增加和减少的金额；

5）余额。

在复式借贷记账法下，借贷是记账符号，分别反映资产、负债、所有者权益的增减变化。凡是属于资产类账户，增加数记入借方，减少数记入贷方，余额在借方。凡是属于负债及所有者权益类账户，减少数记入借方，增加数记入贷方，余额在贷方。每个账户在一定时期（月、年）内，借方金额合计称为借方发生额，贷方金额合计称为贷方发生额，两个发生额相抵后的余额称为期末余额。其计算公式如下

资产类账户：

期末余额=期初余额+借方本期发生额–贷方本期发生额

负债及所有者权益类账户：

期末余额=期初余额+贷方本期发生额–借方本期发生额

反映生产过程中的支出类账户（即费用、成本类账户）在记账方向上与资产类账户相同；收入类账户（即收入、成果类账户）在记账方向上与负债类账户相同。

在实际工作中，账户的具体格式可根据实际需要设计，但必须符合一定的规范，借贷记账法账户的一般格式如表 2-4 所示。

表 2-4　会计科目（账户名称）

年		凭证号数	摘　要	借　方	贷　方	借或贷	余　额
月	日						

上述账户结构中，"借方""贷方""余额"三栏是账户的核心，是借贷记账法账户的基本结构，简化为"T"形账，如表 2-5、表 2-6 所示。

表 2-5　资产类账户和费用、成本类账户

借方	会计科目（账户名称）		贷方
期初余额	×××		
发生额（增加数）	×××	发生额（减少数）	×××
本期发生额（增加合计）	×××	本期发生额（减少合计）	×××
期末余额	×××		

表 2-6　负债、所有者权益类账户和收入、成果类账户

借方	会计科目（账户名称）		贷方
		期初余额	×××
发生额（减少数）	×××	发生额（增加数）	×××
本期发生额（减少合计）	×××	本期发生额（增加合计）	×××
		期末余额	×××

上述两表如属费用、成本类账户或收入、成果类账户，在通常情况下，期末没有余额。

四、总分类账和明细分类账

设置会计账户是会计核算的一种专门方法。会计账户的开设应与会计科目的设置相适应，会计科目分为总账科目、二级明细科目和三级明细科目。会计账户也相应地分为总分类账（一级账户）和明细分类账（二级、三级账户）。总分类账户是根据总分类科目设置的，用来连续地记录和反映资产、负债、所有者权益、收入、费用和利润总括情况的账户。这类账户要求用货币计量单位进行核算，为编制财务报表提供总括的资料。明细分类账户是根据总分类科目所属的明细分类科目设置的，用来连续地记录和反映某一总分类账户具体、详细内容的账户。这类账户由于需要核算详细、具体的内容，因而除了用货币单位进行核算外，还可以根据需要应用实物计量单位进行核算。

总分类账户和明细分类账户之间有着密切的关系。总分类账户和明细分类账户所记录的经济业务内容是完全相同的，只是详细程度不同。总分类账户所提供的资料是所属明细分类账户资料的概括和综合，明细分类账户提供的资料是对总分类账户核算资料的具体、详细说明。所以总分类账户是明细分类账户的统驭账户，对明细分类账户起控制作用；明细分类账户则是总分类账户的具体化，是总分类账户的从属账户，对总分类账户起辅助和补充的作用；两者结合起来就能概括而详细地反映同一经济业务的核算内容，所以在记账时，总分类账和明细分类账总是平行登记的。

所谓平行登记，是指对每一项经济业务，一方面要在总分类账户中进行总括登记，另一方面要同时在该总分类账户所属的明细分类账户中进行明细登记。

总分类账和明细分类账的平行登记可以概括为以下三点：

（1）同时间登记

对发生的每项经济业务，要根据同一会计凭证，一方面在有关的总分类账中进行总括登记，另一方面要在有关的明细分类账中进行明细登记。

（2）同方向登记

登记总分类账户及及其所属的明细分类账户时，借贷记账方向必须一致。

（3）同金额登记

登记总分类账户及其所属的明细分类账户时，总分类账户的金额必须与计入其所属的一个或几个明细分类账户的金额合计数相等。

例如，原材料是总分类账户，各种原材料是明细分类账户。某工厂月初有原材料 100 万元，其中：甲材料 300 千克计 60 万元，乙材料 100 立方米计 30 万元，丙材料 200 米计 10 万元，则该工厂应该设置和登记原材料总分类账户，以金额综合反映甲、乙、丙三种原材料的期初结存、本期购入、生产领用和期末结存等，同时还应分别设置和登记甲、乙、丙三种原材料的明细分类账户，具体反映各材料的期初结存、本期购入、生产领用和期末结存等数量和金额。这样三个明细账户的金额总和应等于原材料总分类账户的金额。如果通过核对发现总分类账户的金额与其所属三个明细账户合计金额不等，表明总分类账或明细分类账的登记有误，应及时查明更正。

第五节 复式记账

一、记账方法

会计为了进行分类核算，首先应当设置会计科目，并根据规定的会计科目开设账户。但是，账户仅仅是一种记账载体，要全面、系统地反映会计要素的增减变动情况及其结果，还必须采用一定的记账方法。所谓记账方法就是根据一定的原理、记账符号、记账规则，采用一定计量单位，利用文字和数字记录经济业务活动的一种专门方法。

按记录方式的不同，记账方法可分为单式记账法和复式记账法两大类。

单式记账法是一种简单而又不完整的记账方法，它对每一项经济业务，只在一个账户中登记，反映经济业务的一个方面，通常只登记银行存款、现金本身的收付金额以及应收、应付账款的结算金额，一般不登记实物收付金额。例如，以现金支付费用，只记录现金支出而不记录费用发生。单式记账法比较简单，但不够严密，不能全面系统地反映经济业务的来龙去脉，也不便于检查账户记录的正确性和完整性。

复式记账法是相对单式记账法而言的，它是对每一项经济业务在两个或两个以上账户中登记，能反映经济业务的来龙去脉，是一种较为完善的记账方法。当前，我国企业、机关、事业单位和其他组织均采用复式记账法。

二、复式记账法

复式记账法就是对于每一项经济业务所引起的资金运动，都要用相等的金额，同时在两个或两个以上相互联系的账户中进行全面登记的一种记账方法。例如，当发生以银行存款 5 000 元购入原材料时，既要在银行存款账户中记录减少了 5 000 元，又要在原材料账户中记录增加 5 000 元。

复式记账法与单式记账法相比较，有如下显著的特点：①由于对每一项经济业务都要在相互联系的两个或两个以上的账户中做记录，根据账户的结果，不仅可以了解每一项经济业务的来龙去脉，而且可以完整、系统地反映经济活动的过程和结果。②由于对每项经济业务都以相等的金额在相互联系的账户中进行登记，这就使账户之间产生了一种互相核对、互相平衡的关系。因此，可以利用这种平衡关系对账户记录的结果进行试算平衡，以检查账户记录是否有错漏，保证账户记录的正确性。由此可见，复式记账法是一种比较科学的记账方法。

复式记账法的基本理论依据是"资产=负债+所有者权益"这一平衡原理。

复式记账法可分为借贷记账法、增减记账法和收付记账法等三种。借贷记账法是国际上通用的一种记账法；增减记账法是在 20 世纪 60 年代我国商业系统研究记账方法时设计提出的一种记账方法；收付记账法是在我国传统的收付记账法的基础上发展起来的复式记账法。我国《企业会计准则》规定，所有企业一律采用借贷复式记账法。

三、借贷记账法

(一)借贷记账法的概念

借贷记账法是用"借"和"贷"作为记账符号,对任何一笔经济业务,都必须用借、贷相等的金额在两个或两个以上的有关账户中相互联系地进行登记的一种复式记账法。

这种记账方法是 13 世纪在意大利地中海沿海一带城市产生的,以后逐步推广到世界各地。开始只是一种单式记账方法,后来逐步发展为一种比较完备的复式记账方法。随着资本主义经济的发展,借贷记账法也不断完善和发展,成为经济管理中的一种科学记账方法,并被各国广泛采用。19 世纪,由于资本主义国家侵入中国,借贷记账法也随之传入我国,一些比较大的工商企业、银行以及政府机关开始采用这种记账方法,新中国成立以后不少行业继续沿用下来。目前借贷记账法已成为我国各单位广泛使用的一种复式记账法。《企业会计准则》规定,各企业、机关、事业单位和其他组织统一用借贷记账法。

(二)借贷记账法的基本内容

1. 以"借"和"贷"作为记账符号

以"借"和"贷"作为记账符号,把每个账户结构都划分为"借方""贷方"和"余额"三栏。借方在左,贷方在右,以反映资金的增减变化情况。

借贷记账法使用的"借""贷"两字,已失去原有的含义,演变成了一对单纯的记账符号,有其专门的含义。"借"表示账户中左方金额栏,"贷"表示账户中右方金额栏,"借""贷"的含义因账户性质不同而恰好相反。在资产类账户中,"借"表示增加,"贷"表示减少;而在负债及所有者权益类账户中,"借"表示减少,"贷"表示增加。

费用、成本类账户与资产类账户方向相同,收入、成果类账户与负债及所有者权益类账户方向相同,如图 2-8 所示。

借	贷
资产的增加	资产的减少
负债、所有者权益的减少	负债、所有者权益的增加
收入、成果的减少	收入、成果的增加
费用、成本的增加	费用、成本的减少

图 2-8　借贷方向

2. 以"有借必有贷,借贷必相等"作为记账规则

根据复式记账原理,对每项经济业务都要以相等金额,同时在两个或两个以上相互联系的账户中进行登记。记账时,对每项经济业务必须用相等金额,一方面记入一个或几个有关账户的借方,另一方面记入一个或几个有关账户的贷方,记入借方账户与贷方账户的数额必然相等,这就形成了借贷记账法的记账规则:"有借必有贷,借贷必相等"。

3. 按"有借必有贷,借贷必相等"的记账规则进行试算平衡

所谓试算平衡,是指根据资产与权益的平衡关系以及借贷记账法的记账规则,检查所有账户记录是否正确的过程,包括发生额试算平衡法和余额试算平衡法两种方法。由于借

贷记账法在处理每一笔经济业务时，都必须遵循"有借必有贷，借贷必相等"的记账规则，记账方向相反，但金额相等。因此，在一定时期内（如 1 个月），所有账户的借方发生额合计数与所有账户的贷方发生额合计数必然相等；所有账户的借方期末余额合计数与所有账户的贷方期末余额合计数也必然是相等的。其试算平衡的公式如下：

（1）发生额试算平衡法

全部账户本期借方发生额合计＝全部账户本期贷方发生额合计

（2）余额试算平衡法

全部账户的借方期初余额合计＝全部账户的贷方期初余额合计

全部账户的借方期末余额合计＝全部账户的贷方期末余额合计

利用这种关系，就可以检查各账户记录是否正确，以提高会计核算质量。

（三）借贷记账法的运用

1．编制会计分录

会计分录简称分录，它是对每项经济业务（会计事项）指出应登记的账户、记账方向与金额的一种记录。

会计上需要设置的账户很多，发生的经济业务又十分频繁，在实际工作中，为了保证账户记录正确和便于事后检查，为了准确地反映账户的对应关系与登记金额，在每项经济业务发生后、正式记入账户之前，必须编制会计分录。

一笔会计分录主要包括三个要素：会计科目、记账符号、变动金额。

会计分录按其所反映经济业务的复杂程度，可分为简单会计分录和复合会计分录两种。

简单会计分录是指只涉及一个账户借方和另一个账户贷方的会计分录，即一借一贷的会计分录。这种分录，其科目的对应关系一目了然。

复合会计分录亦称"复合分录"，是指一个账户借方同几个账户贷方发生对应关系、一个账户贷方同几个账户借方发生对应关系，以及几个账户借方同几个账户贷方发生对应关系的会计分录，即一借多贷、多借一贷以及多借多贷的会计分录。

一个复合会计分录可以分解为几个简单的会计分录。复合会计分录有利于集中反映整个经济业务的全貌，简化记账工作，提高会计工作效率。

会计分录的编制可按照以下步骤进行：

1）一项业务发生后，首先分析这项业务涉及的会计要素，是资产、费用，还是负债、所有者权益、收入、利润；金额是增加，还是减少。

2）根据第一步分析来确定应记账户的方向，应借还是应贷。

3）根据会计科目表，确定记入哪个账户的借方或贷方。

4）确认应借、应贷的账户是否正确，借贷方的金额是否相等，有无错误。

现举例说明会计分录的编制：

例 2-14

某企业 6 月份发生以下经济业务。

1）收到投资人 250 000 元投资，存入银行。

这项经济业务，使企业所有者权益账户"实收资本"增加了 250 000 元，同时，使资产账户"银行存款"也增加了 250 000 元，两类账户同时增加，根据"有借必有贷，借贷必相等"的记账规则编制会计分录如下：

借：银行存款　　　　　　　　　　　　　　　250 000

　　贷：实收资本　　　　　　　　　　　　　　　250 000

2）企业以银行存款 2 500 元偿还银行短期借款。

这笔经济业务，使企业负债账户"短期借款"减少 2 500 元，同时，使资产账户"银行存款"也减少 2 500 元，两类账户同时减少。根据记账规则，编制会计分录如下：

借：短期借款　　　　　　　　　　　　　　　2 500

　　贷：银行存款　　　　　　　　　　　　　　　2 500

3）向银行借入短期借款 10 000 元，直接偿还前欠货款。

这项经济业务涉及负债类账户，它使"短期借款"账户增加 10 000 元。同时，使"应付账款"账户减少 10 000 元。根据记账规则，负债类账户有增有减，增减金额相等，编制会计分录如下：

借：应付账款　　　　　　　　　　　　　　　10 000

　　贷：短期借款　　　　　　　　　　　　　　　10 000

4）企业开出 5 000 元转账支票一张购买原材料。

这项经济业务只涉及资产类账户，它使"原材料"账户增加 5 000 元，同时，使"银行存款"账户减少 5 000 元。根据记账规则，资产类账户有增有减，增减金额相等，编制会计分录如下：

借：原材料　　　　　　　　　　　　　　　　5 000

　　贷：银行存款　　　　　　　　　　　　　　　5 000

2. 过账

各项经济业务编制会计分录以后，即应记入有关账户，这个记账步骤通常称为"过账"。过账以后，一般要在月终进行结账，即结算出各账户的本期发生额合计和期末余额。现将以上经济业务的会计分录记入下列各账户。

某企业 20××年 5 月 31 日总账各账户余额如表 2-7 所示。

20××年 6 月 30 日各账户余额如表 2-8～表 2-15 所示。

表 2-7　某企业 20××年 5 月 31 日总账各账户余额　　　（单位：元）

资产类科目		负债及所有者权益类科目	
库存现金	500	短期借款	71 400
银行存款	25 400	应付票据及应付账款	46 000
应收票据及应收账款	1 500	实收资本	120 000
原材料	60 000		
固定资产	150 000		
总　　计	237 400	总　　计	237 400

表 2-8　库存现金

借方		贷方	
期初余额	500		
本期发生额	—	本期发生额	—
期末余额	500		

表 2-9　银行存款

借方		贷方	
期初余额	25 400		
（1）	250 000	（2）	2 500
		（4）	5 000
本期发生额	250 000	本期发生额	7 500
期末余额	267 900		

表 2-10　应收账款

借方		贷方	
期初余额	1 500		
本期发生额	—	本期发生额	—
期末余额	1 500		

表 2-11　原材料

借方		贷方	
期初余额	60 000		
（4）	5 000		
本期发生额	5 000	本期发生额	—
期末余额	65 000		

表 2-12　固定资产

借方		贷方	
期初余额	150 000		
本期发生额	—	本期发生额	—
期末余额	150 000		

表 2-13　短期借款

借方		贷方	
		期初余额	71 400
（2）	2 500	（3）	10 000
本期发生额	2 500	本期发生额	10 000
		期末余额	78 900

表 2-14　应付账款

借方		贷方	
		期初余额	46 000
（3）	10 000		
本期发生额	10 000	本期发生额	—
		期末余额	36 000

表 2-15　实收资本

借方		贷方	
		期初余额	120 000
		（1）	250 000
本期发生额	—	本期发生额	250 000
		期末余额	370 000

3. 编制试算平衡表

根据记账规则和试算平衡公式，对上述经济业务编制总分类账试算平衡表（发生额对照表）进行试算平衡，以检查其记账是否正确，如表 2-16 所示。

表 2-16　某企业总分类账试算平衡表

20××年 6 月 30 日　　　　　　　　　　（单位：元）

会计科目	期初余额		本期发生额		期末余额	
	借　方	贷　方	借　方	贷　方	借　方	贷　方
库存现金	500				500	
银行存款	25 400		250 000	7 500	267 900	
应收账款	1 500				1 500	
原 材 料	60 000		5 000		65 000	
固定资产	150 000				150 000	
短期借款		71 400	2 500	10 000		78 900
应付账款		46 000	10 000			36 000
实收资本		120 000		250 000		370 000
合　　计	237 400	237 400	267 500	267 500	484 900	484 900

从表 2-16 可以看出，各账户期初借、贷余额合计数均为 237 400 元，本期借、贷发生额合计数都是 267 500 元，期末借、贷余额合计数都是 484 900 元，各自保持平衡，一般说明记账是正确的。经试算的双方数额如果不等，肯定是记账有错误，应认真查找。即使实现了三栏的平衡关系，并不能说明账户记录绝对正确，因为有些错误并不影响借贷双方的平衡关系。例如全部漏记、全部重记、记账方向颠倒等，试算仍然平衡，这表明只根据试算平衡的结果并不足以说明账户的记录没有错误。因此，需要对一切会计记录进行日常或定期的复核，以保证账户记录的正确性。

综上所述，借贷记账法的特点是用"借""贷"两个高度抽象化的记账符号，依据"有借必有贷，借贷必相等"的记账规则，分别反映每项经济业务所涉及的资金增减变化的内在联系，使各类账户能完整地体现各项资金活动的来龙去脉和对应平衡关系。因此，借贷记账法具有严谨的科学性和广泛的使用性，记账规律易于掌握，确实是一种科学的记账方法。

本章小结

1. 会计要素就是对会计对象按其经济特征所做的最基本的分类。它是会计对象的基本组成部分。企业的会计要素由资产、负债、所有者权益、收入、费用和利润这六项构成。

2. 会计等式是指运用数学方程的原理来描述会计对象具体内容（即会计要素）之间相互关系的一种表达式，它由会计要素组成，反映了会计要素之间的平衡关系。

3. "资产=负债+所有者权益"这一平衡公式是会计的基本等式，叫作会计恒等式，简称会计等式。它是资金平衡理论依据，也是设置会计账户、复式记账和编制财务报表的基本理论依据。

4. 会计要素的增减变动不外乎以下四种类型：

（1）资产和负债及所有者权益双方同时等额增加。

（2）资产和负债及所有者权益双方同时等额减少。

（3）资产内部有增有减，增减的金额相等。

（4）负债及所有者权益内部有增有减，增减的金额相等。

任何一项经济业务的发生都不会破坏"资产=负债+所有者权益"这一会计基本等式的平衡关系。

5. 会计科目是对会计要素对象的具体内容进行分类核算的类目。

会计科目按其反映的经济内容不同，可分为资产类、负债类、共同类、所有者权益类、成本类、损益类六大类。

会计科目按其提供核算指标的详细程度，可分为总账科目和明细科目，明细科目又可分为二级明细科目和三级明细科目。

6. 账户是根据会计科目设置的，具有一定的格式和结构，用来分类反映会计要素增减变动情况及其结果的载体。借贷记账法账户的基本结构包括"借方""贷方""余额"三栏。

7. 复式记账法就是对于每一项经济业务所引起的资金运动都要用相等的金额，同时在两个或两个以上相互联系的账户中进行全面登记的一种记账方法。

8. 借贷记账法是用"借"和"贷"作为记账符号，对任何一笔经济业务，都必须用借、贷相等的金额在两个或两个以上的有关账户中相互联系地进行登记的一种复式记账法。我国《企业会计准则》规定，所有企业一律采用借贷复式记账法。

9. 借贷记账法的基本内容包括：①用"借"和"贷"作为记账符号，把每个账户结构都划分为"借方""贷方"和"余额"三栏。②以"有借必有贷，借贷必相等"作为记账规则。③按"有借必有贷，借贷必相等"的记账规则进行试算平衡。④可以设置和运用双重性质的账户。

10. 会计分录简称分录，它是对每项经济业务（会计事项）指出应登记的账户、记账方向与金额的一种记录。一笔会计分录主要包括三个要素：会计科目、记账符号、变动金额。会计分录按其所反映经济业务的复杂程度，可分为简单会计分录和复合会计分录两种。

11. 各项经济业务编制会计分录以后，即应记入有关账户，这个记账步骤通常称为"过账"。

复习思考题

1. 什么是会计等式？有什么意义？

2. 试述会计要素的含义及内容。

3. 试述会计要素增减变动的四种类型及九种情况。

4. 什么是会计科目？什么是会计账户？会计科目和会计账户有什么区别和联系？

5. 会计科目按提供指标的详细程度如何分类？

6. 什么是复式借贷记账法？它的记账规则如何？

7. 什么是试算平衡？如何进行试算平衡？

8. 什么是平行登记？平行登记的要点有哪些？

本章习题

一、单项选择题

1. 会计科目是对（　　）的具体内容进行分类核算的项目。
   A. 经济业务　　　B. 会计账户　　　C. 会计分录　　　　　D. 会计对象

2. 账户是根据（　　）开设的，用来连续、系统地记载各项经济业务的一种手段。
   A. 资金运动　　　B. 会计对象　　　C. 会计科目　　　　　D. 财务状况

3. 负债和所有者权益都是（　　）的重要组成部分。
   A. 未分配利润　　B. 权益　　　　　C. 流动负债　　　　　D. 长期负债

4. 复式记账法的理论依据是（　　）。
   A. 资产=负债+所有者权益
   B. 收入−费用=利润
   C. 期初余额+本期增加数−本期减少数=期末余额
   D. 借方发生额=贷方发生额

5. 下列引起资产和负债同时增加的经济业务是（　　）。
   A. 用银行存款购买电视机一部
   B. 以现金支付前欠货款
   C. 收回应收账款存入银行
   D. 购买材料一批，货款尚未支付

6. 借贷记账法下本期发生额的平衡是由（　　）决定的。
   A. "有借必有贷，借贷必相等"的规则
   B. "资产=权益"的会计等式
   C. 平行登记要点
   D. 账户的结构

7. 简单会计分录是指（　　）的会计分录。
   A. 一借多贷　　　　　　　　B. 一借一贷
   C. 一贷多借　　　　　　　　D. 多借多贷

8. 在借贷记账法下，账户的何方记增加，何方记减少，取决于（　　）。
   A. 账户性质　　　　　　　　B. 账户的结构
   C. 账户的用途　　　　　　　D. 账户反映的经济内容

9. 以银行存款缴纳所得税费用，所引起的变化为（　　）。
   A. 一项资产减少，一项权益减少
   B. 一项资产减少，一项负债减少
   C. 一项负债减少，一项资产增加
   D. 一项资产减少，一项资产增加

10. 在下列账户中与负债账户结构相同的是（　　）账户。
    A. 资产　　　B. 成本　　　C. 费用　　　　D. 所有者权益

二、多项选择题

1. 下列项目属于流动负债的是（　　　　）。
   A. 短期借款　　　B. 应付账款　　　C. 预收账款　　　D. 应交税费
   E. 长期借款

2. 下列项目属于流动资产的是（　　　　）。
   A. 库存现金　　　B. 银行存款　　　C. 交易性金融资产　　D. 应收账款
   E. 预付账款

3. 所有者权益包括（　　　　）。
   A. 实收资本　　　B. 资本公积　　　C. 盈余公积　　　D. 未分配利润
   E. 长期股权投资

4. 下列经济业务中，会引起会计恒等式两边同时发生增减变化的有（　　　　）。
   A. 用银行存款偿还前欠应付账款
   B. 购进机器设备一台，款项暂欠
   C. 从银行提取现金
   D. 向银行取得借款
   E. 投资人以一项专利权投资企业

5. 下列各项中，构成账户一般要素的有（　　　　）。
   A. 账户名称　　　B. 日期和摘要　　C. 凭证号数　　　D. 增加或减少金额
   E. 账户编号

6. 下列经济业务中，作为会计科目的有（　　　　）。
   A. 固定资产　　　B. 运输设备　　　C. 原材料　　　D. 未完工产品
   E. 盈余公积

7. 下列经济业务中，引起资产一增一减的有（　　　　）。
   A. 以银行存款购买设备　　　　　B. 从银行提取现金
   C. 以银行存款购买材料　　　　　D. 以银行存款偿还前欠货款
   E. 产品制造完工入库

8. 下列各项中，反映负债的账户有（　　　　）。
   A. 预收账款　　　B. 预付账款　　　C. 应收账款　　　D. 应付账款
   E. 应交税费

9. 下列各项中，体现会计科目和账户之间区别的有（　　　　）。
   A. 账户是分类的项目
   B. 账户记录经济业务的内容
   C. 会计科目提供具体的数据资料
   D. 账户具有登记经济业务增加变动的结构
   E. 账户提供具体的数据资料

10. 采用复式记账法在账户中登记经济业务有以下优点（　　　　）。
    A. 可根据账户记录了解每项经济业务的来龙去脉，观察经济业务的过程和结果
    B. 可通过核对账户记录进行试算平衡，检查账户记录的正确性
    C. 账户记录的结果不会打破会计等式

D. 比单式记账法科学严密

E. 账户设置完整，各账户间有严密的对应关系

三、判断题

（　　）1. 所有的经济业务的发生都会引起会计恒等式两边发生变化。

（　　）2. 资产和权益在数量上始终是相等的。

（　　）3. 所有账户都分为左右两方。左方是增加方，右方是减少方。

（　　）4. 总账和明细账除用货币计量外，必要时均可采用实物计量。

（　　）5. 会计科目和账户均是对经济业务进行分类的项目。

（　　）6. 所有总分类账户均应设置明细分类账户。

（　　）7. 复合分录可以由几个简单分录复合而成。

（　　）8. 一般情况下，账户的余额与增加额在同一方向。

（　　）9. 账户记录试算不平衡，说明记账肯定有差错。

（　　）10. 总分类账期末余额应与所属明细分类账户期末余额合计数相等。

四、业务题

习题一

（一）目的：练习经济业务发生对会计方程式的影响。

（二）资料：ABC工厂20××年6月30日，资产负债表显示资产总计70 000元，所有者权益总额50 000元，债权人权益20 000元。该工厂20××年7月份经济业务如下。

（1）购入全新机器一台，价值5 000元，以银行存款支付。

（2）投资者投入原材料，价值10 000元。

（3）将一笔长期借款5 000元转化为企业投资。

（4）从银行提取现金200元备用。

（5）以银行存款偿还所欠供应单位账款1 000元。

（6）以银行存款归还短期借款5 000元。

（7）收到购买单位所欠账款8 000元，收存银行。

（8）向银行借入短期借款10 000元，存入银行存款户。

（9）收到购买单位所欠货款6 000元，其中5 000元转入银行存款户，1 000元以现金收讫。

（10）以银行存款10 000元归还短期借款8 000元，以及所欠供应单位账款2 000元。

（三）要求：

（1）根据七月份发生的经济业务，分析说明引起会计要素变化的情况以及对会计方程式的影响。

（2）计算七月末ABC工厂资产总计、负债总计和所有者权益总计。

习题二

（一）目的：熟悉会计要素的内容。

（二）资料：某宾馆20××年3月31日财务状况如下。

（1）库存现金980元。

（2）向银行借入的短期借款 100 000 元。

（3）银行存款结余额 163 000 元。

（4）仓库中存放的材料 6 820 元。

（5）应付供应单位的欠款 50 000 元。

（6）应收外单位的货款 37 000 元。

（7）库存的已完工产品 2 200 元。

（8）机器设备 32 000 元。

（9）财会部门用的电脑 8 000 元。

（10）投资者投入资金 100 000 元。

（三）要求：分析各项目应归属的会计要素类别，即资产、负债或所有者权益类，指出相应的会计科目，利用表 2-17 检验会计等式是否成立。

表 2-17　练习会计要素的内容　　　　　　　　　　　　　（单位：元）

顺 序 号	资 产 类		负 债 类		所有者权益类	
	会 计 科 目	金　　额	会 计 科 目	金　　额	会 计 科 目	金　　额
1	库存现金					
2			短期借款			
3	银行存款					
4	原材料					
5			应付账款			
6	应收账款					
7	库存商品					
8	固定资产——机器设备					
9	固定资产——电脑					
10					实收资本	
合　　计						

习题三

（一）目的：熟悉会计科目按提供指标详细程度分类。

（二）资料：某工业企业现用部分会计科目、子目和细目如下。

1. 原材料	2. 短期借款	3. B 产品生产成本
4. 应收乙公司货款	5. 原料及主要材料	6. 辅助材料
7. 应付子工厂货款	8. 应付账款	9. 临时借款
10. 固定资产	11. 甲材料	12. 乙材料
13. 生产成本	14. 基本生产成本	15. 润滑油
16. 运输工具	17. 生产用房	18. 生产用固定资产
19. A 产品生产成本	20. 机器设备	21. 应收账款
22. 辅助生产成本	23. 应收甲公司货款	24. 应付丙公司货款

（三）要求：分析上述会计科目中哪些属于一级科目，哪些属于二级科目，哪些属于明细科目。请将分析的结果填入表 2-18。

表 2-18　练习账户按提供指标详细程度分类

一 级 总 账 科 目	二 级 子 目	三 级 细 目
原材料	原料及主要材料	甲材料 乙材料

习题四

（一）目的：熟悉账户的基本结构。

（二）资料：部分账户的数据如表 2-19 所示。

表 2-19　练习账户的基本结构　　　　　　　　　（单位：元）

账 户 名 称	期 初 余 额	本期增加发生额	本期减少发生额	期 末 余 额
银行存款	860 000	370 000	408 000	?
固定资产	4 800 000	?	1 000 000	4 000 000
短期借款	?	520 000	320 000	600 000
应付账款	460 000	400 000	?	110 000

（三）要求：根据上列账户中的有关数据计算每个账户的未知数据。

习题五

（一）目的：练习借贷记账法。

（二）资料：前进工厂 20××年 10 月份发生了下列经济业务。

（1）10 月 8 日向银行借入短期借款 100 000 元，存入银行存款户。

（2）10 月 10 日收到投资者投入设备一台，价值 200 000 元。

（3）10 月 12 日购入原材料一批，价款计 8 000 元，货款当即以银行存款支付。

（4）10 月 15 日生产车间领用原材料 30 000 元，投入产品生产。

（5）10 月 17 日企业以银行存款 26 000 元，归还前欠东方工厂材料款。

（6）10 月 19 日采购员张明预借差旅费备用金 1 000 元，以现金支付。

（7）10 月 21 日向银行借入短期借款 200 000 元，直接偿还前欠胜利公司材料款。

（8）10 月 24 日将现金 4 000 元存入银行。

（9）10 月 26 日购进原材料一批，价款 18 000 元，以银行存款支付 15 000 元，其余暂欠。

（10）10 月 28 日采购员张明出差归来，报销差旅费 860 元，交回现金 140 元。

（三）要求：用借贷记账法编制会计分录。

习题六

（一）目的：练习借贷记账法。

（二）资料：

1. 假定某工厂 20××年 3 月各资产、负债及所有者权益账户的期初余额如表 2-20 所示。

表 2-20　某工厂总分类账试算平衡表

资产类账户	金额（元）	负债及所有者权益账户	金额（元）
库存现金	1 000	负债：	
银行存款	135 000	短期借款	60 000
应收票据及应收账款	10 000	应付票据及应付账款	8 000
生产成本	40 000	应交税费	2 000
原材料	120 000	负债合计	70 000
库存商品	24 000	所有者权益：	
固定资产	600 000	实收资本	860 000
		所有者权益合计：	860 000
合　　计	930 000	合　　计	930 000

2. 3月份该企业发生下列各项经济业务。

（1）购入材料一批，计价 11 700 元（暂不考虑增值税），材料验收入库，货款以银行存款支付，材料已验收入库。

（2）生产车间从仓库领用材料 40 000 元，全部投入生产。

（3）从银行存款户领取现金 400 元。

（4）以银行存款购入新汽车一辆，计价 100 000 元。

（5）用银行存款偿还应付供货单位材料款 3 000 元。

（6）生产车间从仓库领用材料 25 000 元。

（7）收到购货单位前欠货款 4 000 元，存入银行。

（8）以银行存款 16 000 元，归还短期借款 12 000 元及供货单位货款 4 000 元。

（9）其他单位投入资本 20 000 元，存入银行。

（10）收到购货单位前欠货款 4 000 元，其中：支票 3 600 元（存入银行），现金 400 元。

（三）要求：

（1）根据资料 2 的各项经济业务，用借贷记账法编制会计分录。

（2）开设各账户（丁字式）登记期初余额、本期发生额，计算期末余额，并编制"总分类账户试算平衡表"。

第三章 工业企业主要生产经营过程核算和成本计算

学习目的

通过本章的学习，要求了解工业企业主要经济业务和核算任务，掌握工业企业主要经济业务核算设置的主要账户，并能熟练运用这些账户对工业企业主要经营过程的基本业务进行正确的账务处理。

技能要求

能熟练使用借贷记账法对工业企业主要经营过程基本业务进行正确的账务处理。

第一节 资金筹集的核算

工业企业的基本生产经营活动是制造并销售产品。企业要从事生产经营活动，必须要有一定的"资本"，这需要通过一定的渠道筹集生产所需要的资金。因此，筹集资金成了企业整个生产经营活动的首要环节。对于企业来说，筹集资金的渠道主要是投资者投入资本和举债方式借入资金。依据我国现行的法律，投资者投入企业的资本形成所有者权益，在企业的经营期限内不能随意抽回。企业通过举债的方式借入的资金形成负债，借款按照偿还期限的长短分为短期借款和长期借款，其中短期借款是归还期在一年以内（含一年）的借款，长期借款是指归还期在一年以上的借款。

一、筹集资金核算需要设置的主要账户

为了核算和监督投资者投入资本及举债借入资金等筹资活动，企业应设置"实收资本""短期借款""长期借款""银行存款""固定资产""无形资产"等账户进行会计核算。

1."实收资本"账户

"实收资本"账户属于所有者权益类账户，用来核算和监督企业实际收到投资者投入的资本，即企业在工商行政管理部门登记的注册资本金。该账户的贷方登记企业实际收到的投资人作为资本投入的货币资金、实物及无形资产等；投资者收回资本时，记入该账户的借方；该账户的余额通常在贷方，表示投资者投入企业的资本总额。该账户应该按照投资人、投资单位设置明细账，进行明细分类核算。为了保证企业生产经营的稳定性，该账户的数额一般不能随意变动，其账户结构可以用图 3-1 表示。

借方	实收资本	贷方
企业归还的资本		企业收到投资者投入的资本
		余额——企业实收资本的实际结存金额

图 3-1 "实收资本"账户的结构

2. "短期借款"账户

"短期借款"账户属于负债类账户，用来核算和监督企业向银行等金融机构借入的期限在一年以内的（含 年）的各种借款。该账户的贷方登记企业借入的各种短期借款；借方登记企业归还的各种短期借款；该账户余额通常在贷方，表示企业尚未偿还的各种借款。该账户可以按照借款种类、贷款人和币别设置明细分类账，进行明细分类核算，其账户结构可以用图 3-2 表示。

借方	短期借款	贷方
企业归还短期借款的数额		企业取得短期借款的数额
		余额——期末尚未归还短期借款的数额

图 3-2 "短期借款"账户的结构

3. "长期借款"账户

"长期借款"账户属于负债类账户，用来核算和监督企业向银行等金融机构借入的期限在一年以上的（不含一年）的各种借款。该账户的贷方登记企业借入的各种长期借款；借方登记企业归还的各种长期借款；该账户的余额通常在贷方，表示企业尚未偿还的各种长期借款。该账户可以按照贷款单位和贷款种类设置明细分类账，进行明细分类核算，其账户结构可以用图 3-3 表示。

借方	长期借款	贷方
企业归还长期借款的数额		企业取得长期借款的数额
		余额——期末尚未归还长期借款的数额

图 3-3 "长期借款"账户的结构

4. "银行存款"账户

"银行存款"账户属于资产类账户，用来核算和监督企业存放在银行和其他金融机构的，可以随时支取的货币资金。按照我国有关货币资金管理的规定，企业在日常经营活动中所发生的各项经济往来，除符合现金收支范围内的结算款项可以用现金收付外，其余结算款项都要通过银行办理转账结算。企业向银行存入款项时，记入该账户的借方；企业以银行存款支付款项时，记入该账户的贷方；该账户的余额通常在借方，表示企业银行存款的结存数额，其账户结构可以用图 3-4 表示。

借方	银行存款	贷方
企业向银行存入的款项		企业以银行存款支付的款项
余额——企业银行存款的结存数额		

图 3-4 "银行存款"账户的结构

5. "固定资产"账户

"固定资产"账户属于资产类账户，用来核算和监督企业持有的各类固定资产的原价。企业取得各种固定资产时，将其原始价值记入该账户的借方；企业的固定资产因对外投资、出售、报废清理等原因而减少时，按其原始价值记入该账户的贷方；该账户的期末余额通常在借方，反映期末企业拥有固定资产的账面原始价值。该账户可以按照固定资产的类别和项目设置明细账户，进行明细分类核算，其账户结构可以用图3-5表示。

借方	固定资产	贷方
企业取得各种固定资产的原始价值		企业减少各种固定资产的原始价值
余额——期末企业拥有固定资产的原始价值		

图3-5 "固定资产"账户的结构

6. "无形资产"账户

"无形资产"账户属于资产类账户，用来核算和监督企业持有的无形资产成本。企业以各种方式取得无形资产时，将其价值记入该账户的借方；企业的无形资产因对外投资、出售等原因而减少时，按其价值记入该账户的贷方；该账户的期末余额通常在借方，反映期末企业拥有无形资产的账面价值。该账户可以按照无形资产项目设置明细账户，进行明细分类核算，其账户结构可以用图3-6表示。

借方	无形资产	贷方
企业取得各种无形资产的价值		企业减少各种无形资产的价值
余额——期末企业拥有无形资产的价值		

图3-6 "无形资产"账户的结构

二、筹集资金的主要经济业务核算

例 3-1

甲企业收到投资者（乙企业）投入企业的货币资金6 000 000元，款项已存入甲企业的开户银行，其他手续已经办妥。

这项经济业务的发生，引起了企业的资产要素和所有者权益要素同时变化。一方面，企业的银行存款增加了6 000 000元，应记入"银行存款"账户的借方；另一方面，企业的资本增加了6 000 000元，应记入"实收资本"账户的贷方。对于这项经济业务，应编制的会计分录如下。

（1）借：银行存款   6 000 000

   贷：实收资本——乙企业   6 000 000

例 3-2

甲企业收到投资者（丙企业）投入企业一套全新的机器设备，经双方协商，该设备价值180 000元，设备投入使用。（暂时不考虑该设备的增值税）

这项经济业务的发生，引起了企业的资产要素和所有者权益要素同时变化。一方面，企业的固定资产增加了180 000元，应记入"固定资产"账户的借方；另一方面，丙企业以固定资产作为资本投入，企业的资本增加了180 000元，应记入"实收资本"账户的贷方。

对于这项经济业务，应编制的会计分录如下。

（2）借：固定资产——机器设备   180 000

   贷：实收资本——丙企业   180 000

例 3-3

甲企业收到投资者（丁企业）投入企业的一项专利权，经双方协商，该项专利权价值 880 000 元。

这项经济业务的发生，引起了企业的资产要素和所有者权益要素同时变化。一方面，企业的无形资产增加了 880 000 元，应记入"无形资产"账户的借方；另一方面，丁企业以无形资产作为资本投入，企业的资本增加了 880 000 元，应记入"实收资本"账户的贷方。对于这项经济业务，应编制的会计分录如下。

（3）借：无形资产——专利权　　　　　　　　　　　　　　　　880 000
　　　　贷：实收资本——丁企业　　　　　　　　　　　　　　　　　880 000

例 3-4

甲企业因购买一批急需的材料，临时向工商银行借入短期借款 130 000 元，款项已经存入公司的开户银行，此笔借款的期限为 3 个月。

这项经济业务的发生，引起了企业的资产要素和负债要素的同时变化。一方面，企业因需要购买材料而增加短期借款 130 000 元，应记入"短期借款"账户的贷方；另一方面，企业的银行存款增加了 130 000 元，应记入"银行存款"账户的借方。对于这项经济业务，应编制的会计分录如下。

（4）借：银行存款　　　　　　　　　　　　　　　　　　　　　130 000
　　　　贷：短期借款——工商银行　　　　　　　　　　　　　　　130 000

例 3-5

甲企业向本地的建设银行借入资金 2 000 000 元，期限 3 年，用于补充公司的流动资金不足，已经办妥相关的借款手续，款项已存入银行。

这项经济业务的发生，引起了企业的资产要素和负债要素的同时变化。一方面，企业因向银行借入款项而增加长期借款 2 000 000 元，应记入"长期借款"账户的贷方；另一方面，企业办妥了相关的借款手续，该笔借款已经划入公司在银行的存款账户，公司的银行存款增加了 2 000 000 元，应记入"银行存款"账户的借方。对于这项经济业务，应编制的会计分录如下。

（5）借：银行存款　　　　　　　　　　　　　　　　　　　2 000 000
　　　　贷：长期借款——建设银行　　　　　　　　　　　　　　2 000 000

第二节　供应过程的核算

企业要进行正常的生产经营活动，就必须储备一定数量和品种的材料物资，材料物资是工业企业制造产品不可缺少的物资要素，在生产过程中，材料经过加工而改变其原有的实物形态，构成产品实体的一部分，或者实物消失而有助于产品的生产。企业储备的材料，通常是向外单位采购而取得的，因此工业企业要有计划地采购材料，既要保证及时、按质、按量地满足生产上的需要，同时又要避免储备过多，占用不必要的资金。

一、供应过程核算需要设置的主要账户

为了组织供应过程的核算，正确计算材料的实际采购成本，反映供应过程占用资金的增减变动情况以及与供应单位的结算关系，企业需要设置"在途物资""原材料""周转材料""预付账款""应付账款""应付票据""应交税费""库存现金"等账户。

1. "在途物资"账户

"在途物资"账户属于资产类账户，用来核算和监督企业采用实际成本法进行材料日常核算而购入的各种材料物资的采购成本。该账户的借方反映购入材料的实际价款和采购费用；贷方登记已经验收入库材料的采购成本；期末的余额通常在借方，表示尚未到达企业或者虽然已到达，但是尚未验收入库的在途材料的实际成本。该账户可以按照供应单位和材料品种设置明细账户，进行明细分类核算，其账户结构可以用图 3-7 表示。在本书中，我们采用实际成本法进行材料的日常核算，如果企业使用计划成本法进行材料的日常核算，就需要设置"材料采购"账户，关于计划成本法将在相关财务会计课程中讲述。

借方	在途物资	贷方
企业购入材料物资的价款和采购费用		企业已经验收入库材料的采购成本
余额——期末在途材料的实际成本		

图 3-7 "在途物资"账户的结构

2. "原材料"账户

"原材料"账户属于资产类账户，用来核算和监督企业库存各种材料的收入、发出和结存情况，包括原料及主要材料、辅助材料、外购半成品（外构件）、修理备用件（备品备件）、包装材料、燃料等。该账户的借方登记已经验收入库的各种材料成本；贷方登记因发出材料而减少的成本；该账户的期末余额通常在借方，表示期末结存材料的实际成本。为了具体核算库存原材料的收发变动及存储情况，该账户可以按照材料的保管地点（仓库）、材料类别、品种和规格等设置明细账户，进行明细核算，其账户结构可以用图 3-8 表示。

借方	原材料	贷方
企业已验收入库材料物资的成本		企业发出材料的成本
余额——期末结存材料的实际成本		

图 3-8 "原材料"账户的结构

3. "预付账款"账户

"预付账款"账户属于资产类账户，用来核算和监督企业按照合同规定向供应单位预付货款而发生结算债权的增减变动及结存情况。该账户的借方登记企业因购买物资而预付的款项；贷方登记企业收到供应单位提供的物资而冲销的预付款项的金额；期末如为借方的余额，反映企业期末结存的预付款金额；期末如为贷方的余额，反映企业应该补付给供应单位但尚未补付的款项。企业应该按照供应单位设置明细账户，进行明细分类核算，其账户结构可以用图 3-9 表示。

借方	预付账款	贷方
企业预付的款项		企业已经冲销的预付款项
借方余额——期末结存的预付款金额		贷方余额——企业应补付的款项

图 3-9 "预付账款"账户的结构

4. "应付账款"账户

"应付账款"账户属于负债类账户，用来核算和监督企业因购买材料物资而应付给供应单位的款项。该账户的贷方登记企业因购买材料物资而发生的应付未付款项；借方登记企业已经支付的应付款项；该账户的期末余额通常在贷方，反映企业尚未偿还的应付账款数额。为了详细反映企业与每一供应单位所发生的结算关系，该账户可以按照供应单位设置明细账户，进行明细分类核算，其账户结构可以用图 3-10 表示。

借方	应付账款	贷方
企业已偿还的款项		企业应该付给供应单位款项
		余额——企业尚未偿还的应付账款数额

图 3-10 "应付账款"账户的结构

5. "应付票据"账户

"应付票据"账户属于负债类账户，用来核算和监督企业因购买材料、物资和接受劳务等开出、承兑的商业汇票，包括银行承兑汇票和商业承兑汇票。"应付票据"账户的贷方登记签发给供应单位的应付票据的金额；借方登记企业已经支付的应付票据的金额；该账户期末余额通常在贷方，表示尚未到期的应付票据的金额。为了详细反映企业与每一供应单位所发生的结算关系，该账户可以按照供应单位设置明细账户，进行明细分类核算，其账户结构可以用图 3-11 表示。

借方	应付票据	贷方
企业已偿还的应付票据的金额		企业已签发的应付票据的金额
		余额——尚未偿还的应付票据的金额

图 3-11 "应付票据"账户的结构

6. "应交税费"账户

"应交税费"账户属于负债类账户，用来核算和监督企业按照税法的规定应该缴纳的各种税费。"应交税费"账户的贷方登记经计算企业应该缴纳的各种税金的金额；借方登记企业实际缴纳的各种税金的金额；该账户的期末余额通常在贷方，表示企业应该缴纳但尚未缴纳的税金的金额。该账户可以按照税种设置明细分类账户，进行明细分类核算，其账户结构可以用图 3-12 表示。

借方	应交税费	贷方
实际缴纳的各种税金的金额		经计算企业应该缴纳的各种税金的金额
		余额——应该缴纳但尚未缴纳的税金的金额

图 3-12 "应交税费"账户的结构

企业在物资采购业务中涉及的税金主要是增值税。按照《中华人民共和国增值税暂行条例》规定，凡在我国境内销售货物、提供修理修配劳务及进口货物的单位和个人，应缴纳增值税。为了正确核算企业在购销过程中的增值税业务，企业应在"应交税费"账户下设置"应交增值税"明细账户。"应交税费——应交增值税"账户的借方反映企业购进货物或接受劳务支付的进项税额和实际已经支付的增值税；贷方反映企业销售货物或提供修理修配劳务而向购货单位收取的销项税额等项目；纳税人从销项税额抵扣进项税额后向税务机关缴纳增值税，期末余额在借方，表示企业预交的税金或尚未抵扣的增值税，余额在贷方表示企业应交而未交的增值税，其账户结构可以用图 3-13 表示。

借方 应交税费——应交增值税 贷方	
支付的进项税额和实际已经支付的增值税	向购货单位收取的销项税额
余额——预交的税金或尚未抵扣的增值税	余额——企业应交而未交的增值税

图 3-13 "应交税费——应交增值税"账户的结构

7. "库存现金"账户

"库存现金"账户属于资产类账户，用来核算企业在生产经营过程中发生的库存现金的收支业务。该账户的借方登记企业收到现金的金额；贷方登记企业支付现金的金额；期末的余额通常在借方，表示期末库存现金的结存金额，其账户结构可以用图 3-14 表示。

借方 库存现金 贷方	
企业收到现金	企业支付现金
余额——期末库存现金的结存金额	

图 3-14 "库存现金"账户的结构

二、供应过程主要经济业务的核算

例 3-6

甲企业从乙企业购入一批 A 材料，增值税专用发票上注明的信息如下：材料数量为 8 100 千克，材料货款为 60 500 元，增值税税款为 7 865 元，全部款项已用银行存款支付，同时材料已经运到，并验收入库。

这笔经济业务，货款已支付，材料已验收入库，企业应根据结算凭证、发票账单和收料账单确定的材料成本，借记"原材料"账户，根据增值税专用发票上注明的税额，借记"应交税费——应交增值税（进项税额）"账户，根据实际支付的款项，贷记"银行存款"账户。（假设购货企业是增值税一般纳税人，增值税税率为 13%，材料采购按照实际成本计价，下同）。对于这项经济业务，应编制的会计分录如下。

（6）借：原材料——A 材料　　　　　　　　　　60 500
　　　　应交税费——应交增值税（进项税额）　7 865
　　　贷：银行存款　　　　　　　　　　　　　　68 365

例 3-7

甲企业向新华公司购入一批 B 材料，增值税专用发票上注明的信息如下：材料数量为 5 000 千克，材料贷款为 40 000 元，增值税税款为 5 200 元，全部款项已用银行存款支付，但材料尚未运到。

这笔经济业务，企业的账务处理应分两个步骤进行：第一步，付款时，根据结算凭证和发票账单确定的材料成本，借记"在途物资"账户，根据增值税专用发票上注明的税额，借记"应交税费——应交增值税（进项税额）"账户，根据实际支付的款项，贷记"银行存款"账户；第二步，材料验收入库后，根据收料单确认的材料成本，借记"原材料"账户，贷记"在途物资"账户。对于这项经济业务，应编制的会计分录如下。

（7）/1 借：在途物资——B 材料   40 000
             应交税费——应交增值税（进项税额）   5 200
             贷：银行存款   45 200

上述 B 材料全部运到并验收入库时，应编制的会计分录如下。

（7）/2 借：原材料——B 材料   40 000
             贷：在途物资——B 材料   40 000

例 3-8

甲企业向光华公司购入一批 C 材料，增值税专用发票上注明的信息如下：材料数量为 1 000 千克，材料贷款为 6 000 元，增值税税款为 780 元，企业已经收到发票账单和结算凭证，但暂未付款，这批材料已运到并验收入库。

这笔经济业务，企业应该根据发票账单和收料单确定的材料实际成本，借记"原材料"账户，根据增值税专用发票上注明的税额，借记"应交税费——应交增值税（进项税额）"账户，根据应付的全部款项，贷记"应付账款"账户。对于这项经济业务，应编制的会计分录如下。

（8）/1 借：原材料——C 材料   6 000
             应交税费——应交增值税（进项税额）   780
             贷：应付账款——光华公司   6 780

企业通过银行偿还上述所欠的全部款项时，应编制的会计分录如下。

（8）/2 借：应付账款——光华公司   6 780
             贷：银行存款   6 780

例 3-9

甲企业向清松公司购入一批 B 材料，增值税专用发票上注明的信息如下：材料数量为 3 000 千克，材料贷款为 24 000 元，增值税税款为 3 120 元，这批材料已运到并验收入库，甲企业向清松公司签发了一张面值为 27 120 元的商业承兑汇票，期限 2 个月。

这笔经济业务，企业应该根据发票账单和收料单确定的材料实际成本，借记"原材料"账户，根据增值税专用发票上注明的税额，借记"应交税费——应交增值税（进项税额）"账户，根据应付的全部款项，贷记"应付票据"账户。对于这项经济业务，应编制的会计分录如下。

（9）/1 借：原材料——B 材料　　　　　　　　　24 000

应交税费——应交增值税（进项税额）　　3 120

贷：应付票据——清松公司　　　　　　　　27 120

当商业承兑汇票到期，企业通过银行偿还上述全部款项时，应编制的会计分录如下。

（9）/2 借：应付票据——清松公司　　　　　　　　27 120

贷：银行存款　　　　　　　　　　　　　　27 120

例 3-10

甲企业与新兴公司签订购销合同，购进一批 C 材料。根据合同规定，甲公司需要向新兴公司预付货款 36 000 元，这部分款项已用银行存款支付。

这笔经济业务，企业应在预付原材料价款时，按照实际预付的金额，借记"预付账款"账户，贷记"银行存款"账户。对于这项经济业务，应编制的会计分录如下。

（10）借：预付账款——新兴公司　　　　　　　　36 000

贷：银行存款　　　　　　　　　　　　　　36 000

例 3-11

甲企业收到新兴公司发来的 C 材料，增值税专用发票上注明的信息如下：材料数量为 5 000 千克，材料货款为 30 000 元，增值税税款为 3 900 元，材料已验收入库，对方已退回多余的预付款项。

这笔经济业务，企业应该根据发票账单和收料单确定的材料实际成本，借记"原材料"账户，根据增值税专用发票上注明的税额，借记"应交税费——应交增值税（进项税额）"账户，根据价税合计金额，贷记"预付账款"账户。多余的预付款项被退回时，企业应按照实际退回的金额，借记"银行存款"账户，贷记"预付账款"账户。对于这项经济业务，应编制的会计分录如下。

（11）/1 借：原材料——C 材料　　　　　　　　　30 000

应交税费——应交增值税（进项税额）　　3 900

贷：预付账款——新兴公司　　　　　　　　33 900

收到对方退回的预付款时：

（11）/2 借：银行存款　　　　　　　　　　　　　2 100

贷：预付账款——新兴公司　　　　　　　　2 100

三、物资采购成本计算

物资采购成本的计算就是将供应过程中所发生的物资买价和有关采购费用，按一定的方式进行归集和分配，以此来确定该种物资的实际成本。

物资采购成本的内容主要有以下几方面。

1）买价，即供应单位的发票价格；

2）运杂费，包括运输费、装卸费、保险费、包装费、仓储费；

3）损耗，即运输途中的合理损耗；

4）挑选整理费，即材料入库前的挑选整理费用，包括挑选整理中发生的损耗，扣除回收下脚料的价值；

5）其他费用。

值得注意的是，在计算物资的采购成本中，凡是能直接计入各种物资的直接费用，应直接计入各种物资的采购成本；不能直接计入各种物资的间接费用，应按照一定的标准在有关物资之间进行分配，分别记入各种物资的采购成本。

例 3-12

甲企业从光明电子有限公司购入 A 材料，增值税专用发票上注明的信息如下：材料数量为 4 000 千克，材料价款为 19 000 元，增值税税款为 2 470 元，全部款项已用银行存款支付，同时材料已经运到，并验收入库。另外，甲企业用现金支付 A 材料运输费 700 元及增值税税款 63 元；装卸费 300 元及增值税税款 18 元。

这笔采购业务，材料的采购成本包括材料价款、运输费和装卸费。采购材料发生的运输费、装卸费构成材料采购成本，应直接计入 A 材料的实际采购成本。对于这项经济业务，应编制的会计分录如下。

在采购付款环节：

（12）/1 借：在途物资——A 材料	19 000	
应交税费——应交增值税（进项税额）	2 470	
贷：银行存款		21 470
（12）/2 借：在途物资——A 材料	1 000	
应交税费——应交增值税（进项税额）	81	
贷：库存现金		1 081

在验收入库环节：

（12）/3 借：原材料——A 材料	20 000	
贷：在途物资——A 材料		20 000

例 3-13

甲企业从广州某电子公司购入 A、B 两种材料，增值税专用发票上列明 A 材料 5 000 千克，价款 23 000 元，增值税税款 2 990 元；B 材料 10 000 千克，价款 76 000 元，增值税税款 9 880 元。A、B 两种材料的价款和增值税均已通过银行存款支付。另外，企业用银行存款支付 A、B 两种材料的运输费 6 000 元和增值税税款 540 元。

这笔采购业务，材料的采购成本包括材料价款、运输费和保险费。而采购 A、B 两种材料共同发生的运输费和保险费则应选择合理的分配标准分配记入 A、B 材料的实际采购成本。在会计核算中，分配共同发生的采购费用的步骤一般是：①选择分配标准；②计算分配率；③确定各种材料应分配的采购费用。

本例中 A、B 两种材料共同发生的运杂费选择材料重量作为分配标准，A 材料 5 000 千克，B 材料 10 000 千克。

$$运杂费分配率 = \frac{共同发生的运杂费}{A、B材料的重量和} = \frac{6\ 000}{5\ 000 + 10\ 000} = 0.4（元 / 千克）$$

A 材料应分配的运杂费 = A 材料的重量 × 运输费分配率 = 5 000 × 0.4 = 2 000（元）

B 材料应分配的运杂费＝B 材料的重量×运输费分配率＝10 000×0.4＝4 000（元）

因此，在这笔采购业务中，

A 材料的采购成本＝A 材料的价款＋A 材料应分配的运杂费＝23 000＋2 000

＝25 000（元）

B 材料的采购成本＝B 材料的价款＋B 材料应分配的运杂费＝76 000＋4 000

＝80 000（元）

（13）/1 借：在途物资——A 材料　　　　　　　　　　　　23 000

　　　　　在途物资——B 材料　　　　　　　　　　　　76 000

　　　　　应交税费——应交增值税（进项税额）　　　　12 870

　　　　　贷：银行存款　　　　　　　　　　　　　　　　　　111 870

（13）/2 借：在途物资——A 材料　　　　　　　　　　　　2 000

　　　　　在途物资——B 材料　　　　　　　　　　　　4 000

　　　　　应交税费——应交增值税（进项税额）　　　　540

　　　　　贷：银行存款　　　　　　　　　　　　　　　　　　6 540

（13）/3 借：原材料——A 材料　　　　　　　　　　　　　25 000

　　　　　原材料——B 材料　　　　　　　　　　　　　80 000

　　　　　贷：在途物资——A 材料　　　　　　　　　　　　　25 000

　　　　　　　在途物资——B 材料　　　　　　　　　　　　　80 000

第三节　生产过程的核算

工业企业的生产过程是从投入材料到产品完工并验收入库的全过程。在生产过程中，工人借助于机器设备对原材料进行加工，把原材料加工成产品。对于工业企业来说，产品的生产过程不仅仅是产品的制造过程，同时也是生产的消耗过程。企业在生产产品的过程中所发生的各种耗费，称为生产费用，主要包括生产产品所消耗的材料、生产工人的工资及福利费、厂房及机器设备的折旧费以及为组织和管理生产而发生的各种费用。因此，生产过程核算的主要任务是核算和监督生产费用的发生情况，正确计算产品的制造成本。

一、生产过程核算需要设置的主要账户

为了核算和监督工业企业在生产过程中发生的各种经济业务，正确归集和分配生产费用，并在此基础上进行产品生产成本的计算，企业应设置"生产成本""制造费用""应付职工薪酬""累计折旧""库存商品""管理费用""其他应收款""财务费用""应付利息"等主要账户。

1."生产成本"账户

"生产成本"账户属于成本类账户，用来核算和监督工业企业在生产过程中所发生的各项生产费用。该账户的借方登记企业发生的各项直接生产费用和应负担的制造费用；贷

方登记已经完成生产步骤并验收入库的产成品的实际成本；期末余额通常在借方，表示期末未完工在产品的成本，其账户结构可以用图 3-15 表示。

借方 生产成本	贷方
发生的直接生产费用和应负担的制造费用	完工并验收入库的产品成本
余额——期末未完工在产品的成本	

图 3-15 "生产成本"账户的结构

2. "制造费用"账户

"制造费用"账户属于成本类账户，用来核算和监督企业生产车间为制造产品和提供劳务而发生的各项间接费用，包括工资和福利费、折旧费、修理费、办公费、机物料消耗、劳动保护费以及其他不能直接计入产品生产成本的费用等。该账户的借方登记企业为制造产品和提供劳务而发生的各项间接费用；贷方登记分配结转应由各种产品负担的制造费用；月末结转后一般无余额。"制造费用"账户可按不同的生产车间、部门和费用项目进行明细核算，其账户结构可用图 3-16 表示。

借方 制造费用	贷方
本期发生的各项制造费用	分配结转应由各种产品负担的制造费用

图 3-16 "制造费用"账户的结构

3. "应付职工薪酬"账户

"应付职工薪酬"账户属于负债类账户，用来核算和监督企业根据有关规定应付给职工的各种薪酬。该账户的贷方登记企业实际发生的应付给职工的各种薪酬；借方登记企业实际支付的职工薪酬；期末余额通常在贷方，表示企业应付而未付的职工薪酬。"应付职工薪酬"账户可按"工资""职工福利""社会保险费""住房公积金""工会经费""职工教育经费""非货币性福利""辞退福利""股份支付"设置明细账户，进行明细核算，其账户结构可用图 3-17 表示。

借方 应付职工薪酬	贷方
企业实际支付给职工的薪酬	企业应付给职工的薪酬
	余额——企业应付而未付的职工薪酬

图 3-17 "应付职工薪酬"账户的结构

4. "累计折旧"账户

"累计折旧"账户属于资产类账户，是"固定资产"账户的抵减账户，用来核算和监督企业固定资产因磨损而减少的价值。企业的固定资产在较长时期内使用，其价值会随着固定资产的磨损而逐渐转移到所生产的产品或所提供的劳务成本中，这部分分期转移的价值就是固定资产的折旧。因此，企业应当按照规定的方法对企业的固定资产计提折旧。"累计折旧"账户的贷方登记固定资产累计折旧的增加额，即固定资产价值因磨损而减少的数额；借方登记因出售、报废和毁损的固定资产而相应减少的已提固定资产累计折旧数额；期末余额在贷方，表示现有固定资产已经计提的累计折旧数额，其账户结构可用图 3-18 表示。

借方	累计折旧	贷方
因出售、报废和毁损等原因而减少的折旧	企业计提的固定资产折旧	
	余额——现有固定资产的累计折旧总额	

图 3-18　"累计折旧"账户的结构

5．"库存商品"账户

"库存商品"账户属于资产类账户，用来核算和监督企业库存的各种商品（包括外购商品和自制产品）的实际成本。工业企业的库存商品主要是指产成品，即企业已经完成全部生产过程并已验收入库可供销售的产品。该账户的借方登记已完工入库的各种产品的实际成本；贷方登记已发出的各种产品的实际成本；期末余额通常在借方，表示期末结存产品的实际成本。该账户可按库存商品的种类、品种和规格等设置明细账户，进行明细核算，其账户结构可用图 3-19 表示。

借方	库存商品	贷方
完工入库产品的实际成本	发出产品的实际成本	
余额——期末结存产品的成本		

图 3-19　"库存商品"账户的结构

6．"管理费用"账户

"管理费用"账户属于损益类账户，用来核算和监督企业行政管理部门为组织和管理生产经营活动而发生的各项费用。企业发生的各项管理费用记入该账户的借方，期末将账户余额转入"本年利润"账户时记入该账户的贷方，结转后该账户无余额。该账户可按费用项目设置明细账户，进行明细核算，其账户结构可用图 3-20 表示。

借方	管理费用	贷方
本期发生的各项管理费用	期末转入"本年利润"账户的管理费用	

图 3-20　"管理费用"账户的结构

7．"其他应收款"账户

"其他应收款"账户属于资产类账户，用来核算和监督企业除应收账款、应收票据、预付账款以外的其余各种应收、暂付款项，包括各种赔款、罚款、备用金、应向职工收取的各种垫付款等。该账户的借方登记应收或暂付款项的实际金额；贷方登记收回的应收或暂付款项的实际金额；期末余额通常在借方，反映企业尚未收回的其他应收款项的实际金额。该账户应按对方单位（或个人）设置明细账户，进行明细核算，其账户结构可用图 3-21 表示。

借方	其他应收款	贷方
应收或暂付款项的实际金额	收回的应收或暂付款项的实际金额	
余额——尚未收回的其他应收款项的金额		

图 3-21　"其他应收款"账户的结构

8．"财务费用"账户

"财务费用"属于损益类账户，用来核算和监督企业为筹集生产经营所需的资金而发生的筹资费用，包括企业生产经营期间发生的利息费用和利息收入、金融机构手续费及筹资发生的其他费用。该账户的借方登记企业发生的各项财务费用，期末将"财务费用"账户的余额转入"本年利润"账户时记入其贷方，结转后该账户无余额。该账户按费用项目设置明细账户，进行明细分类核算，其账户结构可用图 3-22 表示。

借方	财务费用	贷方
企业发生的各项财务费用		转入"本年利润"账户的金额

图 3-22 "财务费用"账户的结构

9. "应付利息"账户

"应付利息"账户属于负债类账户，用来核算和监督企业按照合同约定应支付的利息。在会计期末，企业确认利息费用时，按照利息费用的用途，分别借记"财务费用"等账户，贷记"应付利息"账户；企业实际支付利息时，借记"应付利息"账户，贷记"银行存款"等账户；"应付利息"账户的期末余额通常在贷方，表示企业应付未付的利息。该账户可以按照借款人设置明细账户，进行明细分类核算，其账户结构可用图 3-23 表示。

借方	应付利息	贷方
企业实际支付利息		按合同利率确认的应付未付利息
		余额——应付而未付的利息

图 3-23 "应付利息"账户的结构

二、生产过程主要经济业务的核算

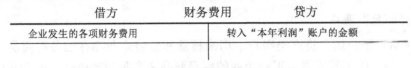

例 3-14

甲企业从仓库领用 A、B、C 材料各一批，用于生产Ⅰ、Ⅱ两种产品和其他耗用。具体材料领用情况如表 3-1 所示。

表 3-1 材料领用情况表

项　目	A 材料		B 材料		C 材料		合计（元）
	数量（千克）	金额（元）	数量（千克）	金额（元）	数量（千克）	金额（元）	
Ⅰ产品耗用	10 000	50 000	5 000	40 000	1 000	6 000	96 000
Ⅱ产品耗用	2 000	10 000	12 000	96 000	5 000	30 000	136 000
小　计	12 000	60 000	17 000	136 000	6 000	36 000	232 000
车间一般性耗用	1 000	5 000					5 000
管理部门领用			1 000	8 000			8 000
合　计	13 000	65 000	18 000	144 000	6 000	36 000	245 000

这项经济业务的发生，一方面使企业的库存材料减少了 245 000 元，应记入"原材料"账户的贷方；另一方面增加了企业的成本费用。其中：用于生产Ⅰ、Ⅱ两种产品的材料 232 000 元，属于产品生产的直接费用，应直接计入产品的生产成本中，即记入"生产成本"账户的借方；车间一般性耗用的材料费用，属于产品生产的间接费用，应记入

"制造费用"账户的借方；管理部门耗用的材料费用，属于期间费用，应记入"管理费用"账户的借方。对于这项经济业务，应编制的会计分录如下。

（14）借：生产成本——Ⅰ产品   96 000

         生产成本——Ⅱ产品   136 000

         制造费用   5 000

         管理费用   8 000

      贷：原材料——A材料   65 000

         原材料——B材料   144 000

         原材料——C材料   36 000

例 3-15

甲企业分配本月份应付职工工资，其中制造Ⅰ产品应负担的人员工资为12 000元，制造Ⅱ产品应负担的人员工资为8 000元，生产车间管理人员的工资为4 000元，厂部行政管理人员的工资为6 000元。

这项经济业务的发生，一方面说明企业应付而未付的职工工资增加了，应记入"应付职工薪酬"账户的贷方；另一方面说明工资费用增加了，其中：生产工人的工资属于可以直接计入产品生产成本的直接费用，应记入"生产成本"账户的借方，车间管理人员的工资属于产品生产的间接费用，应记入"制造费用"账户的借方，厂部行政管理人员的工资属于期间费用，应记入"管理费用"账户的借方。对于这项经济业务，应编制的会计分录如下。

（15）借：生产成本——Ⅰ产品   12 000

         生产成本——Ⅱ产品   8 000

         制造费用   4 000

         管理费用   6 000

      贷：应付职工薪酬——工资   30 000

例 3-16

甲企业从银行提取现金30 000元，准备用于发放职工工资。

这项经济业务的发生，一方面使企业的现金增加了30 000元，应记入"库存现金"账户的借方；另一方面使企业的银行存款减少了30 000元，应记入"银行存款"账户的贷方。对于这项经济业务，应编制的会计分录如下。

（16）借：库存现金   30 000

      贷：银行存款   30 000

例 3-17

甲企业以现金30 000元发放职工工资。

这项经济业务的发生，一方面使企业的现金减少了30 000元，应记入"库存现金"账户的贷方；另一方面又使企业应付职工的工资减少了30 000元，应记入"应付职工薪酬"账户的借方。对于这项经济业务，应编制的会计分录如下。

（17）借：应付职工薪酬——工资   30 000

      贷：库存现金   30 000

例 3-18

甲企业下设一个职工食堂，每月根据在岗职工数量及岗位分布计算需要补贴食堂的金额。本月企业在岗职工共计 100 人，其中管理部门 20 人，生产 Ⅰ 产品 40 人，生产 Ⅱ 产品 20 人，生产车间管理人员 20 人，每个职工每月补贴 120 元，共计 12 000 元。

这项经济业务的发生，一方面说明企业本月份应付的职工福利增加了，应记入"应付职工薪酬"账户的贷方；另一方面说明企业的福利费增加了，其中：生产工人的福利费属于产品生产的直接费用，应记入"生产成本"账户的借方，车间管理人员的福利费属于产品生产的间接费用，应记入"制造费用"账户的借方，管理人员的福利费属于期间费用，应记入"管理费用"账户的借方。因此对于这项经济业务，应编制的会计分录如下。

（18）借：生产成本——Ⅰ产品   4 800
           生产成本——Ⅱ产品   2 400
           制造费用   2 400
           管理费用   2 400
        贷：应付职工薪酬——职工福利   12 000

例 3-19

甲企业以银行存款支付水电费 6 800 元及增值税税款 884 元，其中：生产车间应负担 4 600 元，厂部行政管理部门应负担 2 200 元。

这项经济业务的发生，一方面说明银行存款减少了 6 800 元，应记入"银行存款"账户的贷方；另一方面说明企业的费用开支增加了 6 800 元，其中：车间负担的水电费用应记入"制造费用"账户的借方，厂部行政管理部门负担的水电费用应记入"管理费用"账户的借方。对于这项经济业务，应编制的会计分录如下。

（19）借：制造费用   4 600
           管理费用   2 200
       借：应交税费——应交增值税（进项税额）   884
        贷：银行存款   7 684

例 3-20

甲企业以现金购入办公用品，生产车间 200 元，厂部行政管理部门 600 元。

这项经济业务的发生，一方面说明现金减少了 800 元，应记入"库存现金"账户的贷方；另一方面说明企业的费用开支增加了 800 元，其中：车间负担的办公费用应记入"制造费用"账户的借方，厂部行政管理部门负担的办公费用应记入"管理费用"账户的借方。对于这项经济业务，应编制的会计分录如下。

（20）借：制造费用   200
           管理费用   600
        贷：库存现金   800

例 **3-21**

甲企业按照规定的固定资产折旧率，计提本月固定资产折旧 32 600 元，其中：生产车间固定资产的折旧 21 300 元，厂部行政管理部门的固定资产折旧 11 300 元。

这项经济业务的发生，一方面反映企业折旧费用的增加，其中：生产车间的折旧费用属于产品生产的间接费用，应记入"制造费用"账户的借方，厂部行政管理部门的折旧费用属于期间费用，应记入"管理费用"账户的借方；另一方面反映企业固定资产折旧的增加，应记入"累计折旧"账户的贷方。对于这项经济业务，应编制的会计分录如下。

（21）借：制造费用   21 300
       管理费用   11 300
       贷：累计折旧   32 600

例 **3-22**

甲企业行政管理人员李四出差预支差旅费 900 元，以现金支付。

行政管理人员的差旅费属于管理费用，但是目前企业只是暂时付给借款人一笔款项供其使用，而管理费用暂时还未发生，因此形成了企业的债权。这项经济业务的发生，一方面引起企业其他应收款项的增加，应记入"其他应收款"账户的借方；另一方面引起企业现金的减少，应记入"库存现金"账户的贷方。对于这项经济业务，应编制的会计分录如下。

（22）借：其他应收款   900
       贷：库存现金   900

例 **3-23**

甲企业行政管理人员李四报销差旅费 780 元，原预支 900 元，余额归还现金。

这项经济业务的发生，一方面由于行政管理人员报销差旅费而使企业的管理费用增加 780 元，应记入"管理费用"账户的借方，同时收回多余的现金使企业的现金增加 120 元，应记入"库存现金"账户的借方；另一方面，企业的其他应收款项减少，应记入"其他应收款"账户的贷方。对于这项经济业务，应编制的会计分录如下。

（23）借：管理费用   780
       库存现金   120
       贷：其他应收款   900

例 **3-24**

甲企业本月应确认的借款利息费用 800 元。

这项经济业务的发生，一方面表示财务费用的增加，应记入"财务费用"账户的借方；另一方面表示应付未付利息的增加，应记入"应付利息"账户的贷方。对于这项经济业务，应编制的会计分录如下。

（24）借：财务费用   800
       贷：应付利息   800

三、产品制造成本计算

企业为了制造产品，必定会发生各种各样的耗费，如材料费、人工费、折旧费、办公费、水电费等，这些耗费称为生产费用。生产费用按其计入产品成本的方式的不同，可以分为直接费用和间接费用。直接费用是指企业生产产品过程中实际消耗的直接材料、直接人工等，与企业生产过程直接相关。间接费用是指企业为生产产品和提供劳务而发生的各项间接支出，与生产产品过程不直接相关。把生产费用归集到具体的产品，称为产品的制造成本。产品制造成本的计算就是按生产的各种产品归集和分配在生产过程中发生的各种生产费用，并计算各种产品的总成本和单位成本。生产费用按其经济用途的不同，可以分为直接材料、直接人工、制造费用等项目，在会计上被称为制造成本项目或生产成本项目。各个产品的制造成本项目构成分述如下：

1. 直接材料

直接材料是指直接用于产品生产，构成产品实体的原料和主要材料以及有助于产品形成的辅助材料。

2. 直接人工

直接人工是指直接参加产品生产的工人的工资和福利费。

3. 制造费用

制造费用是指在组织和管理生产的部门范围内所发生的各项费用，一般包括生产部门管理人员的工资及福利费、折旧费、办公费、水电费以及物料消耗费等。制造费用通常是由几种产品共同耗用的，属于间接费用。企业应当按照一定的标准在不同产品之间进行分配，再分别计入产品的制造成本。在实际工作中，用于分配间接费用的标准有生产工人的工时、生产工人的工资、机器工时及有关的消耗定额等。

制造费用是产品生产成本的组成部分，平时发生的制造费用应在"制造费用"账户的借方归集，期末需要将制造费用按一定的标准进行分配，计入有关产品的成本，应记入"生产成本"账户的借方；另一方面转出制造费用，应记入"制造费用"账户的贷方。

企业在生产过程中，除了发生生产费用以外，还会发生一些期间费用。期间费用与生产费用的区别在于，该费用能否对象化。生产费用是为生产某一产品或提供某一劳务所消耗的费用，与负担者直接相关，生产费用构成产品制造成本；而期间费用是在一定期间为了进行生产经营活动而发生的各项耗费，费用仅与发生的期间直接相关，无法对象化，即我们能够很容易地确定费用应归属的会计期间，但难以确定其归属的产品。期间费用不计入产品制造成本，而是从当期损益中予以扣除。期间费用包括销售费用、管理费用、财务费用。

例 3-25

甲企业将本月发生的制造费用 37 500 元转入产品成本。Ⅰ、Ⅱ两种产品共同发生的制造费用选择生产工人的工资作为分配标准，已知本月Ⅰ产品生产工人的工资是 12 000 元，Ⅱ产品生产工人的工资是 8 000 元。

$$制造费用分配率=\frac{共同发生的制造费用}{生产两种产品的工资费用之和}=\frac{37\ 500}{12\ 000+8\ 000}=1.875$$

Ⅰ产品应分配的制造费用=Ⅰ产品生产工人的工资×制造费用分配率

$$=12\ 000×1.875=22\ 500（元）$$

Ⅱ产品应分配的制造费用=Ⅱ产品生产工人的工资×制造费用年分配率

$$=8\ 000×1.875=15\ 000（元）$$

对于这项经济业务，应编制的会计分录如下。

（25）借：生产成本——Ⅰ产品   22 500

    生产成本——Ⅱ产品   15 000

   贷：制造费用   37 500

登记Ⅰ、Ⅱ产品的生产成本明细分类账分别见表3-2和表3-3。

表3-2 Ⅰ产品"生产成本"明细分类账

产品品种或类别：Ⅰ产品 （单位：元）

年		凭证号码	摘要	借方（成本项目）				贷方	借或贷	余额
月	日			直接材料	直接人工	制造费用	合 计			
			期初余额	21 000	3 900	5 100			借	30 000
		14	生产耗用材料	96 000			96 000		借	126 000
		15	分配工资		12 000		12 000		借	138 000
		18	分配福利费		48 00		4 800		借	142 800
		25	分配制造费用			22 500	22 500		借	165 300
		26	结转完工产品生产成本					135 300	借	30 000
			本期发生额及余额	96 000	16 800	22 500	135 300	135 300	借	30 000

表3-3 Ⅱ产品"生产成本"明细分类账

产品品种或类别：Ⅱ产品 （单位：元）

年		凭证号码	摘要	借方（成本项目）				贷方	借或贷	余额
月	日			直接材料	直接人工	制造费用	合 计			
			期初余额	27 030	2 226	2 544			借	31 800
		14	生产耗用材料	136 000			136 000		借	167 800
		15	分配工资		8 000		8 000		借	175 800
		18	分配福利费		2 400		2 400		借	178 200
		25	分配制造费用			15 000	15 000		借	193 200
		26	结转完工产品生产成本					161 400	借	31 800
			本期发生额及余额	136 000	10 400	15 000	161 400	161 400	借	31 800

例 3-26

企业本月投产的产品全部完工，共计生产出Ⅰ产品1 000件，Ⅱ产品2 000件，并已经验收入库，两种产品的实际成本如表3-4所示。

表 3-4 产品成本计算表

项 目	I产品		II产品	
	总成本（元）	单位成本（元/件）	总成本（元）	单位成本（元/件）
直接材料	96 000	96	136 000	68
直接人工	16 800	16.8	10 400	5.2
制造费用	22 500	22.5	15 000	7.5
合 计	135 300	135.3	161 400	80.7

这项经济业务的发生，一方面反映产品生产完成并验收入库，应按照实际成本转账，记入"生产成本"账户的贷方；另一方面，反映库存产成品的增加，应记入"库存商品"账户的借方，对于这项经济业务，应编制的会计分录如下。

（26）借：库存商品——I产品　　　　　　　　135 300
　　　　　库存商品——II产品　　　　　　　　161 400
　　　　贷：生产成本——I产品　　　　　　　　　　　135 300
　　　　　　生产成本——II产品　　　　　　　　　　　161 400

第四节　销售过程的核算

销售过程是工业企业生产经营过程中的一个重要阶段，在产品的销售过程中，企业要将生产过程中生产出来的产品销售出去，收回货币资金，以弥补企业为生产产品而发生的各项耗费，保证生产过程的顺利进行。同时，销售过程是企业生产经营过程的最后一个阶段，也是资金周转最重要的一个过程，如果企业生产出来的产品不能销售出去，产品的价值就不能实现，企业的再生产过程将难以为继。

一、销售过程核算需要设置的主要账户

为了核算和监督企业的销售业务，工业企业应设置"主营业务收入""主营业务成本""销售费用""税金及附加""应收账款""应收票据""预收账款"等账户。

1．"主营业务收入"账户

"主营业务收入"账户属于损益类账户，用来核算和监督企业销售产品、提供劳务等主营业务的收入。该账户的贷方登记企业销售产品、提供劳务取得的收入；借方登记发生销售退回时减少的数额以及在期末转入"本年利润"账户的数额；期末结转后，该账户没有余额。该账户可以按照主营业务的种类设置明细账户，进行明细分类核算，其账户结构可用图 3-24 表示。

借方	主营业务收入	贷方
销售退回和结转至"本年利润"的收入数额		企业取得的主营业务收入

图 3-24 "主营业务收入"账户的结构

2．"主营业务成本"账户

"主营业务成本"账户属于损益类账户，用来核算和监督企业销售产品、提供劳务等

主营业务的成本。该账户的借方登记企业销售产品、提供劳务的实际成本；贷方登记企业发生销售退货时实际退回产品的成本和期末结转至"本年利润"账户的实际成本；期末结转后，该账户没有余额。该账户可以按照主营业务的种类设置明细账户，进行明细分类核算，其账户结构可用图3-25表示。

借方	主营业务成本	贷方
企业发生主营业务的实际成本		销售退回和结转至"本年利润"的成本数额

图3-25 "主营业务成本"账户的结构

3．"销售费用"账户

"销售费用"账户属于损益类账户，用来核算和监督企业在销售产品过程中发生的各种费用。该账户的借方登记企业在本期发生的各种销售费用，贷方登记企业期末转入"本年利润"账户的数额，期末结转后该账户没有余额。该账户应按照费用项目设置明细账户，进行明细核算，其账户结构可用图3-26表示。

借方	销售费用	贷方
企业本期发生的各种销售费用		期末结转至"本年利润"的费用数额

图3-26 "销售费用"账户的结构

4．"税金及附加"账户

"税金及附加"账户属于损益类账户，用来核算和监督企业经营活动发生的消费税、城市维护建设税、资源税和教育费附加、房产税、印花税、车船税、土地使用税等相关税费，但是增值税属于价外税，不通过该账户核算。该账户的借方登记企业按照规定税率计算应负担的税金及附加，贷方登记期末转入"本年利润"账户的数额，期末结转后，该账户没有余额，其账户结构可用图3-27表示。

借方	税金及附加	贷方
企业应负担的税金及附加		期末转入"本年利润"账户的数额

图3-27 "税金及附加"账户的结构

5．"应收账款"账户

"应收账款"账户属于资产类账户，用来核算和监督企业因销售产品、提供劳务而应向购货方（或劳务的接受方）收取的款项，包括应收的价款、增值税款和代垫的款项等。该账户的借方用来登记企业应向购货方（或劳务的接受方）收取的款项；贷方登记企业收回的款项；期末余额在借方，表示企业应收而未收回的款项。该账户应按照购货单位设置明细账户，进行明细核算，其账户结构可用图3-28表示。

借方	应收账款	贷方
企业应向购货方收取的款项		企业收回的款项
余额——企业应收而未收回的款项		

图3-28 "应收账款"账户的结构

6. "应收票据"账户

"应收票据"账户属于资产类账户，用来核算和监督企业因销售商品、提供劳务而收到的商业汇票，包括银行承兑汇票和商业承兑汇票。该账户的借方登记企业因销售商品、提供劳务而收到的商业汇票的票面金额；贷方登记商业汇票到期，企业实际收到的金额；余额一般在借方，表示企业期末持有的商业汇票的票面金额。其账户可以按照开出、承兑商业汇票的单位设置明细账户，进行明细核算，其账户结构可用图3-29表示。

借方	应收票据	贷方
企业收到的商业汇票的票面金额		商业汇票到期，企业实际收到的金额
余额——期末持有的商业汇票的票面金额		

图3-29 "应收票据"账户的结构

7. "预收账款"账户

"预收账款"账户属于负债类账户，用来核算和监督企业按照合同规定向购货方预先收取的款项。该账户的贷方登记企业预收账款的数额和补收账款的数额；借方登记企业向购货方发货后冲销的预收账款的数额和退还购货方多付账款的数额；余额一般在贷方，表示企业已预收账款但尚未向购货方发货的数额。该账户可按购货方设置明细账户，进行明细核算，其账户结构可用图3-30表示。

借方	预收账款	贷方
发货后冲销的预收账款和退还多付账款数额		预收账款的数额和补收账款的数额
		余额——已预收但尚未向购货方发货的数额

图3-30 "预收账款"账户的结构

二、销售过程主要经济业务的核算

例 3-27

甲企业出售 I 产品600件，每件单价200元，共计120 000元，增值税税率为13%，增值税税款为15 600元。产品已发出，款项已收存银行。

这项经济业务的发生，一方面表明企业取得的销售收入40 000元，应记入"主营业务收入"账户的贷方，按照销售收入的13%计算的增值税15 600元，是应向客户收取的，应记入"应交税费——应交增值税（销项税额）"账户的贷方；另一方面，表明企业应收的价款及增值税都已收到，则企业的银行存款增加，应记入"银行存款"账户的借方。对于这项经济业务，应编制的会计分录如下。

（27）借：银行存款　　　　　　　　　　　　　　　135 600
　　　　贷：主营业务收入—— I 产品　　　　　　　　　120 000
　　　　　　应交税费——应交增值税（销项税额）　　　15 600

例 3-28

甲企业根据购销合同向益民百货公司出售 II 产品550件，每件售价150元，共计82 500元，增值税税率13%，增值税税款10 725元，产品已经发出，但货款尚未收到。

这项经济业务的发生，一方面反映企业销售产品，取得销售收入82 500元，应记入

"主营业务收入"账户的贷方,同时应交增值税税款 10 725 元,是应向客户收取的,应记入"应交税费——应交增值税(销项税额)"账户的贷方;另一方面,企业应收取的销货款和向购货方收取的增值税没有收到,导致应收账款的增加,应记入"应收账款"账户的借方。对于这项经济业务,应编制的会计分录如下。

（28）/1 借：应收账款——益民百货公司　　　　　　　　　93 225
　　　　　贷：主营业务收入——Ⅱ产品　　　　　　　　　　82 500
　　　　　　　应交税费——应交增值税(销项税额)　　　　10 725

以后收到款项时,应编制的会计分录如下。

（28）/2 借：银行存款　　　　　　　　　　　　　　　　　93 225
　　　　　贷：应收账款——益民百货公司　　　　　　　　　93 225

例 3-29

甲企业向广州万宁公司出售Ⅰ产品 200 件,每件单价 190 元,共计 38 000 元,增值税税率 13%,增值税税款 4 940 元,产品已发出,企业收到为期 3 个月的商业汇票一张。

这项经济业务的发生,一方面反映企业销售产品,取得销售收入 38 000 元,应记入"主营业务收入"账户的贷方,同时应交增值税 4 940 元,是应向客户收取的,应记入"应交税费——应交增值税(销项税额)"账户的贷方;另一方面,企业应收取的销货款和向购货方收取的增值税没有收到,但收到为期 3 个月的商业汇票,应记入"应收票据"账户的借方。对于这项经济业务,应编制的会计分录如下。

（29）/1 借：应收票据——广州万宁公司　　　　　　　　　42 940
　　　　　贷：主营业务收入——Ⅰ产品　　　　　　　　　　38 000
　　　　　　　应交税费——应交增值税(销项税额)　　　　 4 940

商业汇票到期时,应编制的会计分录如下：

（29）/2 借：银行存款　　　　　　　　　　　　　　　　　42 940
　　　　　贷：应收票据——广州万宁公司　　　　　　　　　42 940

例 3-30

甲企业根据与利亚公司签订的购销合同,向利亚公司预收货款 220 000 元,款项已收到,存入银行。

这项经济业务的发生,一方面企业根据合同规定预收货款,使企业预收账款增加了 220 000 元,应记入"预收账款"账户的贷方;另一方面,企业的预收款已存入银行,使得企业的银行存款增加,应记入"银行存款"账户的借方。对于这项经济业务,应编制的会计分录如下。

（30）借：银行存款　　　　　　　　　　　　　　　　　　220 000
　　　　贷：预收账款——利亚公司　　　　　　　　　　　220 000

例 3-31

甲企业在预收账款后,向利亚公司发出Ⅱ产品 1 200 件,每件售价 150 元,共计 180 000 元,应交增值税税率为 13%,增值税税款为 23 400 元。产品已发出。

这项经济业务的发生,一方面反映企业销售产品,取得销售收入 180 000 元,应记入"主营业务收入"账户的贷方,同时应交增值税 23 400 元,是应向客户收取的,应记入"应交税费——应交增值税（销项税额）"账户的贷方；另一方面，企业已经预收了货款，向购货方发货后，应该冲销预收账款，导致预收账款的减少，应记入"预收账款"账户的借方。对于这项经济业务，应编制的会计分录如下。

（31）/1 借：预收账款——利亚公司　　　　　　　　　　203 400

　　　　　贷：主营业务收入——Ⅱ产品　　　　　　　　　　180 000

　　　　　　　应交税费——应交增值税（销项税额）　　　　23 400

企业向购货方退回多收的预收账款时，应编制的会计分录如下：

（31）/2 借：预收账款——利亚公司　　　　　　　　　　16 600

　　　　　贷：银行存款　　　　　　　　　　　　　　　　　16 600

例 3-32

甲企业以银行存款支付销售产品的广告费 100 000 元及增值税税款 6 000 元；水电费 2 000 元及增值税税款 260 元；运输费 1 000 元及增值税税款 90 元。

这项经济业务的发生，一方面表明企业销售费用增加了 103 000 元，应记入"销售费用"账户的借方；另一方面，企业的银行存款减少了 103 000 元，应记入"银行存款"账户的贷方。对于这项经济业务，应编制的会计分录如下。

（32）借：销售费用——广告费　　　　　　　　　　　100 000

　　　　　销售费用——水电费　　　　　　　　　　　　2 000

　　　　　销售费用——运杂费　　　　　　　　　　　　1 000

　　　　　应交税费——应交增值税（进项税额）　　　　6 350

　　　　贷：银行存款　　　　　　　　　　　　　　　　109 350

例 3-33

甲企业以现金支付Ⅱ产品的包装费 300 元，销售部门的办公费 200 元。

这项经济业务的发生，一方面表明企业销售费用增加了 500 元，应记入"销售费用"账户的借方；另一方面，企业的现金减少了 500 元，应记入"库存现金"账户的贷方。对于这项经济业务，应编制的会计分录如下。

（33）借：销售费用——包装费　　　　　　　　　　　300

　　　　　销售费用——办公费　　　　　　　　　　　　200

　　　　贷：库存现金　　　　　　　　　　　　　　　　500

例 3-34

甲企业为销售本企业的商品而专设的销售机构的职工的工资是 8 000 元。

这项经济业务的发生，一方面说明企业本月份应付而未付的职工工资增加了 8 000 元，应记入"应付职工薪酬"账户的贷方；另一方面说明企业的工资费用增加了 8 000 元，销售部门职工的工资属于企业的销售费用，应记入"销售费用"账户的借方。对于这项经济业务，应编制的会计分录如下。

（34）借：销售费用——工资　　　　　　　　　　　　8 000

　　　　贷：应付职工薪酬——工资　　　　　　　　　　8 000

例 3-35

甲企业从银行提取现金 8 000 元，准备用于发放职工工资。

这项经济业务的发生，一方面使企业的现金增加了 8 000 元，应记入"库存现金"账户的借方；另一方面使企业的银行存款减少了 8 000 元，应记入"银行存款"账户的贷方。对于这项经济业务，应编制的会计分录如下。

（35）借：库存现金　　　　　　　　　　　　　　　　　　　8 000
　　　　贷：银行存款　　　　　　　　　　　　　　　　　　　　　8 000

例 3-36

甲企业以现金 8 000 元发放职工工资。

这项经济业务的发生，一方面使企业的现金减少了 8 000 元，应记入"库存现金"账户的贷方；另一方面又使企业应付职工的工资减少了 8 000 元，应记入"应付职工薪酬"账户的借方。对于这项经济业务，应编制的会计分录如下。

（36）借：应付职工薪酬——工资　　　　　　　　　　　　　8 000
　　　　贷：库存现金　　　　　　　　　　　　　　　　　　　　　8 000

例 3-37

甲企业按照规定的固定资产折旧率，计提本月固定资产折旧，其中：销售本企业的商品而专设的销售机构的固定资产折旧 12 800 元。

这项经济业务的发生，一方面反映企业折旧费用的增加，其中：销售部门的折旧费用属于销售费用，应记入"销售费用"账户的借方；另一方面反映企业固定资产折旧的增加，应记入"累计折旧"账户的贷方。对于这项经济业务，应编制的会计分录如下。

（37）借：销售费用——折旧费　　　　　　　　　　　　　12 800
　　　　贷：累计折旧　　　　　　　　　　　　　　　　　　　　12 800

例 3-38

假设甲企业销售的 I 产品是应纳消费税的产品，消费税税率为 5%，本月 I 产品的销售收入 158 000 元，则本月应负担的消费税为 7 900 元。

这项经济业务的发生，一方面表明企业因销售产品而增加税金支出，应记入"税金及附加"账户的借方；另一方面，因为税金尚未支付，应记入"应交税费"账户的贷方。对于这项经济业务，企业应编制的会计分录如下。

（38）借：税金及附加　　　　　　　　　　　　　　　　　　7 900
　　　　贷：应交税费——应交消费税　　　　　　　　　　　　　7 900

例 3-39

假设甲企业按本月应交流转税的一定比例计提城市维护建设税 4 687 元，教育费附加 2 009 元。

这项经济业务的发生，一方面表明企业应缴纳的城市维护建设税和教育费附加等税费的增加，应记入"税金及附加"账户的借方；另一方面，使得企业的应交税费的增加，是企业负债的增加，应记入"应交税费"账户的贷方。对于这项经济业务，企业应编制的会计分录如下。

（39）借：税金及附加   6 696

   贷：应交税费——应交城市维护建设税   4 687

     应交税费——教育费附加   2 009

三、产品销售成本计算

产品的销售成本仅指已售产品的生产成本。产品在销售过程中发生的销售费用，如运输费、装卸费、包装费、保险费、展览费、广告费、工资、福利费等，不得分配计入已售产品的销售成本中。产品销售成本的计算应贯彻收入与费用相配比的原则，即本期计算和结转的产品销售成本，必须与本期产品销售收入相配比，以便正确计算经营成果。

由于同一产品在不同的会计期间进行生产，其成本可能高低不一。而本月销售的产品有可能是本月生产的，也有可能是上月或其他月份生产的，或可能兼而有之。这就要求企业选择正确的成本计算方法，并保持相对稳定。这里我们假设每期产品的生产成本保持不变，至于其他情况，将在其他课程中介绍。

例 3-40

甲企业结转已经出售的Ⅰ产品的成本。本期共销售Ⅰ产品800件，Ⅰ产品的成本资料如表3-5所示。试计算本月销售产品的销售成本。

这项经济业务的发生，一方面表明企业库存产成品的减少，应记入"库存商品"账户的贷方；另一方面说明企业产品销售成本的增加，应记入"主营业务成本"账户的借方。对于这项经济业务，企业应编制的会计分录如下。

（40）借：主营业务成本——Ⅰ产品   108 240

   贷：库存商品——Ⅰ产品   108 240

例 3-41

甲企业本月销售Ⅱ产品1 750件，Ⅱ产品的成本资料如表3-5所示。试计算本月销售产品的销售成本。

表3-5 Ⅰ、Ⅱ产品成本资料

项 目		收 入			发 出			结 余		
		数量（件）	单价（元/件）	金额（元）	数量（件）	单价（元/件）	金额（元）	数量（件）	单价（元/件）	金额（元）
Ⅰ产品	期初结余							242	135.3	32 742.6
	本期完工入库	1 000	135.3	135 300				1 242	135.3	168 042.6
	本期销售				800	135.3	108 240			
	期末结余							442	135.3	59 802.6
Ⅱ产品	期初结余							400	80.7	32 280
	本期完工入库	2 000	80.7	161 400				2 400	80.7	193 680
	本期销售				1 750	80.7	141 225			
	期末结余							650	80.7	52 455

对于这项经济业务，企业应编制的会计分录如下。

（41）借：主营业务成本——Ⅱ产品　　　　　　　　　　　　141 225
　　　　　贷：库存商品——Ⅱ产品　　　　　　　　　　　　　　141 225

第五节　财务成果的核算

一、财务成果的形成及分配

财务成果是企业在一定时期内进行生产经营活动最终在财务上所实现的成果，即利润。收入大于成本、费用及损失的差额，即为企业实现的利润；收入小于成本、费用及损失的差额，即为企业发生的亏损。利润是反映企业生产经营活动的综合性指标，它的大小、高低直接决定企业的经济利益和发展能力。

企业的利润主要由营业利润和营业外收支净额构成，即

利润总额=营业利润+营业外收入–营业外支出

营业外收入是指与企业的生产经营活动无直接关系的各项收入，主要包括债务重组利得、与企业日常活动无关的政府补助、盘盈利得、捐赠利得等。

营业外支出是指与企业的生产经营活动无直接关系的各项支出，主要包括债务重组损失、公益性捐赠支出、非常损失、盘亏损失、非流动资产毁损报废损失等。

营业利润是企业在生产经营活动中形成的，是企业利润的主要组成部分，它由以下几部分组成：

营业利润=营业收入–营业成本–税金及附加–销售费用–管理费用–研发费
　　　　用–财务费用–资产减值损失+投资收益+公允价值变动损益+资
　　　　产处置收益

其中：营业收入=主营业务收入+其他业务收入

营业成本=主营业务成本+其他业务成本

企业在一定时期内实现的利润总额，应按规定向国家缴纳所得税，缴纳所得税后就形成了企业的净利润。除国家另有规定外，企业的净利润在弥补前期亏损、提取盈余公积后，可以向企业的投资者分配。

净利润=利润总额–所得税费用

二、财务成果的形成及分配需要设置的主要账户

为了核算和监督财务成果的形成及其分配业务，工业企业除了设置"主营业务收入""主营业务成本""税金及附加""管理费用""销售费用"等账户外，还应设置"其他业务收入""其他业务成本""应付股利""本年利润""利润分配""投资收益""营业外收入""营业外支出""所得税费用""盈余公积"等账户。

1."其他业务收入"账户

"其他业务收入"账户属于损益类账户，用来核算和监督企业确认的除主营业务活动

以外的其他经营活动实现的收入，包括出租固定资产、出租无形资产、出租包装物和商品、销售材料等业务。该账户的贷方登记企业取得的其他业务收入，期末将"其他业务收入"账户的余额转至"本年利润"账户时记入"其他业务收入"账户的借方，结转后该账户没有余额。该账户按收入的种类设置明细账户，进行明细分类核算，其账户结构可用图3-31表示。

借方	其他业务收入	贷方
转至"本年利润"账户的金额		企业取得的其他业务收入

图3-31 "其他业务收入"账户的结构

2．"其他业务成本"账户

"其他业务成本"账户属于损益类账户，用来核算企业为取得其他业务收入而发生的成本。该账户的借方登记企业发生的其他业务成本，期末将"其他业务成本"账户的余额转至"本年利润"账户时记入该账户的贷方，结转后该账户没有余额。该账户按其他业务的种类设置明细账户，进行明细分类核算，其账户结构可用图3-32表示。

借方	其他业务成本	贷方
企业发生的其他业务成本		转至"本年利润"账户的金额

图3-32 "其他业务成本"账户的结构

3．"应付股利"账户

"应付股利"账户属于负债类账户，用来核算和监督企业应付给投资者的利润，包括现金股利和其他形式的利润分配。该账户的贷方登记企业应付给投资者的利润；借方登记企业实际支付的利润；其余额通常在贷方，表示企业应付但尚未支付的利润。该账户应按照投资者设置明细账户，进行明细分类核算，其账户结构可用图3-33表示。

借方	应付股利	贷方
企业实际支付的利润		企业应付给投资者的利润
		余额——企业应付但尚未支付的利润

图3-33 "应付股利"账户的结构

4．"本年利润"账户

"本年利润"账户属于所有者权益类账户，用来核算和监督企业实现的净利润（或净亏损）。期末，企业将"主营业务收入""其他业务收入""投资收益""营业外收入"等收入账户的余额转入时，记入该账户的贷方；将"主营业务成本""其他业务成本""税金及附加""销售费用""管理费用""财务费用""营业外支出""所得税费用"等费用账户的余额转入时，记入该账户的借方。结转后，若为借方余额，表示发生的净亏损；若为贷方余额，表示实现的净利润。企业应将该账户的借方余额或贷方余额转入"利润分配"账户，结转后无余额，其账户结构可用图3-34表示。

借方	本年利润	贷方
从损益类账户转入的费用数：		从损益类账户转入的收入数：
（1）主营业务成本		（1）主营业务收入
（2）其他业务成本		（2）其他业务收入
（3）税金及附加		（3）投资收益
（4）销售费用		（4）营业外收入
（5）管理费用		
（6）财务费用		
（7）营业外支出		
（8）所得税费用		
每月余额：发生的净亏损		每月余额：实现的净利润
年终将实现的净利润转入"利润分配"账户		年终将发生的净亏损转入"利润分配"账户

图 3-34 "本年利润"账户的结构

5．"利润分配"账户

"利润分配"账户属于所有者权益类账户，用来核算和监督企业利润分配情况。企业提取法定盈余公积、提取任意盈余公积、向投资者分配利润时记入该账户的借方。年末企业将实现的净利润从"本年利润"账户转入该账户时，应记入贷方，如当年发生净亏损，则转入该账户的借方。"利润分配"账户一般应设置"提取法定盈余公积""提取任意盈余公积""应付利润""未分配利润"等明细账户，进行明细分类核算。年末，将"利润分配"下的其他明细分类账户的余额转入"未分配利润"明细账户。年末结转后，除"未分配利润"明细账户外，其他明细账户应无余额，其账户结构可用图 3-35 表示。

借方	利润分配	贷方
（1）企业实际分配的利润数：		
① 提取法定盈余公积		
② 提取任意盈余公积		年末从"本年利润"账户转入的全年实现
③ 应付现金股利或利润		的净利润
④ 转作股本的股利		
（2）年末从"本年利润"账户转入的净亏损		
余额——未弥补的亏损		余额——未分配的利润

图 3-35 "利润分配"账户的结构

6．"投资收益"账户

"投资收益"账户属于损益类账户，用来核算和监督企业对外投资所取得的收益或发生的损失。该账户的贷方登记企业对外投资取得的收益；借方登记企业对外投资发生的亏损；期末将账户的贷方余额（投资净收益）转入"本年利润"账户时记入该账户的借方，将该账户的借方余额（投资净损失）转入"本年利润"账户时，记入该账户的贷方，结转后，该账户没有余额。"投资收益"账户应按投资项目设置明细账户，进行明细分类核算，其账户结构可用图 3-36 表示。

借方	投资收益	贷方
企业对外投资发生的亏损		企业对外投资取得的收益
投资净收益转入"本年利润"账户		投资净损失转入"本年利润"账户

图 3-36 "投资收益"账户的结构

7. "营业外收入"账户

"营业外收入"属于损益类账户，用来核算和监督企业取得的与生产经营活动无直接关系的各项收入。该账户的贷方登记企业取得的营业外收入，期末将该账户的余额转入"本年利润"账户时记入其借方，结转后无余额。该账户按照收入项目设置明细账户，进行明细分类核算，其账户结构可用图 3-37 表示。

借方	营业外收入	贷方
转入"本年利润"账户的金额		企业取得的营业外收入

图 3-37 "营业外收入"账户的结构

8. "营业外支出"账户

"营业外支出"属于损益类账户，用来核算和监督企业发生的与生产经营活动无直接关系的各项支出。该账户的借方登记企业发生的营业外支出，期末将该账户的余额转入"本年利润"账户时记入其贷方，结转后无余额。该账户按照支出项目设置明细账户，进行明细分类核算，其账户结构可用图 3-38 表示。

借方	营业外支出	贷方
企业发生的营业外支出		转入"本年利润"账户的金额

图 3-38 "营业外支出"账户的结构

9. "所得税费用"账户

"所得税费用"账户属于损益类账户，用来核算和监督企业确认的从当期利润总额中扣除的所得税费用。该账户的借方登记企业计入当期损益的所得税费用，期末将该账户的余额转入"本年利润"账户时记入该账户的贷方，结转后无余额，其账户结构可用图 3-39 表示。

借方	所得税费用	贷方
企业记入当期损益的所得税费用		转入"本年利润"账户的金额

图 3-39 "所得税费用"账户的结构

10. "盈余公积"账户

"盈余公积"账户属于所有者权益类账户，用于核算和监督企业从净利润中提取的盈余公积。该账户的贷方登记企业盈余公积的提取数；借方登记盈余公积的支用，例如用以弥补亏损或转增资本；期末余额通常在贷方，表示企业盈余公积的结存数。该账户应当分别设置"法定盈余公积""任意盈余公积"明细账户，进行明细分类核算，其账户结构可用图 3-40 表示。

借方	盈余公积	贷方
企业盈余公积的支用		企业盈余公积的提取数
		余额——期末盈余公积的结存数

图 3-40 "盈余公积"账户的结构

三、财务成果的核算

例 3-42

甲企业出售一批 A 材料，价款 60 000 元，应交增值税税率 13%，增值税税款 7 800 元，款项已收到，存入银行。材料的实际成本 40 500 元。

这项经济业务，属于主营业务之外的其他销售业务，应通过"其他业务收入"和"其他业务成本"账户核算。对于发生的收入，一方面表明企业银行存款的增加，应记入"银行存款"账户的借方；另一方面表明企业其他业务收入和应交税费的增加，应记入"其他业务收入"和"应交税费"账户的贷方；对于已售材料的成本，一方面要表示企业其他业务成本的增加，应记入"其他业务成本"账户的借方，另一方面要反映企业库存材料的减少，应记入"原材料"账户的贷方。对于这项经济业务，企业应编制的会计分录如下。

（42）/1 借：银行存款　　　　　　　　　　　　　　　　　　67 800
　　　　　贷：其他业务收入——材料出售　　　　　　　　　　60 000
　　　　　　　应交税费——应交增值税（销项税额）　　　　　7 800
（42）/2 借：其他业务成本——材料出售　　　　　　　　　　40 500
　　　　　贷：原材料——A 材料　　　　　　　　　　　　　　40 500

例 3-43

甲企业因对外投资收到被投资单位分来的利润 300 000 元，款项已存入银行。

这项经济业务的发生，一方面使银行存款增加 300 000 元，应记入"银行存款"账户的借方；另一方面，使得企业的投资收益增加了 300 000 元，应记入"投资收益"账户的贷方。对于这项经济业务，企业应编制的会计分录如下。

（43）借：银行存款　　　　　　　　　　　　　　　　　　300 000
　　　　贷：投资收益　　　　　　　　　　　　　　　　　　300 000

例 3-44

甲企业将取得的罚款净收入 2 500 元转作营业外收入，款项已存入银行。

这项经济业务的发生，一方面使企业的银行存款增加 2 500 元，应记入"银行存款"账户的借方；另一方面，将 2 500 元罚款收入换算成不含税收入 2 500/（1+13%）=2 212 元，计入"营业外收入"账户的贷方，剩余的 288 元记入"应交税费——应交增值税（销项税额）"的贷方。对于这项经济业务，企业应编制的会计分录如下。

（44）借：银行存款　　　　　　　　　　　　　　　　　　2 500
　　　　贷：营业外收入　　　　　　　　　　　　　　　　　2 212
　　　　　　应交税费——应交增值税（销项税额）　　　　　288

例 3-45

甲企业以银行存款向"希望工程"捐赠 5 000 元。

这项经济业务的发生，一方面使得企业的营业外支出增加 5 000 元，应记入"营业外支出"账户的借方；另一方面，使得企业的银行存款减少了 5 000 元，应记入"银行存款"账户的贷方。对于这项经济业务，企业应编制的会计分录如下。

（45）借：营业外支出   5 000

    贷：银行存款   5 000

例 3-46

甲企业计算并结转其本期利润总额。

根据其供产销生产经营过程的有关资料，结账前有关损益类账户的余额如表 3-6 所示。

表 3-6 损益类账户的余额资料   （单位：元）

账户名称（费用类）	借方金额	账户名称（收入类）	贷方金额
主营业务成本	249 465	主营业务收入	420 500
税金及附加	14 596	其他业务收入	60 000
销售费用	124 300	营业外收入	2 212
管理费用	31 280	投资收益	300 000
财务费用	800		
其他业务成本	40 500		
营业外支出	5 000		
合 计	465 941	合 计	782 712

注：表中的数据是上述各项经济业务所涉及的数据加总得到的。

各损益账户的余额于期末结转至"本年利润"账户，以便分期计算各期的经营成果，汇总计算本年利润总额。根据表 3-6 的资料，编制如下的会计分录。

（1）结转收入类账户：

（46）/1 借：主营业务收入   420 500

     其他业务收入   60 000

     营业外收入   2 212

     投资收益   300 000

     贷：本年利润   782 712

（2）结转费用类账户：

（46）/2 借：本年利润   465 941

     贷：主营业务成本   249 465

       税金及附加   14 596

       销售费用   124 300

       管理费用   31 280

       财务费用   800

       其他业务成本   40 500

       营业外支出   5 000

以上各项收入抵补各项支出后的差额 316 771 元（782 712－465 941＝316 771）为本期实现的利润总额，通过"本年利润"账户借贷方的差额体现的。

例 3-47

甲企业按利润总额（316 771 元）和现行会计税收法规确认本期的所得税费用，其金额为 79 193 元，并予以结转（假设没有纳税调整项目）。

这项经济业务的发生，一方面说明企业所得税费用的增加，应记入"所得税费用"账户的借方；另一方面，说明企业应交税务机关税款的增加，应记入"应交税费"账户的贷方。对于这项经济业务，企业应编制的会计分录如下。

（47）/1 借：所得税费用　　　　　　　　　　　　　　　　79 193

　　　　　　贷：应交税费——应交所得税　　　　　　　　　　79 193

同时，与其他损益类账户一样，企业应将"所得税费用"账户的金额结转至"本年利润"账户，企业应编制如下的会计分录。

（47）/2 借：本年利润　　　　　　　　　　　　　　　　　79 193

　　　　　　贷：所得税费用　　　　　　　　　　　　　　　　79 193

当期的净利润=当期的利润总额-当期的所得税费用=316 771-79 193=237 578（元）。

例 3-48

年终，甲企业将本年实现的净利润 237 578 元转入利润分配账户。

这项经济业务，一方面使得企业的所有者权益类账户"利润分配"账户增加了 237 578 元；另一方面，使得企业所有者权益类账户"本年利润"账户减少了 237 578 元。对于这项经济业务，企业应编制的会计分录如下。

（48）借：本年利润　　　　　　　　　　　　　　　　　　237 578

　　　　　贷：利润分配——未分配利润　　　　　　　　　　237 578

例 3-49

甲企业本期实现的净利润 237 578 元，按 10%的比例提取法定盈余公积。

企业按净利润 237 578 的 10%提取法定盈余公积。提取法定盈余公积属于利润分配，应记入"利润分配"账户的借方，同时增加了盈余公积，应记入"盈余公积"账户的贷方。对于这项经济业务，企业应编制的会计分录如下。

（49）借：利润分配——提取法定盈余公积　　　　　　　　23 758

　　　　　贷：盈余公积——法定盈余公积　　　　　　　　　23 758

例 3-50

甲企业以前年度有未分配利润 30 000 元，即"利润分配——未分配利润"账户的年初贷方余额 30 000 元，可并入到本期向投资者分配。因此，本期可用于向投资者分配的利润=净利润-提取的法定盈余公积+以前年度有未分配利润=237 578-23 758+30 000=243 820（元）。企业决定向投资者分配利润 100 000 元。

向投资者分配利润属于利润分配业务，应记入"利润分配"账户的借方；向投资者分配的利润在尚未实际向投资者支付之前，形成企业的负债，应记入"应付股利"贷方。对于这项经济业务，企业应编制的会计分录如下。

（50）借：利润分配——应付股利　　　　　　　　　　　100 000

　　　　　贷：应付股利　　　　　　　　　　　　　　　　100 000

例 3-51

年度终了，将"利润分配"下的其他明细分类账户的余额转入"未分配利润"明细账户。

（51）借：利润分配——未分配利润　　　　　　123 758

　　　　贷：利润分配——提取法定盈余公积　　　　23 758

　　　　　　利润分配——应付股利　　　　　　100 000

第六节　其他业务的核算

一、归还借款的核算

企业向银行借入的各种款项，必须在规定的到期日予以归还并支付利息。按期还本付息是企业获得持续借入资金的重要保证。

例 3-52

某企业以银行存款归还到期的半年期借款 30 000 元，并支付已确认的借款利息 800 元。

这项经济业务的发生，一方面说明企业的短期借款因归还而减少，应记入"短期借款"账户的借方；已确认的利息费用因支付而减少，应记入"应付利息"账户的借方。另一方面，说明企业银行存款的减少，应记入"银行存款"账户的贷方。对于这项经济业务，企业应编制的会计分录如下。

（52）借：短期借款　　　　　　30 000

　　　　　应付利息　　　　　　　800

　　　　贷：银行存款　　　　　30 800

二、福利费支出的核算

例 3-53

承例 3-18，甲企业共支付 12 000 元补贴给职工食堂。

这项经济业务的发生，一方面说明企业发生福利费支出，应记入"应付职工薪酬"账户的借方；另一方面，说明企业的银行存款的减少，应记入"银行存款"账户的贷方。对于这项经济业务，企业应编制的会计分录如下。

（53）借：应付职工薪酬——职工福利　　　　12 000

　　　　贷：银行存款　　　　　　　　　　12 000

三、上交税金的核算

例 3-54

月末，甲企业以银行存款缴纳各种税金。其中：增值税为 18 693 元，所得税为 79 193 元，城市维护建设税 4 687 元，教育费附加为 2 009 元，消费税 7 900 元。

这项经济业务的发生，一方面说明企业应交税费的减少，应记入"应交税费"账户的借方；另一方面，说明企业银行存款的减少，应记入"银行存款"账户的贷方。对于这项经济业务，企业应编制的会计分录如下。

（54）借：应交税费——应交增值税（已交税金）　　18 693

　　　　应交税费——应交所得税　　　　　　　　79 193

　　　　应交税费——城市维护建设税　　　　　　4 687

　　　　应交税费——教育费附加　　　　　　　　2 009

　　　　应交税费——消费税　　　　　　　　　　7 900

　　　贷：银行存款　　　　　　　　　　　　　　　　　112 482

现根据本章第一～六节所举例 3-1～例 3-54 的会计分录登记有关总分类账户，分别结出本期发生额和期末余额（表 3-7～表 3-45），并根据各分类账户的发生额和余额记录，编制总分类试算平衡表（表 3-46），以便检查企业会计处理的正确性。

表 3-7　库存现金

借方		贷方	
期初余额	3 200		
（16）	30 000	（12）/2	1 081
（23）	120	（17）	30 000
（35）	8 000	（20）	800
		（22）	900
		（33）	500
		（36）	8 000
本期发生额	38 120	本期发生额	41 281
期末余额	39		

表 3-8　银行存款

借方		贷方	
期初余额	2 074 296		
（1）	6 000 000	（6）	68 365
（4）	130 000	（7）/1	45 200
（5）	2 000 000	（8）/2	6 780
（11）/2	2 100	（9）/2	27 120
（27）	135 600	（10）	36 000
（28）/2	93 225	（12）/1	21 470
（29）/2	42 940	（13）/1	111 870
（30）	220 000	（13）/2	6 540
（42）/1	67 800	（16）	30 000
（43）	300 000	（19）	7 684
（44）	2 500	（31）/2	16 600
		（32）	109 350
		（35）	8 000
		（45）	5 000
		（52）	30 800
		（53）	12 000
		（54）	112 482
本期发生额	8 994 165	本期发生额	655 261
期末余额	10 413 200		

表 3-9 应收票据

借方		贷方	
（29）/1	42 940	（29）/2	42 940
本期发生额	42 940	本期发生额	42 940

表 3-10 应收账款

借方		贷方	
期初余额	30 100		
（28）/1	93 225	（28）/2	93 225
本期发生额	93 225	本期发生额	93 225
期末余额	30 100		

表 3-11 预付账款

借方		贷方	
（10）	36 000	（11）/1	33 900
		（11）/2	2 100
本期发生额	36 000	本期发生额	36 000

表 3-12 其他应收款

借方		贷方	
（22）	900	（23）	900
本期发生额	900	本期发生额	900

表 3-13 在途物资

借方		贷方	
（7）/1	40 000	（7）/2	40 000
（12）/1	19 000	（12）/3	20 000
（12）/2	1 000	（13）/3	105 000
（13）/1	99 000		
（13）/2	6 000		
本期发生额	165 000	本期发生额	165 000

表 3-14 原材料

借方		贷方	
期初余额	91 200		
（6）	60 500	（14）	245 000
（7）/2	40 000	（42）/2	40 500
（8）/1	6 000		
（9）/1	24 000		
（11）/1	30 000		
（12）/3	20 000		
（13）/3	105 000		
本期发生额	285 500	本期发生额	285 500
期末余额	91 200		

表 3-15　库存商品

借方		贷方	
期初余额	65 022.6		
（26）	296 700	（40）	108 240
		（41）	141 225
本期发生额	296 700	本期发生额	249 465
期末余额	112 257.6		

表 3-16　固定资产

借方		贷方	
期初余额	800 000		
（2）	180 000		
本期发生额	180 000	本期发生额	—
期末余额	980 000		

表 3-17　累计折旧

借方		贷方	
		期初余额	100 000
		（21）	32 600
		（37）	12 800
本期发生额	—	本期发生额	45 400
		期末余额	145 400

表 3-18　无形资产

借方		贷方	
期初余额	15 504		
（3）	880 000		
本期发生额	880 000	本期发生额	—
期末余额	895 504		

表 3-19　短期借款

借方		贷方	
		期初余额	80 000
（52）	30 000	（4）	130 000
本期发生额	30 000	本期发生额	130 000
		期末余额	180 000

表 3-20　应付票据

借方		贷方	
		期初余额	30 800
（9）/2	27 120	（9）/1	27 120
本期发生额	27 120	本期发生额	27 120
		期末余额	30 800

表 3-21　应付账款

借方		贷方	
		期初余额	200 000
(8)/2	6 780	(8)/1	6 780
本期发生额	6 780	本期发生额	6 780
		期末余额	200 000

表 3-22　预收账款

借方		贷方	
(31)/1	203 400	(30)	220 000
(31)/2	16 600		
本期发生额	220 000	本期发生额	220 000

表 3-23　应付职工薪酬

借方		贷方	
(17)	30 000	(15)	30 000
(36)	8 000	(18)	12 000
(53)	12 000	(34)	8 000
本期发生额	50 000	本期发生额	50 000

表 3-24　应交税费

借方		贷方	
(6)	7 865	(27)	15 600
(7)/1	5 200	(28)/1	10 725
(8)/1	780	(29)/1	4 940
(9)/1	3 120	(31)/1	23 400
(11)/1	3 900	(38)	7 900
(12)/1	2 470	(39)	6 696
(12)/2	81	(42)/1	7 800
(13)/1	12 870	(44)	288
(13)/2	540	(47)/1	79 193
(19)	884		
(32)	6 350		
(54)	112 482		
本期发生额	156 542	本期发生额	156 542

表 3-25　应付利息

借方		贷方	
		期初余额	322.6
(52)	800	(24)	800
本期发生额	800	本期发生额	800
		期末余额	322.6

表 3-26　应付股利

借方		贷方	
		（50）	100 000
本期发生额	—	本期发生额	100 000
		期末余额	100 000

表 3-27　长期借款

借方		贷方	
		（5）	2 000 000
本期发生额	—	本期发生额	2 000 000
		期末余额	2 000 000

表 3-28　实收资本

借方		贷方	
		期初余额	2 600 000
		（1）	6 000 000
		（2）	180 000
		（3）	880 000
本期发生额	—	本期发生额	7 060 000
		期末余额	9 660 000

表 3-29　盈余公积

借方		贷方	
		期初余额	100 000
		（49）	23 758
本期发生额	—	本期发生额	23 758
		期末余额	123 758

表 3-30　本年利润

借方		贷方	
（46）/2	465 941	（46）/1	782 712
（47）/2	79 193		
（48）	237 578		
本期发生额	782 712	本期发生额	782 712

表 3-31　利润分配

借方		贷方	
		期初余额	30 000
（49）	23 758	（48）	237 578
（50）	100 000	（51）	123 758
（51）	123 758		
本期发生额	247 516	本期发生额	361 336
		期末余额	143 820

表 3-32　生产成本

借方		贷方	
期初余额	61 800		
（14）	232 000	（26）	296 700
（15）	20 000		
（18）	7 200		
（25）	37 500		
本期发生额	296 700	本期发生额	296 700
期末余额	61 800		

表 3-33　制造费用

借方		贷方	
（14）	5 000	（25）	37 500
（15）	4 000		
（18）	2 400		
（19）	4 600		
（20）	200		
（21）	21 300		
本期发生额	37 500	本期发生额	37 500

表 3-34　主营业务收入

借方		贷方	
（46）/1	420 500	（27）	120 000
		（28）/1	82 500
		（29）/1	38 000
		（31）/1	180 000
本期发生额	420 500	本期发生额	420 500

表 3-35　其他业务收入

借方		贷方	
（46）/1	60 000	（42）/1	60 000
本期发生额	60 000	本期发生额	60 000

表 3-36　投资收益

借方		贷方	
（46）/1	300 000	（43）	300 000
本期发生额	300 000	本期发生额	300 000

表 3-37　营业外收入

借方		贷方	
（46）/1	2 212	（44）	2 212
本期发生额	2 212	本期发生额	2 212

表 3-38 主营业务成本

借方		贷方	
(40)	108 240	(46)/2	249 465
(41)	141 225		
本期发生额	249 465	本期发生额	249 465

表 3-39 其他业务成本

借方		贷方	
(42)/2	40 500	(46)/2	40 500
本期发生额	40 500	本期发生额	40 500

表 3-40 税金及附加

借方		贷方	
(38)	7 900	(46)/2	14 596
(39)	6 696		
本期发生额	14 596	本期发生额	14 596

表 3-41 销售费用

借方		贷方	
(32)	103 000	(46)/2	124 300
(33)	500		
(34)	8 000		
(37)	12 800		
本期发生额	124 300	本期发生额	124 300

表 3-42 管理费用

借方		贷方	
(14)	8 000	(46)/2	31 280
(15)	6 000		
(18)	2 400		
(19)	2 200		
(20)	600		
(21)	11 300		
(23)	780		
本期发生额	31 280	本期发生额	31 280

表 3-43 财务费用

借方		贷方	
(24)	800	(46)/2	800
本期发生额	800	本期发生额	800

表 3-44 营业外支出

借方		贷方	
(45)	5 000	(46)/2	5 000
本期发生额	5 000	本期发生额	5 000

表 3-45 所得税费用

借方		贷方	
（47）/1	79 193	（47）/2	79 193
本期发生额	79 193	本期发生额	79 193

表 3-46 甲企业总分类账试算平衡表

20××年×月×日　　　　　　　　　　（单位：元）

账户名称	期初余额		本期发生额		期末余额	
	借方	贷方	借方	贷方	借方	贷方
库存现金	3 200		38 120	41 281	39	
银行存款	2 074 296		8 994 165	655 261	10 413 200	
应收票据			42 940	42 940	0	
应收账款	30 100		93 225	93 225	30 100	
预付账款			36 000	36 000	0	
其他应收款			900	900	0	
在途物资			165 000	165 000	0	
原材料	91 200		285 500	285 500	91 200	
制造费用			37 500	37 500	0	
生产成本	61 800		296 700	296 700	61 800	
库存商品	65 022.6		296 700	249 465	112 257.6	
固定资产	800 000		180 000	0	980 000	
累计折旧		100 000	0	45 400		145 400
无形资产	15 504		880 000	0	895 504	
短期借款		80 000	30 000	130 000		180 000
应付票据		30 800	27 120	27 120		30 800
应付账款		200 000	6 780	6 780		200 000
预收账款			220 000	220 000		0
应付职工薪酬			50 000	50 000		0
应交税费			156 542	156 542		0
应付利息		322.6	800	800		322.6
应付股利			0	100 000		100 000
长期借款			0	2 000 000		2 000 000
实收资本		2 600 000	0	7 060 000		9 660 000
盈余公积		100 000	0	23 758		123 758
本年利润			782 712	782 712		0
利润分配		30 000	247 516	361 336		143 820
主营业务收入			420 500	420 500		0
其他业务收入			60 000	60 000		0
投资收益			300 000	300 000		0
营业外收入			2 212	2 212		0
主营业务成本			249 465	249 465	0	
其他业务成本			40 500	40 500	0	
税金及附加			14 596	14 596	0	
销售费用			124 300	124 300	0	
管理费用			31 280	31 280	0	
财务费用			800	800	0	
营业外支出			5 000	5 000	0	
所得税费用			79 193	79 193	0	
合　计	3 141 122.6	3 141 122.6	14 196 066	14 196 066	12 584 100.6	12 584 100.6

本章小结

1. 本章以工业企业的筹资业务、供应业务、生产业务、销售业务、财务成果核算业务及其他业务为例，较为系统地介绍了工业企业会计核算的流程。

2. 为了核算和监督投资者投入资本及借入资金等企业筹资活动，企业应设置"实收资本""短期借款""长期借款""银行存款""固定资产""无形资产"等账户。

3. 为了组织供应过程的核算，企业需要设置和运用"在途物资""原材料""周转材料""预付账款""应付账款""应付票据""应交税费""库存现金"等账户。

4. 为了核算和监督生产过程中发生的各种经济业务，企业需要设置"生产成本""制造费用""应付职工薪酬""累计折旧""库存商品""管理费用""其他应收款""财务费用""应付利息"等主要账户。

5. 为了核算和监督企业的销售业务，工业企业应设置"主营业务收入""主营业务成本""销售费用""税金及附加""应收账款""应收票据""预收账款"等账户。

6. 为了核算和监督财务成果的形成及其分配业务，工业企业除了设置"主营业务收入""主营业务成本""税金及附加""管理费用""销售费用"等账户外，还应设置"应付股利""其他业务收入""其他业务成本""投资收益""营业外收入""营业外支出""所得税费用""盈余公积""本年利润"及"利润分配"账户。

7. 其他业务的核算包括归还借款的核算、福利费支出的核算及上交税金的核算。

复习思考题

1. 筹资业务核算包括哪些主要的经济业务，应设置哪些会计账户，会计分录如何编制？
2. 供应业务核算包括哪些主要的经济业务，应设置哪些会计账户，会计分录如何编制？
3. 生产业务核算包括哪些主要的经济业务，应设置哪些会计账户，会计分录如何编制？
4. 销售业务核算包括哪些主要的经济业务，应设置哪些会计账户，会计分录如何编制？
5. 财务成果核算包括哪些主要的经济业务，应设置哪些会计账户，会计分录如何编制？
6. 材料的采购成本包括哪些内容，如何计算？
7. 制造费用如何分配，会计分录如何编制？
8. 企业的利润总额包括哪些内容，净利润如何计算？
9. 营业利润包括哪些内容，如何结算？

本章习题

一、单项选择题

1. 企业实际收到投资者投入的资金属于企业所有者权益中的（　　　）。
   A. 固定资产　　　B. 银行存款　　　C. 实收资本　　　D. 利润分配

2. 工业企业因采购材料而发生的装卸搬运费，支付时应记入（　　）。

    A. "周转材料"账户   B. "在途物资"账户

    C. "管理费用"账户   D. "营业外支出"账户

3. 为了反映企业库存材料的增减变化及其结存情况，应设置（　　）账户。

    A. 在途物资   B. 原材料   C. 存货   D. 库存材料

4. 企业销售产品实现了收入，应（　　）。

    A. 借记"主营业务收入"账户   B. 贷记"主营业务收入"账户

    C. 贷记"本年利润"账户   D. 贷记"营业外收入"账户

5. 企业结转已销售产品的制造成本时，应（　　）。

    A. 借记"主营业务收入"账户   B. 借记"本年利润"账户

    C. 借记"主营业务成本"账户   D. 借记"库存商品"账户

6. 下列项目中属于营业外收入的有（　　）。

    A. 销售产品的收入   B. 销售材料的收入

    C. 罚款收入   D. 出租固定资产的收入

7. 下列人员的工资中，通过"管理费用"科目核算的是（　　）。

    A. 生产车间工人工资   B. 车间管理人员工资

    C. 企业管理人员工资   D. 销售部门职工工资

8. "实收资本"账户一般按（　　）设置明细账户。

    A. 企业   B. 投资人   C. 捐赠者   D. 受资企业

9. 下面属于其他业务收入的是（　　）。

    A. 利息收入   B. 投资收益   C. 罚款收入   D. 出售材料收入

10. 张华出差时借款 900 元，回来后报销差旅费 800 元，退回现金 100 元，会计分录应为（　　）。

    A. 借：管理费用   800

           库存现金   100

             贷：其他应收款——张华   900

    B. 借：管理费用   900

             贷：其他应收款——张华   800

                库存现金   100

    C. 借：其他应收款——张华   900

             贷：管理费用   800

                库存现金   100

    D. 借：库存现金   100

           其他应收款——张华   800

             贷：管理费用   900

二、多项选择题

1. 工业企业的主要经营过程包括（　　）。

    A. 筹资过程   B. 供应过程   C. 生产过程   D. 销售过程

2. 下列费用中应计入外购材料采购成本的有（　　　　）。

    A. 买价

    B. 运输费

    C. 装卸费

    D. 一般纳税人支付增值税的进项税额

3. 工业企业供应过程采购业务核算应设置的主要账户有（　　　　）。

    A. "在途物资"　　　　　　　　　　B. "原材料"

    C. "应付账款"　　　　　　　　　　D. "应收账款"

4. 某车间领用材料一批，价值 36 000 元，直接用于产品生产。编制相应的会计分录时，应使用的会计科目有（　　　　）。

    A. 制造费用　　　　B. 在途物资　　　　C. 原材料　　　　　D. 生产成本

5. 工业企业的期间费用包括（　　　　）。

    A. 管理费用　　　　B. 制造费用　　　　C. 销售费用　　　　D. 财务费用

6. 财务费用是指企业为筹集生产经营所需资金而发生的费用，包括（　　　　）。

    A. 利息支出　　　　　　　　　　　　B. 广告费

    C. 汇兑损失　　　　　　　　　　　　D. 金融机构手续费

7. 与"在途物资"账户发生对应关系的账户有（　　　　）。

    A. "银行存款"　　　　　　　　　　B. "应付账款"

    C. "原材料"　　　　　　　　　　　D. "预付账款"

8. 企业分配工资费用，应贷记"应付职工薪酬"科目，借记以下有关科目的是（　　　　）。

    A. 生产成本　　　　B. 制造费用　　　　C. 管理费用　　　　D. 销售费用

9. 计提固定资产折旧时，与"累计折旧"账户对应的账户为（　　　　）。

    A. 生产成本　　　　B. 制造费用　　　　C. 管理费用　　　　D. 销售费用

10. 以下应在"税金及附加"账户核算的是（　　　　）。

    A. 增值税　　　　　　　　　　　　　B. 教育费附加

    C. 消费税　　　　　　　　　　　　　D. 城市维护建设税

三、判断题

（　　）1. 为管理企业的生产经营活动发生的工资、材料消耗、固定资产折旧费等项支出，应记入"管理费用"。

（　　）2. 购进两种以上材料发生的共同费用，不能直接计入每种材料的采购成本时，应按照材料的重量、体积或价值比例分配计入各种材料的采购成本。

（　　）3. 企业预付货款时，应记入"预付账款"账户的借方。

（　　）4. "生产成本"账户的借方登记生产过程中发生的各项生产费用，期末借方余额表示期末尚未加工完成的在产品实际生产成本。

（　　）5. 制造费用是指企业行政管理部门为组织和管理生产经营活动而发生的各项费用。

（　　）6. 由于"累计折旧"账户属于资产类账户，故其余额一般在借方，表明企业现有固定资产累计已提的折旧。

（   ）7. 结转已完工产品的生产成本，应借记"生产成本"账户，贷记"库存商品"
账户。

（   ）8. 结转已销售产品的生产成本，应借记"库存商品"账户，贷记"主营业务
成本"账户。

（   ）9. 工业企业支付国内采购材料的货款和运输费、装卸费、各种税金，都构成
材料的采购成本。

（   ）10. 企业在销售货物时，按销售额和适用税率计算并向购货方收取的增值税
"销项税额"，应通过"税金及附加"账户核算。

四、业务题

习题一

（一）目的：练习企业筹资业务的核算。

（二）资料：某公司8月份发生下列经济业务。

（1）收到甲企业投入资金600 000元，存入银行。

（2）收到乙公司投入本企业商标权一项，投资双方确认的价值为200 000元。

（3）收到丙公司投入全新设备一套，投资双方确认的价值为300 000元。

（4）因流动资金不足，从工商银行借入100 000元，期限为3个月，存入银行。

（5）因建设新厂房，从建设银行借入900 000元，期限为5年，存入银行。

（三）要求：根据上述资料编制会计分录。

习题二

（一）目的：练习材料采购成本的计算。

（二）资料：某企业2月份购进A、B两种材料，有关资料如表3-47所示。

表3-47　A、B两种材料的采购明细表

材 料 名 称	单价（元/千克）	重量（千克）	买价（元）	运杂费（元）	增值税额（元）
A材料	4.00	80 000	320 000		41 600
B材料	2.00	40 000	80 000		10 400
合　　计		120 000	400 000	6 000	52 000

（三）要求：按A、B两种材料的重量分配运杂费，计算A、B材料的采购成本（包括
材料采购的总成本和单位成本）。

习题三

（一）目的：练习企业供应业务的核算。

（二）资料：某公司8月份发生下列有关材料采购的经济业务。

（1）采购员王明预支差旅费500元，以现金支付。

（2）购入下列原材料，增值税率为13%，企业向供应商出具为期3个月的商业承兑汇
票，具体资料见表3-48。

表 3-48　采购材料明细表

项　目	采购数量/千克	采购单价（元/千克）	采购价款（元）	增值税率	增值税税款（元）
甲材料	1 600	10	16 000	13%	2 080
乙材料	800	16	12 800	13%	1 664
合　计			28 800		3 744

（3）以银行存款支付上述材料运费 2 400 元，以现金支付运达仓库后的装卸费 480 元；按甲、乙材料的重量分配运费和装卸费。（暂不考虑增值税税款）

（4）上述购买的甲、乙材料已验收入库，按材料的实际成本入账。

（5）向洪天公司购入丙材料 3 000 千克，单价 25 元/千克，共计 75 000 元，增值税率为 13%，增值税税款 9 750 元，材料已经入库，款项尚未支付。

（6）上述购买的甲、乙材料的商业承兑汇票到期，公司以银行存款支付。

（7）以银行存款支付购入丙材料的材料款，共计 84 750 元。

（三）要求：根据上述材料采购的经济业务，编制会计分录。

习题四

（一）目的：练习企业生产业务的核算。

（二）资料：某公司 8 月份发生下列有关生产业务的经济业务。

（1）从仓库领用材料一批用于生产 A、B 两种产品和其他一般耗用，具体情况如表 3-49 所示。

表 3-49　材料应用情况表

项　目	甲　材　料		乙　材　料		丙　材　料		金额合计（元）
	数量（千克）	金额（元）	数量（千克）	金额（元）	数量（千克）	金额（元）	
A 产品耗用	100	25 000	500	150 000	180	18 000	193 000
B 产品耗用	360	90 000	135	40 500	50	5 000	135 500
生产车间一般耗用	180	45 000	80	24 000			69 000
管理部门耗用	70	17 500			65	6 500	24 000
合　计	710	177 500	715	214 500	295	29 500	421 500

（2）结算本月份应付职工工资，按用途归集如下：

A 产品生产工人工资：8 000 元；

B 产品生产工人工资：7 000 元；

车间管理职工工资：6 000 元；

企业行政管理人员的工资：4 000 元。

（3）以现金 600 元支付生产车间的办公经费。

（4）计提本月份的固定资产折旧费 3 500 元，其中：车间用固定资产折旧 3 000 元，企业行政管理部门用固定资产折旧 500 元。

（5）以银行存款支付本月份的水电费 1 200 元，其中：生产车间耗用的水电费为 900 元，企业行政管理部门耗用的水电费为 300 元。（暂不考虑增值税税款）

（6）将本月发生的制造费用按生产工人工资的比例分摊到 A、B 产品的产品成本中。

（7）假设本月 A、B 两种产品全部完工，其中：本月 A 产品完工 320 件，B 产品完工

200 件，完工产品按实际成本转账。

（三）要求：根据上述经济业务编制会计分录。

习题五

（一）目的：练习企业销售业务的核算。

（二）资料：某公司 8 月份发生下列有关销售的经济业务。

（1）向甲公司出售 A 产品 500 件，每件售价 60 元，增值税率为 13%，货款已经收到，存入银行。

（2）向乙公司出售 B 产品 300 件，每件售价 150 元，增值税率为 13%，货款尚未收到。

（3）按出售的 A、B 两种产品的实际销售成本转账，其中每件 A 产品的成本为 45 元，每件 B 产品成本为 115 元。

（4）以银行存款支付 A、B 两种产品在销售过程中的运输费 1 000 元及增值税税款 90 元。

（5）结算本月份专设销售机构的职工工资 8 000 元。

（6）按规定计算和登记 B 产品应缴纳的消费税，消费税税率为销售价格的 10%。

（7）向丙工厂出售闲置的材料物资 100 千克，每千克售价为 12 元，增值税税率为 13%，货款已收到，存入银行。

（8）按出售材料的实际成本转账，每千克材料的成本为 10 元。

（9）收到乙公司的账款 50 850 元，款项已存入银行。

（三）要求：根据上述各项经济业务编制会计分录。

习题六

（一）目的：练习财务成果的核算。

（二）资料：

1. 某工厂 12 月份发生下列收支经济业务。

（1）出售 I 产品一批，售价 50 000 元，按 13% 税率计算增值税，货款已收到存入银行。

（2）按出售 I 产品的实际销售成本 35 000 元转账。

（3）按售价的 10% 计算销售产品应缴纳的消费税 5 000 元。

（4）以现金支付产品销售过程中的运输费 500 元、包装费 300 元。（暂不考虑增值税税款）

（5）以银行存款支付企业行政管理部门的办公经费 300 元。

（6）以银行存款支付银行借款利息 1 700 元，其中的 1 200 元是前期已经确认利息费用。

（7）以银行存款支付违约金 500 元。

（8）某企业将取得的罚款净收入 800 元转作营业外收入，款项已存入银行。

2. 计算、结转和分配利润。

（1）结转收入和费用账户，并计算 12 月份的利润总额。

（2）按 12 月份利润总额的 25% 计算应缴纳的所得税（假设没有其他调整项目），并做会计分录。

（3）将 12 月份的所得税费用转入"本年利润"账户。

（4）按 12 月份税后利润的 10% 计算应提取的盈余公积。

（5）将全年实现的净利润自"本年利润"账户转入"利润分配"账户。

（三）要求：根据上述资料的各项经济业务内容编制会计分录。

习题七

（一）目的：练习工业企业主要经营过程的核算。

（二）资料：长河公司12月份发生下列经济业务。

（1）收到投资者（新化公司）投入资本50 000元，存入银行。

（2）向东方公司购买甲材料6 000千克，每千克50元；购买乙材料4 000千克，每千克35元，增值税率13%，款项以银行存款支付。

（3）以银行存款支付购买甲、乙材料的运输费1 500元及增值税税款135元，以现金支付购买甲、乙材料的装卸费500元；运输费、装卸费按照甲乙材料的重量分配。

（4）向欣欣公司购买丙材料1 000千克，每千克30元，增值税税率13%，款项以商业承兑汇票结算。

（5）上述购买的甲、乙、丙材料验收入库，按材料的实际成本入账。

（6）鼎盛公司归还前欠货款200 000元，款项存入银行。

（7）以银行存款支付应交的消费税2 500元。

（8）以银行存款向"希望工程"捐赠2 000元。

（9）以现金支付企业行政管理部门的办公费200元。

（10）从工商银行取得为期3个月的短期借款30 000元，年利息率为2%，存入银行。

（11）取得罚款收入1 000元，存入银行。

（12）企业签发的商业承兑汇票到期，以银行存款向欣欣公司支付票据款33 900元。

（13）以现金支付企业销售部门的办公经费300元。

（14）以银行存款支付本月的电费1 469元，其中：生产车间的水电费为900元及增值税税款117元，企业管理部门的水电费为400元及增值税税款52元。

（15）企业行政管理部门的职工李海出差回来，报销差旅费1 200元，不足部分财会部门以现金支付，李海上月的出差借款为1 000元。

（16）以银行存款支付本月发生的广告费1 000元及增值税税款60元。

（17）计提本月固定资产折旧费4 000元，其中车间用固定资产折旧3 000元，企业行政管理部门用固定资产折旧1 000元。

（18）本月出售A产品500件，每件售价650元；出售B产品400件，每件售价350元。增值税率13%，款项已存入银行。

（19）结转上述出售的A、B产品成本，A产品的每件成本400元，B产品的每件成本200元。

（20）确认本月应付的短期借款利息300元。

（21）以银行存款支付本月的电话费2 300元，其中：生产车间的电话费为1 900元，企业管理部门的电话费为400元。

（22）结算本月份应付职工工资15 000元，其用途分类如下：

生产A产品工人工资：6 000元；

生产B产品工人工资：4 000元；

车间管理人员工资：3 000 元；

企业管理人员工资：2 000 元。

（23）从银行提取现金 15 000 元，以备发放工资。

（24）发放本月职工工资。

（25）出售多余的甲材料 200 千克，每千克售价 60 元，增值税率 13%，款项已收到，存入银行。

（26）结转上述出售材料的实际成本 10 000 元。

（27）汇总本月使用的甲、乙、丙材料的使用情况，具体领用情况如表 3-50 所示。

表 3-50 材料领用情况表

项　目	甲 材 料		乙 材 料		丙 材 料		金额合计（元）
	数量（千克）	金额（元）	数量（千克）	金额（元）	数量（千克）	金额（元）	
A 产品耗用	3 500	175 000	2 000	70 000	700	21 000	266 000
B 产品耗用	1 000	50 000	500	17 500			67 500
生产车间一般耗用	300	15 000	100	3 500	50	1 500	20 000
合　计	4 800	240 000	2 600	91 000	750	22 500	353 500

（28）将制造费用按生产工人工资比例摊入 A、B 产品成本。

（29）本月完工验收入库的 A 产品 750 件，结转完工产品成本 300 000 元。

（30）根据本月应交的流转税，计提本月应交的城市维护建设税 210 元，教育费附加 90 元。

（31）将本月各损益类账户余额转入本年利润账户，结出 12 月份的利润。

（32）按 12 月份利润总额的 25%计算应交的所得税（假设没有其调整项目）。

（33）将 12 月份的所得税费用转入"本年利润"账户。

（34）按 12 月份税后利润的 10%计算应提取的盈余公积。

（35）按 12 月份税后利润的 10%计算登记应付给投资者的利润。

（36）将全年实现的净利润自"本年利润"账户转入"利润分配"账户。

（三）要求：根据上述资料编制会计分录。

习题八

（一）目的：区别收付实现制和权责发生制下收入与费用的确认。

（二）资料：某公司 6 月份发生下列经济业务。

（1）公司以银行存款预付下半年度的门市房屋租金 6 000 元。

（2）公司以银行存款支付本季度的短期借款利息 6 300 元，其中本月确认的利息费用为 2 100 元，其余部分为上两个月确认。

（3）公司预收下月的销货款 80 000 元。

（4）本月销售商品 60 600 元，货款当月收到，存入银行。

（5）计提固定资产折旧 30 000 元，其中生产车间应计提 20 000 元，厂部应计提 10 000 元。

（6）分摊本月应负担的门市房屋租金 1 000 元。

（7）公司以银行存款支付上月所欠的材料采购货款 7 500 元。

（8）本月实现上月预收货款的产品销售收入 50 000 元。

（9）本月以银行存款支付行政办公费 3 600 元。

（三）要求：根据上述资料，请分别按照收付实现制和权责发生制填写如表 3-51 所示的收入和费用表。

表 3-51　收入和费用表

项　目	权责发生制		收付实现制	
	收　入	费　用	收　入	费　用
1				
2				
3				
4				
5				
6				
7				
8				
9				
合　计				

第四章 会计账户分类

学习目的

学习目的

通过本章学习，要求了解账户分类的方法，理解账户按不同标志分类的内容，掌握各类账户的特点。

技能要求

能正确设置和运用账户进行经济业务核算，为实现会计目标服务。

第一节　账户分类的意义与标志

一、账户分类的意义

对会计要素进行核算，离不开账户；每个账户的结构和用途不一样，反映的经济内容也不一样，它们分别从不同的角度记录和反映资金运动的某一方面或某一环节。由于资金运动是一个有机整体，因此用来反映资金运动的各个账户彼此之间也不是孤立存在的，而是相互联系地组成了一个完整的账户体系。因此，为了正确地设置和运用各种账户，我们必须深入研究各种账户的特点和它们之间的区别与联系，掌握各类账户能提供什么核算指标内容以及它们在提供核算指标内容方面的规律性。例如，对于一个企业来说，要完整地反映它的经济活动，为经济管理提供会计信息，那么就应当设置一些不同类型的账户。这些不同类型的账户各起什么作用，提供哪些指标；账户的借贷两方分别都登记什么，是否有余额，余额表示什么，等等，对于这些账户问题的研究，必须通过账户的分类来进行。

账户分类，就是按照账户的本质特性，依据一定的原则，将全部账户进行科学的概括和归类。

具体来说，账户分类的意义有如下几个方面：

（1）通过账户分类，能全面认识各种账户在整体账户体系中的作用，掌握各种账户在提供核算指标方面的规律性。如前所述，各个账户彼此之间不是孤立存在的，而是既相互区别又相互联系地组成了完整的账户体系，共同反映资金运动的状况。在这个账户体系中，有些账户之间存在一定的共性，从某一标准划分，它们是一种类型的账户；一种类型与另一类型账户之间，又显出不同的特性。

通过账户分类，可以揭示各类账户的共性和特性。掌握账户的特性，有利于明确区分每一个账户；掌握账户的共性，才能知道各个账户在整个账户体系中的地位和作用，以及相互之间的联系，从而掌握各种账户在提供核算指标方面的规律性。

（2）通过账户分类，有助于正确地设置和运用账户。账户的分类在一定程度上反映了账户所核算的经济业务的内容和性质，通过账户分类还可以具体掌握每个账户的用途、结构以及在使用中的特性，有助于企业根据生产经营活动和经营管理的要求，建立科学合理的账户体系。同时，根据账户分类反映的资金运动规律和经济业务特点，也有利于会计人员在工作中正确、熟练地运用各种账户。

二、账户分类的标志

账户可以采用不同的标志进行分类。运用不同的标志对账户进行分类，可以从不同的角度全方位观察账户体系的全貌。账户按其经济内容分类，可以分为资产类账户、负债类账户、所有者权益类账户、成本类账户、损益类账户和共同类账户六大类账户，各大类又分为若干小类；账户按其用途和结构分类可分为盘存账户、结算账户、资本账户、集合分配账户、成本计算账户、收入账户、费用账户、财务成果账户、调整账户、待处理账户、跨期摊配账户等11类账户；账户按其统驭关系分类，可分为总分类账户和明细分类账户。账户还可以按与会计报表的关系分类。

账户的经济内容和用途、结构是账户的基本特征和分类的重要标志，账户按其经济内容分类是账户分类的基础。因此，在进行账户分类时，先按账户的经济内容分类，在此基础上再按账户的用途和结构分类。

第二节　账户按其经济内容分类

账户的经济内容是指账户所反映和控制的会计对象的具体内容，即资产、负债、所有者权益、收入、费用和利润六项要素。与此相适应，账户按经济内容的分类，也可以分为资产类账户、负债类账户、所有者权益类账户、收入类账户、费用类账户和利润类账户等六大类账户。账户按其经济内容分类是账户最基本的分类。但在实际工作中，为了提供某些指标的需要，在分类时可进行以下调整：把利润类账户归入所有者权益类账户，把收入类账户和费用类账户合并为损益类账户。因为，企业在一定期间实现的利润经过分配以后，除分配给投资者的利润要退出企业外，提取的盈余公积和未分配利润最终都要归属于所有者权益，所以"本年利润""利润分配""盈余公积"账户等可以并入所有者权益类账户。由于企业在一定期间所取得的收入和发生的费用最终都要体现在当期损益中，因此也可将那些与损益有关的收入、费用类账户归为损益类账户。另外，工业企业为了进行产品成本的计算，需要专门设置用来核算产品成本的账户。基于上述认识，账户按其经济内容分类可分为资产类、负债类、所有者权益类、成本类、损益类和共同类六大类账户。由于共同类账户涉及金融企业和金融产品业务，有关内容不在本书介绍。

一、资产类账户

资产类账户是用来反映企业资产的增减变动及其结存情况的账户。按照资产的流动性，这类账户又可以分为流动资产账户和非流动资产账户两类：

1. 流动资产账户

流动资产账户反映的是可以在一年或者超过一年的一个营业周期内变现或者耗用的资产，如"库存现金""银行存款""其他货币资金""交易性金融资产""应收账款""应收票据""预付账款""应收股利""其他应收款""材料采购""在途物资""原材料""周转材料""库存商品""委托加工物资"等账户。

2. 非流动资产账户

非流动资产账户反映的是使用期在一年或者超过一年的一个营业周期以上才能变现的资产，如"长期股权投资""投资性房地产""长期应收款""固定资产""固定资产减值准备""在建工程""工程物资""无形资产""长期待摊费用""待处理财产损溢"等账户。

二、负债类账户

负债类账户是反映企业债务的增减变动和结余情况的账户。按照债务偿还期的长短，负债类账户可以分为流动负债账户和非流动负债账户。

1. 流动负债账户

流动负债类账户反映企业将在一年或者超过一年的一个营业周期内偿还的债务，如"短期借款""应付票据""应付账款""预收账款""其他应付款""应付职工薪酬""应交税费""应付利息""应付股利"等账户。

2. 非流动负债账户

非流动负债账户反映企业债务偿还期在一年或超过一年的一个营业周期以上的债务，如"长期借款""应付债券""长期应付款""预计负债""递延所得税负债"等账户。

三、所有者权益类账户

所有者权益类账户是反映所有者在企业资产中享有的经济利益，按其形成的方式不同可以分为投资者投入资本类账户和留存收益类账户。

1. 投入资本类账户

投入资本类账户反映投资人对企业的原始投资以及投资本身引起的增值，如"实收资本""资本公积"账户。

2. 留存收益类账户

留存收益类账户是反映企业经营积累和未分配利润情况的账户，如"盈余公积""本年利润""利润分配"账户。

四、成本类账户

成本类账户反映企业为生产产品而发生的各种成本费用支出，如"生产成本""制造费用""劳务成本""研发支出"等账户。

五、损益类账户

损益类账户是用来反映企业的收入和费用并据以计算财务成果的账户。其在一定时期的发生额合计数要在当期期末结转到"本年利润"账户，用以计算确定一定时期内的损益。损益类账户主要包括收入类和费用类账户。

1.收入类账户

收入类账户反映企业在某一期间因销售商品、提供劳务、让渡资产使用权等日常活动而取得的各项收入。这些收入最终会导致企业所有者权益的增加。收入类账户包括"主营业务收入""其他业务收入""投资收益""营业外收入"等账户。

2.费用类账户

费用类账户反映企业为销售商品、提供劳务等日常活动所发生成本费用支出情况。其在一定时期的发生额合计数要在当期期末结转到"本年利润"账户，用以计算确定一定时期内的损益。费用类账户包括"主营业务成本""其他业务成本""营业外支出""税金及附加""销售费用""管理费用""财务费用""所得税费用"等账户。

账户按经济内容分类，就是按照账户所反映的会计对象的具体内容分类。账户按经济内容分类，便于明确每个账户所需要核算的内容，便于从账户中取得所需要的核算指标，同时也便于为编制会计报表提供资料。例如资产、负债、所有者权益类账户能为资产负债表的编制提供反映企业财务状况的核算指标，损益类账户可以为编制损益表提供反映企业经营成果的核心指标。

企业应用的账户按其经济内容分类如表 4-1 所示。

表 4-1　账户按其经济内容分类

资产类账户	流动资产账户	库存现金、银行存款、其他货币资金、应收账款、应收票据、预付账款、应收股利、其他应收款、坏账准备、材料采购、在途物资、原材料、材料成本差异、库存商品、存货跌价准备
	非流动资产账户	长期股权投资、长期股权投资减值准备、投资性房地产、长期应收款、固定资产、累计折旧、固定资产减值准备、在建工程、工程物资、无形资产、长期待摊费用、递延所得税资产、待处理财产损溢
负债类账户	流动负债账户	短期借款、应付票据、应付账款、预收账款、其他应付款、应付职工薪酬、应交税费、应付利息、应付股利
	非流动负债账户	长期借款、应付债券、长期应付款、预计负债、递延所得税负债
所有者权益类账户	投入资本类账户	实收资本、资本公积
	留存收益类账户	盈余公积、本年利润、利润分配
成本类账户	生产成本、制造费用、劳务成本、研发支出	
损益类账户	收入类账户	主营业务收入、其他业务收入、投资收益、营业外收入
	费用类账户	主营业务成本、其他业务成本、营业外支出、税金及附加、销售费用、管理费用、财务费用、所得税费用

第三节　账户按用途和结构分类

账户按其反映的经济内容进行分类，对于正确地区分账户的经济性质，合理设置和运用账户具有重要意义，而在此基础上进一步按照用途和结构进行分类，能够使我们进一步了解每个账户的具体用途和掌握其在提供核算指标方面的规律，即每个账户记录什么，核算的内容是什么。

账户的用途是指开设和运用账户的目的，即通过账户的记录能够提供哪些核算指标。账户的结构是指在账户中如何记录经济业务，以取得所需要的各种核算指标，即账户的借方和贷方各登记什么，期末账户有没有余额，如有余额在账户的哪一方，表示什么。

账户按用途和结构分类是对按经济内容分类的补充。账户按其用途和结构分类，可分为盘存账户、结算账户、资本账户、集合分配账户、成本计算账户、收入账户、费用账户、财务成果账户、调整账户、待处理账户、跨期摊配账户等11类。

一、盘存账户

盘存账户是用来核算和监督各种财产物资和货币资金增减变动及其结存情况的账户。属于盘存账户的有"库存现金""银行存款""固定资产""原材料""库存商品"等账户。在借贷记账法下，盘存账户的借方登记各种财产物资和货币资金的增加数，贷方登记其减少数；期末余额总是在借方，表示期末各项财产物资和货币资金的实际结存数。盘存账户的结构如图4-1所示。

借方	贷方
期初余额：财产物资或货币资金的期初结存额	
本期发生额：财产物资或货币资金的本期增加额	本期发生额：财产物资或货币资金的本期减少额
期末余额：财产物资或货币资金的期末结存额	

图4-1　盘存账户的结构

盘存账户的特点：

1）盘存账户反映的财产物资和货币资金一般都可以通过财产清查的方法，如实地盘点或对账等确定其实有数额，并将实有数和账存数进行核对，以查明账实是否相符以及管理中存在的问题。

2）盘存账户中除"库存现金""银行存款"等账户外，其他盘存账户，如"原材料""库存商品""固定资产"等账户，通过设置明细分类账户可以提供实物和货币两种指标。

二、结算账户

结算账户是用来核算和监督企业同其他单位或个人之间发生的往来账款结算业务的账户。由于结算业务的性质不同，决定了不同结算账户具有不同的用途和结构。因此，结算账户按其用途和结构不同，又可分为债权结算账户、债务结算账户和债权债务结算账户三类。

（一）债权结算账户

债权结算账户，是用来核算和监督企业同其他单位或个人之间债权结算业务的账户。债权结算账户主要有"应收账款""应收票据""预付账款""其他应收款"等。

在借贷记账法下，债权结算账户的借方登记债权的增加数，贷方登记债权的减少数，期末余额一般在借方，表示期末尚未收回债权的实有数。债权结算账户的结构如图 4-2 所示。

借方	贷方
期初余额：期初时尚未收回的债权	
本期发生额：本期债权增加额	本期发生额：本期债权的减少额
期末余额：期末尚未收回债权额	

图 4-2　债权结算账户的结构

（二）债务结算账户

债务结算账户，是用来核算和监督企业同其他单位或个人之间债务结算业务的账户。债务结算账户包括"短期借款""应付账款""应付票据""应付职工薪酬""应交税费""应付股利""应付利息""预收账款"和"其他应付款"等账户。

在借贷记账法下，债务结算账户的贷方登记债务的增加数，借方登记债务的减少数，期末余额一般在贷方，表示期末尚未偿还的债务的实有数。债务结算账户的结构如图 4-3 所示。

借方	贷方
	期初余额：期初时尚未偿还的债务
本期发生额：本期债务减少额	本期发生额：本期债务增加额
	期末余额：期末尚未偿还的债务的实有额

图 4-3　债务结算账户的结构

（三）债权债务结算账户

债权债务结算账户，是用来核算和监督企业与其他单位或个人之间发生的债权和债务往来结算业务的账户。这类账户既反映债权结算业务又反映债务结算业务，是双重性质的结算账户。

在实际工作中，企业与某单位可能相互发生债权债务，导致双方债权人和债务人地位经常转换，也就是说这个单位有时是企业的债权人，有时又是企业的债务人。如企业向同一单位销售产品，有些款项是预收的，有些款项是应收未收的。预收款项构成了企业的债务，而应收未收款项则构成了企业的债权。为了集中反映与某一单位或个人所发生的债权、债务往来和结算情况，企业可以设置债权债务结算账户，在同一债权结算账户或同一债务结算账户中反映应收和预付或者应付和预收该单位款项的增减变动及其结余情况。

在借贷记账法下，债权债务结算账户的借方登记债权的增加数和债务的减少数额，贷方登记债务的增加额和债权的减少额，余额可能在借方，也可能在贷方。如在借方，表示尚未收回的债权净额，即尚未收回的债权大于尚未偿付的债务的差额；如在贷方，表示尚未偿付的债务净额，即尚未偿付的债务大于尚未收回的债权的差额。该账户所属明细分类账的借方余额之和与贷方余额之和的差额，应当与总账的余额相等。其账户结构如图 4-4所示。

借方	贷方
期初余额：期初债权大于债务的差额	期初余额：期初债务大于债权的差额
本期发生额：本期债权增加额	本期发生额：本期债务增加额
本期债务减少额	本期债权减少额
期末余额：期末债权大于债务的差额	期末余额：期末债务大于债权的差额

图 4-4　债权债务结算账户的结构

如果企业预收款项的业务不多，可以不单独设置"预收账款"账户，而用"应收账款"账户同时反映企业应收款项和预收款项增减变动及其变动结果，此时的"应收账款"账户便是债权债务结算账户；如果企业预付款项的业务不多，可以不单独设置"预付账款"账户，而用"应付账款"账户同时反映企业应付款项和预付款项增减变动及其结存情况，此时的"应付账款"账户就是债权债务结算账户。

债权债务结算账户的特点是按照结算业务的对方单位或个人设置明细账户，要根据期末余额的方向判断其性质，余额在借方的是债权结算账户，余额在贷方的是债务结算账户；该账户只提供价值指标。

三、资本账户

资本账户是用来反映和监督企业所有者权益的增减变动及其结存情况的账户。这类账户主要有"实收资本""资本公积""盈余公积"等。

在借贷记账法下，资本账户的贷方登记各项资本、公积金的增加额，借方登记各项资本、公积金的减少额，期末余额在贷方，表示各种资本、公积金的实有数额。资本账户的结构如图 4-5 所示。

借方	贷方
	期初余额：期初资本和公积金实有额
本期发生额：本期资本和公积金的减少额	本期发生额：本期资本和公积金的增加额
	期末余额：期末资本和公积金实有额

图 4-5　资本账户的结构

资本账户的特点是应该按照企业的投资者分别设置明细账户，以便反映各投资者对企业实际拥有的所有者权益的数额；该账户只提供价值指标。

四、集合分配账户

集合分配账户是用来归集和分配本企业在生产经营过程中某个阶段所发生的成本费

用，并借以核算和监督该阶段费用预算执行情况和费用分配情况的账户。属于集合分配账户的有"制造费用"账户等。

在借贷记账法下，集合分配账户借方登记汇集的各项费用数额，贷方登记按照一定标准分配计入各个成本计算对象的费用数额，经过分配后，该账户一般无期末余额。这类账户的结构如图 4-6 所示。

借方	贷方
本期发生额：汇集生产经营过程中间接费用的发生额	本期发生额：本期分配到有关成本计算对象的间接费用额

图 4-6　集合分配账户的结构

集合分配账户的特点是：账户有明显的过渡性质，平时用它归集不能直接计入某个成本计算对象的间接费用，期末将费用全部分配到各受益对象中去，因此，费用经分配结转后，账户无余额；为了考核费用的发生情况，该账户一般要分项目进行明细分类核算。

五、成本计算账户

成本计算账户是用来核算和监督企业经营过程中某一阶段所发生的、应计入成本的全部费用，并确定各个成本计算对象实际成本的账户。属于成本计算账户的有"生产成本""劳务成本"等账户。

在借贷记账法下，这类账户的借方汇集经营过程中某个阶段发生的应由成本计算对象负担的全部费用，贷方登记转出的已完成某个阶段的成本计算对象的实际成本，账户的期末余额在借方，表示尚未完成某个阶段成本的计算对象的实际成本。成本计算账户的结构如图 4-7 所示。

借方	贷方
期初余额：期初尚未完成某个经营阶段的成本计算对象的实际成本	本期发生额：结转已完成某个经营阶段的成本计算对象的实际成本
本期发生额：汇集经营过程中某个阶段发生的全部费用额	
期末余额：尚未完成该阶段的成本计算对象的实际成本	

图 4-7　成本计算账户的结构

六、收入账户

收入账户是用来核算和监督企业在一定会计期间内所取得的各种收入的账户。属于收入账户的主要有"主营业务收入""其他业务收入""营业外收入""投资收益"等账户。

在借贷记账法下，收入账户的贷方登记本期收入的增加额，借方登记本期收入的减少额和期末转入"本年利润"账户的收入额。由于各项收入都要在期末转入"本年利润"账户，所以这类账户期末应无余额。收入账户的结构如图 4-8 所示。

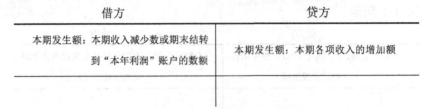

图 4-8　收入账户的结构

七、费用账户

费用账户是用来核算一定会计期间内所发生的应计入当期损益的各项费用的账户。属于费用账户的有"主营业务成本""其他业务成本""营业外支出""税金及附加""销售费用""管理费用""财务费用""所得税费用"等账户。

在借贷记账法下，这类账户的借方登记本期费用支出的增加额，贷方登记本期费用支出的减少额和期末转入"本年利润"账户的费用支出额。该类账户期末没有余额。费用账户的结构如图 4-9 所示。

图 4-9　费用账户的结构

收入账户与费用账户期末进行收支配比，可以计算确定经营期内的财务成果。所以收入账户与费用账户又被称为配比账户。

八、财务成果账户

财务成果账户是用来反映和监督企业在一定时期内全部经营活动最终成果的账户。财务成果账户主要有"本年利润"账户。年终将账户余额结转至"利润分配"账户后无余额。

在借贷记账法下，账户的贷方登记期末从收入类账户转入的本期发生的各项收入数，借方登记期末从费用类账户转入的本期发生的、与本期收入相配比的各项费用数，期末账户如为贷方余额，表示本期收入大于费用的差额，为企业本期实现的净利润；账户如为借方余额，表示本期收入小于费用的差额，为企业的亏损额。财务成果账户的结构如图 4-10 所示。

借方	贷方
期初余额：截至上月末累计亏损额	期初余额：截至上月末累计利润额
本期发生额：转入的各项费用	本期发生额：转入的各项收入
期末余额：本年累计发生的亏损总额	期末余额：本年累计实现的净利润

图 4-10　财务成果账户的结构

财务成果账户的特点是：年末必须把余额转入"利润分配——未分配利润"账户，转后本账户无余额。

九、调整账户

调整账户是用以调整其他有关账户数额而设置的账户。在会计核算中，为了满足经营管理的需要，对某些反映资产或权益的要素项目，往往需要同时开设两个账户，用两种不同的数额进行反映。其中一个账户反映原始数额，另一个账户反映对原始数字的调整数额，将原始数额与调整数额相加或相减，即可求得其现实的实有数，以提供会计核算所需要的某些特定指标。反映原始数额的账户，称为被调整账户，反映调整数额的账户称为调整账户。调整账户按其调整方式的不同，可以分为备抵账户、附加账户和备抵附加账户三种。

（一）备抵账户

备抵账户也称抵减账户，是用来抵减被调整账户的余额，以求得被调整账户实际余额的账户，如"累计折旧""坏账准备""利润分配"等账户。

备抵账户的调整方式可用公式表示为

被调整账户实际余额=被调整账户余额-调整账户余额

由于上述公式是相减的关系，因此被调整账户的余额与备抵账户的余额的方向一定是相反的。即如果被调整账户的余额在借方，那么调整账户（备抵账户）的余额就一定在贷方，反之亦然。

例如，"累计折旧"账户是"固定资产"这一资产账户的备抵账户，"固定资产"账户（被调整账户）借方余额反映固定资产原始价值，"累计折旧"账户（备抵账户）贷方余额反映固定资产的累计折旧额。"固定资产"账户的借方余额减去"累计折旧"账户的贷方余额，其差额就是固定资产的净值。

此外，属于备抵账户的还有"坏账准备"账户，它的被调整账户是"应收账款"账户，两账户的差额表示企业实际可收回的应收账款净额。被调整账户与调整账户的结构如图4-11、图 4-12 所示。

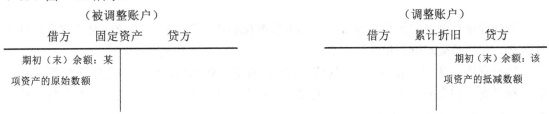

图 4-11　固定资产账户与累计折旧账户的结构

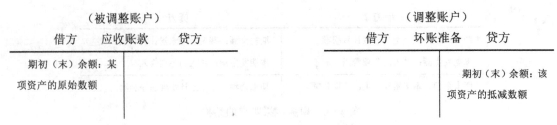

图 4-12 应收账款和坏账准备账户的结构

（二）附加账户

附加账户是用来增加被调整账户的余额，以求得被调整账户实际余额的账户。其调整方式可用计算公式表示为

被调整账户实际余额=被调整账户余额+附加账户余额

由于上述公式是相加的关系，附加账户的余额方向一定与被调整账户的余额方向相同。被调整账户的余额在借方，附加账户的余额也应该在借方，反之亦然。但在实际工作中，单纯的附加账户较少见。

（三）备抵附加账户

备抵附加账户是用来抵减或增加被调整账户的余额，以求得调整后的数额的账户。备抵附加账户同时具有备抵账户和附加账户的双重调整功能。当此类账户的余额与被调整账户的余额方向相反时，该账户起备抵账户的作用，其调整方式与备抵账户相同；当此类账户的余额与被调整账户的余额方向一致时，该账户起附加账户作用，其调整方式与附加账户相同。

当制造企业按计划成本进行材料的成本核算时，所设置"材料成本差异"账户就是"原材料"账户的备抵附加账户。关于"材料成本差异"账户将在财务会计中介绍。

综上所述，调整账户的特点可以归纳为以下几点：

（1）调整账户不能离开被调整账户而独立存在。它们是相互联系，相互结合在一起的一组账户。

（2）调整账户与被调整账户所反映的经济内容相同，但两者余额的方向可能相同，也可能相反；相同时相加，相反时相减。

十、待处理账户

待处理账户是用来核算和监督企业尚未批准核销的盘盈、盘亏毁损的财产物资的过渡性账户，如"待处理财产损溢"账户。

待处理账户借方登记盘亏、毁损财产物资的发生额和盘盈财产物资的核销额；贷方登记盘盈财产物资的发生额和盘亏、毁损财产物资的核销额。该账户期末没有余额。待处理账户的结构如图 4-13 所示。

借方	贷方
本期发生额：本期发生的待处理财产盘亏和毁损数； 核销的财产盘盈数	本期发生额：本期发生的待处理财产盘盈数； 核销的财产盘亏数和毁损数

图 4-13 待处理账户的结构

十一、跨期摊配账户

跨期摊配账户用来监督和核算应由若干个成本计算期的产品成本共同负担的费用，并将这些费用在各个成本计算期进行分摊，借以正确计算产品成本的账户。设置跨期摊配账户的目的在于按照配比原则，准确计算该成本计算期的产品成本。如"长期待摊费用"，它是用来核算本期已经支付，但应记入本期和以后各期（超过一年）成本分摊的费用账户。其账户结构如图 4-14 所示。

借方	贷方
期初余额：已经支付，但尚未分摊的数额	
本期发生额：本期支付需分摊的数额	本期发生额：本期分摊的数额
期末余额：尚未分摊的数额	

图 4-14 长期待摊费用账户的结构

企业应用的账户按其用途和结构的分类如表 4-2 所示。

表 4-2 账户按其用途和结构的分类

盘存账户		库存现金、银行存款、原材料、库存商品、固定资产
结算账户	债权结算账户	应收账款、应收票据、其他应收款、预付账款
	债务结算账户	短期借款、应付账款、应付票据、预收账款、其他应付款、应付职工薪酬、应交税费、应付股利、应付利息
	债权债务结算账户	应收账款（不设预收账款时）、应付账款（不设预付账款时）
资本账户		实收资本、资本公积、盈余公积
集合分配账户		制造费用
成本计算账户		生产成本、劳务成本
收入账户		主营业务收入、其他业务收入、投资收益、营业外收入
费用账户		主营业务成本、其他业务成本、税金及附加、销售费用、管理费用、财务费用、营业外支出、所得税费用
财务成果账户		本年利润
调整账户	备抵账户	累计折旧、坏账准备
	附加账户	
	备抵附加账户	材料成本差异
待处理账户		待处理财产损溢
跨期摊配账户		长期待摊费用

本章小结

1. 账户分类就是按照账户的本质特性，依据一定的原则，将全部账户进行科学的概括和归类。

2. 账户分类的意义在于：通过账户分类，能全面认识各种账户在整体账户体系中的作用，掌握各种账户在提供核算指标方面的规律性；通过账户分类，有助于正确地设置和运用账户。

3. 账户的经济内容和用途结构是账户的基本特征和分类的重要标志，账户按其经济内容分类是账户分类的基础，账户按用途和结构分类是对按经济内容分类的补充。

4. 账户按其经济内容分类可分为资产类、负债类、所有者权益类、成本类、损益类和共同类六大类账户。

5. 账户按其用途和结构分类，可分为盘存账户、结算账户、资本账户、集合分配账户、成本计算账户、收入账户、费用账户、财务成果账户、调整账户、待处理账户、跨期摊配账户等11类。

复习思考题

1. 账户分类有何意义？
2. 账户按其经济内容分类可以分为哪几类？各类的主要账户有哪些？
3. 账户按其用途和结构分类可以分为哪几类？各类的主要账户有哪些？
4. 什么叫结算账户？结算账户分为哪几类？举例说明结算账户的用途和结构。
5. 调整账户按其调整方式可分为哪几种？它们与被调整账户的关系如何？
6. 什么叫集合分配账户？举例说明集合分配账户的用途和结构。
7. 收入账户、费用账户、财务成果账户之间存在什么联系？

本章习题

一、单项选择题

1. 按照账户的经济内容分类，"原材料"账户属于（   ）。
   A. 流动资产账户　　　　　　　　B. 非流动资产账户
   C. 盘存账户　　　　　　　　　　D. 成本计算账户

2. 按照账户的用途和结构分类，"固定资产"账户属于（   ）。
   A. 资产类账户　　　　　　　　　B. 成本类账户
   C. 盘存类账户　　　　　　　　　D. 资本和资本增值账户

3. "预收账款"账户按经济内容分类，应属于（   ）。
   A. 资产类账户　　　　　　　　　B. 结算类账户
   C. 负债类账户　　　　　　　　　D. 盘存账户

4. 当调整账户余额与被调整账户的余额在不同方向时，应属于（ ）。

    A. 附加账户   B. 备抵账户

    C. 备抵附加账户   D. 资产备抵账户

5. 在下列所有者权益类账户中，反映所有者原始投资的账户是（ ）。

    A. "本年利润"   B. "实收资本"

    C. "盈余公积"   D. "利润分配"

6. 按照用途和结构来分类，"制造费用"账户属于（ ）。

    A. 成本计算账户   B. 集合分配账户

    C. 调整账户   D. 财务成本账户

7. 下列账户中用来反映非流动负债的账户是（ ）。

    A. "应付账款"账户   B. "预收账款"账户

    C. "长期借款"账户   D. "长期应付款"账户

8. 下列账户中属于成本计算的账户是（ ）。

    A. "主营业务成本"账户   B. "制造费用"账户

    C. "生产成本"账户   D. "累计折旧"账户

9. 盘存账户月终如用余额，应在账户的（ ）。

    A. 借方   B. 贷方

    C. 借方或贷方   D. 无余额

10. 按用途和结构分类，属于资本类账户的是（ ）。

    A. 银行存款   B. 盈余公积

    C. 预付账款   D. 固定资产

二、多项选择题

1. 按照账户的经济内容分类，下列账户中属于资产类账户的有（ ）。

    A. "应收账款"   B. "实收资本"

    C. "财务费用"   D. "固定资产"

    E. "本年利润"

2. 按照账户的用途和结构分类，下列账户中属于收入类账户的有（ ）。

    A. "主营业务收入"   B. "本年利润"

    C. "投资收益"   D. "其他业务收入"

    E. "盈余公积"

3. 按照账户的用途和结构分类，下列账户中属于调整账户的有（ ）。

    A. "制造费用"   B. "管理费用"

    C. "累计折旧"   D. "坏账准备"

4. 下列账户中（ ）属于债务结算类账户。

    A. "应收账款"   B. "应付账款"

    C. "预收账款"   D. "预付账款"

    E. "应付票据"

5. 下列账户期末转入"本年利润"账户后无余额的是（ ）账户。

A. "制造费用" B. "财务费用" C. "管理费用" D. "销售费用"

E. "其他业务收入"

6. 债权债务结算账户借方登记（　　　　）。

A. 债权的增加数　　　　　　　　B. 债权的减少数

C. 债务的增加数　　　　　　　　D. 债务的减少数

7. 下列账户中，根据账户余额方向来确定其性质的有（　　　　）。

A. 盘存账户　　　　　　　　　　B. 备抵附加调整账户

C. 集合配比账户　　　　　　　　D. 债权债务结算账户

8. 下列账户中属于损益类账户的有（　　　　）。

A. "管理费用"账户　　　　　　　B. "盈余公积"账户

C. "财务费用"账户　　　　　　　D. "销售费用"账户

9. 下列账户中只需提供货币指标的有（　　　　）。

A. 盘存类　　　　B. 结算类　　　　C. 资产类　　　　D. 资本类

10. "预付账款"属于（　　　　）。

A. 盘存类账户　　　　　　　　　B. 结算类账户

C. 资产类账户　　　　　　　　　D. 损益类账户

三、判断题

（　　）1. 按账户的用途和结构分类，"本年利润"和"利润分配"账户都属于财务成果类账户。

（　　）2. 按账户的用途和结构分类，"应付账款"账户属于盘存类账户。

（　　）3. "生产成本"账户既是成本计算类账户，又是集合分配账户。

（　　）4. 待处理账户的特点是：在最终结果处理争议未决前，账户有期末余额；在全部处理后，账户无余额。

（　　）5. "本年利润"账户年末必须把余额转入"利润分配——未分配利润"账户，结转后无余额。

（　　）6. 调整账户与被调整账户所反映的经济内容不同，但两者余额的方向可能相同，也可能相反；相同时相加，相反时相减。

（　　）7. 所有者权益账户的特点是应该按照企业的投资者分别设置明细账户，以便反映各投资者对企业实际拥有的所有者权益的数额，该账户既能提供价值指标，又能提供实物量指标。

（　　）8. 所有盘存账户均可以提供实物和货币两种指标。

（　　）9. 结算账户和资本账户的特点都是只提供金额指标。

（　　）10. 所有盘存账户都是资产类账户。

四、业务题

某企业"固定资产"账户期末借方余额 60 000 元，"累计折旧"账户期末贷方余额 4 000 元。要求：

（1）计算固定资产净值。

（2）说明两个账户之间有何关系。

第五章 会 计 凭 证

学习目的

通过学习本章，要求了解会计凭证的概念、意义和种类，掌握原始凭证和记账凭证的填制和审核，理解会计凭证的传递和保管。

技能要求

能根据经济业务正确填写记账凭证。

第一节　会计凭证的概念、意义和种类

一、会计凭证的概念

会计凭证是记录经济业务事项的发生或完成情况的书面证明，是登记账簿的依据。通过填制或取得会计凭证可以明确经济责任。

各单位在进行会计核算时应当以实际发生的经济业务为依据，对于任何一项经济业务都要求取得或填制有关会计凭证，记录经济业务的内容、数量、金额等情况，并由经办人员和主管人员在有关凭证上签名盖章，以对经济业务真实性和合法性负责。因为会计凭证是登记账簿的依据，一切会计凭证都必须经过有关人员的严格审核，确认经济业务的合法性后，才能作为登记账簿的依据。

二、会计凭证的意义

会计核算要求真实正确地反映各单位的经济活动，填制和审核会计凭证是会计工作的起点，是会计核算的基础工作和会计核算的基本方法之一，也是对经济业务的发生和完成情况进行及时反映和监督的重要环节。正确填制和严格审核会计凭证对于保证会计核算资料的正确性、真实性、合法性，提高会计信息的质量，发挥会计在经济管理中的作用，具有十分重要的意义。

（一）记录经济业务，提供记账依据

各经济单位首先通过填制会计凭证，及时将日常发生的经济业务进行全面记录，经过分类与汇总的会计凭证是据以登记各类账簿的重要依据，成为各单位日后进行经济活动分

析和会计检查的基本原始档案。

（二）便于明确经济责任，强化企业内部经营管理

任何会计凭证除记录有关经济业务的基本内容外，还必须由有关部门和人员签名、盖章，以对经济业务的真实性、正确性、合法性负责。特别是货币资金的收付和财产物资的购入、储存、领用等经营活动，都可以通过填制和审核会计凭证来检查和监督经办单位和经办人的责任，为明确经济责任、加强企业内部经营管理提供充分的依据。

（三）监督经济活动，控制经济运行

通过审核会计凭证，可以监督检查各项经济业务的合理合法性，监督检查企业的经营活动是否符合国家的政策和法律，是否符合企业目标和财务计划，是否有违法乱纪、奢侈浪费的现象。可以及时发现、制止和纠正经济管理中存在的问题和管理制度中存在的漏洞，积极采取措施予以纠正，促使企业财产物资的合理使用，保护财产物资的安全，改善经营管理，提高经济效益，保证经济活动健康运行。

三、会计凭证的种类

会计凭证种类繁多、形式多样，通常按填制程序和用途的不同分为原始凭证和记账凭证两大类。

1. 原始凭证

原始凭证又称单据，是在经济业务发生或完成时取得或填制的，用以记录经济业务的发生和完成情况的书面证明，它是会计核算的原始资料和重要依据，是登记会计账簿的原始依据。

2. 记账凭证

记账凭证又称记账凭单，它根据复式记账法的基本原理，由会计人员根据审核无误的原始凭证，按照经济业务的内容加以归类，并确定会计分录后所填制的会计凭证。记账凭证是介于原始凭证与账簿之间的中间环节，是登记会计账簿的直接依据。

原始凭证与记账凭证都称为会计凭证，但其性质却截然不同。原始凭证记录的是经济信息，它是编制记账凭证的依据，是会计核算的基础；而记账凭证记录的是会计信息，它是会计核算的起点。

原始凭证和记账凭证同属于会计凭证，但两者存在以下差别。

（1）原始凭证由经办人员填制，而记账凭证一律由会计人员填制。

（2）原始凭证仅用以记录经济业务已发生或完成，而记账凭证则要根据审核后的原始凭证填制。

（3）原始凭证根据发生或完成的经济业务取得或填制，而记账凭证则要根据会计科目对已发生或完成的经济业务进行归类整理编制。

（4）原始凭证是记账凭证的附件和填制依据。

第二节 原始凭证的填制和审核

一、原始凭证的概念

原始凭证又称单据，是在经济业务发生或完成时取得或填制的，用以记录经济业务的发生和完成情况的原始凭据。它是会计核算的原始资料和重要依据。原始凭证的质量决定了会计信息的真实性和可靠性，会计人员对不真实、不合法的原始凭证不予受理；对记载不正确、不完整的原始凭证，应予退回，要求更正、补充。

二、原始凭证的种类

记录经济业务的原始凭证所包括的具体内容各不相同，各有其不同的要求和特点，格式各异，种类繁多。根据不同的标准对原始凭证进行分类，有利于更好地认识和有效利用原始凭证。

（一）原始凭证按其取得来源不同分类

原始凭证按其取得来源不同分类，可为外来原始凭证和自制原始凭证。

1．外来原始凭证

外来原始凭证是指企业与其他单位或个人发生经济业务往来时，从其他单位或个人处取得的原始凭据。例如购买材料从销货单位取得的"增值税专用发票"（如表 5-1 所示），出差途中使用的飞机票、火车票及银行转来的各种结算凭证等。

表 5-1 增值税专用发票样例

3300114140　　　　　湖南增值税专用发票　　　　　No 02623007

发票联　　　　　　　　　开票日期：20××年 9 月 2 日

购货单位	名称：西南机械制造有限公司　　纳税人识别号：112366005083386　　地址、电话：成都石景山石门路 28 号 88905688　　开户行及账号：工行成都分行 01033886620					密码区		
货物及应税劳务名称	规格型号	单位	数量	单价	金额	税率	税额	
生铁		吨	20	1300	26000.00	13%	3380.00	
合计					26000.00		3380.00	
价税合计（大写）	⊗贰万玖仟叁佰捌拾元整				（小写）￥29380.00			
销货单位	名称：湖南兴华金属有限公司　　纳税人识别号：112234568736435　　地址、电话：长沙通洲复兴路 5 号　　开户行及账号：工行长沙分行 20025876436					备注		

收款人：张三　　　复核：李四　　　开票人：王二　　　销货单位：（发票专用章）

2．自制原始凭证

自制原始凭证是由本单位内部经办业务的部门或个人，在执行或完成某项经济业务时自行填制的、仅供本单位内部使用的原始凭据。例如：仓库收发材料时开出的"领料单""收料单"，产品出入库的"产品入库单""产品出库单"以及职工出差借款填写"借款单"，销售产品时对外开出的"发货票"，计算折旧时填写的折旧计算表等。如表5-2、表5-3及表5-4所示。

表5-2 领料单

领料单位：　　　　　　　　　　　　　　　　　　　　　　　凭证编号：
用　途：　　　　　　　　　年　月　日　　　　　　　　　发料仓库：

材料类别	材料编号	材料名称及规格	计量单位	数量		单价/元	金额/元
				请领	实发		

备注：　　　　　　　　　　　　　　　　　　　　　　合　计

仓库保管员：（签章）　　　发料：（签章）　　　领料主管：（签章）　　　领料：（签章）

表5-3 限额领料单

领料单位：
用　途：　　　　　　　　　名　称：　　　　　　　　计划产量：
材料编号：　　　　　　　　规　格：　　　　　　　　消耗定额：
领用限额：　　　　　　　　单　价：　　　　　　　　计量单位：

年		请领			实发				
月	日	数量	领料人签章	发料人签章	数量	累计	限额结余	发料人签章	领料人签章

累计实发金额（大写）：　　　　　　　　　　　　　　￥

供应部门负责人：（签章）　　　生产计划部门负责人：（签章）　　　仓库保管员：（签章）

表5-4 发料汇总表

年　月　日　　　　　　　　　　　　　　　（单位：元）

会计科目	领料单位	领用材料			
		原材料	包装物	低值易耗品	合计
生产成本					
制造费用					
管理费用					
总计					

经济业务一般是在单位或个人之间发生的，反映这项经济业务只需一方开出凭证。因此，开出的凭证一般是一式两联或一式多联的，对于开出的一方是自制原始凭证，对于取得的一方就是外来原始凭证。

（二）原始凭证按其填制方法不同分类

原始凭证按其填制方法不同分类，可分为一次原始凭证、累计原始凭证和汇总原始凭证。

1．一次原始凭证

一次原始凭证是指填制手续一次完成，反映一项经济业务或同时反映若干同类经济业务时的原始凭证，它是一次有效的凭证。所有外来原始凭证都是一次原始凭证，如增值税专用发票、普通发票、收料单、借款单、收据等，如表5-5所示。

表5-5　收料单

供货单位： 发票编号：			年　月　日			凭证编号： 收料仓库：			
材料类别	材料编号	材料名称及规格	计量单位	数　量		金额/元			
				应　收	实　收	单价	买价	运杂费	合计
备注：						合　计			

仓库保管员：（签章）　　　　收料：（签章）　　　　主管：（签章）　　　　会计：（签章）

2．累计原始凭证

累计原始凭证是指在一定时期内一张凭证中多次记录不断重复发生的若干同类经济业务的原始凭证。它是可多次填写有效的凭证。这类凭证是随着经济业务的发生而多次登记才能完成的，一般为自制凭证。最具代表性的累计原始凭证为在领用材料时填写的"限额领料单"（见表5-3）。

3．汇总原始凭证

汇总原始凭证也称原始凭证汇总表，是指对一定时期内反映同类经济业务的若干张原始凭证按一定标准汇总填制的原始凭证。汇总原始凭证合并了同类经济业务，简化记账凭证的编制工作，提高核算工作效率，使核算资料更为系统化，并为根据原始凭证直接登记账簿提供依据。常用的汇总原始凭证如收料凭证汇总表、发料凭证汇总表（表5-4）、差旅费报销单、工资分配汇总表等。

4．记账编制凭证

记账编制凭证是指会计人员根据账簿记录的结果，对某些特定事项进行归类、整理而编制的原始凭证。例如："制造费用分配表""固定资产折旧计算表"等。

（三）原始凭证按照格式不同分类

原始凭证按照格式不同分类，可分为通用原始凭证和专用原始凭证。

1．通用原始凭证

通用原始凭证是指由有关部门统一印制、在一定范围内使用的具有统一格式和使用方法的原始凭证。它的使用范围因制作部门不同而异，可以是某一地区、某一行业，也可以是全国，如全国通用的增值税专用发票（表5-1）、统一商业零售发票、银行转账的结算凭证等。

2．专用原始凭证

专用原始凭证是指由单位内部自行印制的、仅在本单位内部使用的原始凭证，如收料单（表5-5）、领料单（表5-2）、工资费用分配表、折旧计算表等。

三、原始凭证的基本内容

由于各项经济业务的种类和内容不同，经营管理的要求也不同，故原始凭证在名称、格式和内容等方面是多种多样的。但是，无论哪种原始凭证都是证明经济业务发生情况的原始依据，必须详细载明有关经济业务的发生和完成情况，必须明确经办单位和人员的经济责任。因此，各种原始凭证都应具备一些共同的基本内容，通常称为原始凭证要素，主要有：

1）原始凭证的名称（如发货票、收据、领料单等）；
2）原始凭证的填制日期；
3）原始凭证的编号；
4）填制和接受凭证的单位名称；
5）经济业务的基本内容，包括经济业务发生的数量、单价、单位和金额等；
6）填制单位的公章及有关人员的签章。

在实际工作中，根据经营管理和特殊业务的需要，可以增加必要的内容。对于不同单位经常发生的共同经济业务，有关单位可以制定统一的凭证格式。如铁道部门统一制定的铁路运单，人民银行统一制定的转账结算凭单等。

四、原始凭证的填制和审核

（一）原始凭证的填制

原始凭证是会计核算最基础的原始资料，是编制记账凭证的依据，是明确经济责任的具有法律效力的文件。要保证会计核算工作的质量，必须从保证原始凭证的质量做起，正确填制原始凭证。所以原始凭证的填制必须符合下列要求：

1．记录真实

原始凭证填制的内容和各项数据必须真实可靠。原始凭证必须根据实际发生的经济业务填制，内容和数字必须真实，符合实际情况并可以验证。任何单位不得以虚假的经济业务事项或者资料进行会计核算，不能填写估计数或匡算数。

2．内容完整

原始凭证所要求填列的各项内容必须逐项填写齐全，手续完备，不得遗漏或省略。凭证的填制日期、经济业务的内容、数量、金额都必须认真填写，不得遗漏；单位名称不能简化；经办业务的有关部门和人员签名必须齐全。

3．手续齐备

单位自制的原始凭证必须有经办业务的有关部门和人员签名盖章；对外开出的原始凭证必须加盖本单位公章等。总之，取得的原始凭证必须要认真审核，经审核合格的凭证必须签名盖章，做到手续完备，经济责任明确。使之符合国家有关政策、法律、规章、制度的要求，不合法的经济业务，不得列入原始凭证。

4．书写清楚规范

书写必须符合下列要求：

1）文字摘要要简练，数量、单价、金额计算要正确。

2）各种凭证必须连续编号，以便考查。凭证如果已预先印定编号，在写错作废时，应当加盖"作废"戳记，全部保存，不得销毁。

3）书写要符合规定。各种凭证的书写要按规定使用蓝黑、碳素墨水，字迹要工整、清晰，易于辨认。属于套写的凭证，要一次套写清楚，不能描写。不得使用未经国务院公布的简化字。大小写金额数字的书写要符合规定并正确填列（如壹、贰、叁、肆、伍、陆、柒、捌、玖、拾、佰、仟、万、亿、元、角、分、零、整等）。需要大写金额的各种凭证，必须有大写的金额，不得只填写小写金额，大写金额前应有"人民币"的字样，大写金额到元为止的，后面要写"整"或"正"字，如小写金额 1 009.00，大写金额应写成"壹仟零玖元整"。小写金额用阿拉伯数字逐个书写，不得连笔书写，在金额前要填写人民币符号"￥"，金额一律填写到角分，无角分的，写"00"或符号"—"。

4）原始凭证记载的各项内容均不得随意涂改、刮擦、挖补。原始凭证填写如有错误，应当由出具单位重开或者更正，在更正处应当加盖开出单位的印章。原始凭证金额有错误的，应当由出具单位重开，不得在原始凭证上更正。

5．原始凭证必须及时填制

原始凭证必须在经济业务发生时及时填写，并按照规定的程序及时送交财务部门，由财务部门加以审核，并据以编制记账凭证。

（二）原始凭证的审核

原始凭证的审核，是进行会计监督的第一道关口，是一项十分重要的会计工作。为了如实反映经济业务的发生和完成情况，保证会计信息的真实、可靠，充分发挥会计监督职能的作用，应由有关人员对填制和取得的原始凭证进行审核。原始凭证是会计核算的前提，是会计核算的信息源头，其种类繁多、来源各异，如不做好审核，必将影响会计信息的真实性与可靠性。因此，财务部门对各种原始凭证必须进行严格的审查与核对。只有审核无误的原始凭证，才能作为编制记账凭证的依据。原始凭证的审核具体包括以下几个方面：

1．审核原始凭证的真实性

原始凭证作为会计信息的基本信息源，其真实性对会计信息的质量具有至关重要的影响。真实性的审核包括原始凭证是否根据实际发生的经济业务填列，原始凭证的日期是否真实、业务内容是否真实、数据是否真实等内容的审查。如对外来的原始凭证，必须有填制单位的公章和有关人员的签章。

2．审核原始凭证的合法性和合理性

对原始凭证进行审核时，应以财经政策法令、规章制度和企业的计划、预算和合同为依据。审核原始凭证所记录的经济业务是否违反国家的法律法规，是否履行了规定的凭证手续，有无伪造、变造会计凭证的情况，是否符合企业生产经营活动的需要，是否严格执行企业制订的计划、预算和合同等。

3．审核原始凭证的完整性

审核原始凭证的各项基本要素内容是否齐全，如经济业务的内容摘要、数量、单价、金额、日期是否填写齐全，有无漏记项目，手续是否完备，是否有有关人员的签章等。

4．审核原始凭证的正确性

审核原始凭证各项内容是否正确，包括在原始凭证上填写的数量、单价、金额等数据是否清晰且计算正确，文字是否工整、书写是否符合规范，如大小写金额数字的书写要符合规定并正确填列，需要大写金额的各种凭证，是否有大写的金额，大写金额前是否有"人民币"的字样，小写金额用阿拉伯数字逐个书写，不得连笔书写，在金额前是否有填写人民币符号"￥"，金额是否填写到角分，无角分的，写"00"或符号"—"。凭证联次是否连续，有无刮擦、涂改和挖补等。

5．审核原始凭证的及时性

原始凭证的及时性是保证会计信息及时性的基础，所以要求在经济业务发生时应及时填制和传递原始凭证。审核时要特别注意凭证日期，尤其是支票、银行汇票等时效性强的原始凭证，更应仔细查证其签发日期。

原始凭证的审核，是一项严肃而细致的工作，会计人员必须坚持原则，履行应尽的职责。任何单位和个人都不允许以任何方式要求和强迫会计机构和会计人员为违法和虚假事项制造掩护。对在原始凭证审核中发现的问题，会计人员应根据不同情况进行不同处理：

1）对不真实、不合法的原始凭证有权不予受理，并向单位负责人报告；

2）对记载不准确、不完整的原始凭证予以退回，并要求按照国家统一的会计制度的规定更正、补充；

3）对于完全真实、合法的原始凭证，会计人员据以编制记账凭证入账。

原始凭证的审核是一项政策性很强且严肃细致的重要工作，会计人员必须熟悉国家的有关法律法规和单位的规章制度，正确掌握审核标准，实现有效的会计监督。同时，审核人员还必须做好宣传解释工作，既要坚持原则，又要协调好各方面的工作。

第三节 记账凭证的填制和审核

一、记账凭证的概念

记账凭证又称传票，它根据复式记账法的基本原理，由会计人员根据审核无误的原始凭证，按照经济业务的内容加以归类，并确定会计分录后所填制的会计凭证，是登记会计账簿的直接依据。

由于原始凭证从不同来源取得，种类繁多、格式不一，无法系统地反映经济业务的内容，不能反映其归类的会计科目和记账方向，也难以直接作为登记账簿的依据。因此，根据经济业务的类别、内容将原始凭证加以归类整理，填制具有统一格式的记账凭证，并将相关的原始凭证附在后面，既有利于原始凭证的归类保管，又简化了记账工作，从而提高会计工作的质量。

二、记账凭证的基本内容

记账凭证是对原始凭证进行分类、整理，按照复式记账的要求，编制会计分录，并据以登记账簿。作为登记会计账簿直接依据的记账凭证，因各单位规模大小不同，其反映经济业务的内容以及对会计核算的要求也不同，记账凭证多种多样。但各种记账凭证都必须保证会计核算的基本要求，必须具备以下基本内容（凭证要素）：

1）填制单位的名称；

2）记账凭证的名称；

3）记账凭证填制的日期及编号；

4）经济业务的内容摘要；

5）经济业务涉及的会计科目的名称以及应借应贷的金额，包括一级科目和明细科目；

6）记账标记：即用"√"表示已过账；

7）所附原始凭证的张数；

8）有关主管和经办人员的签章。

三、记账凭证的种类

记账凭证是会计人员根据审核无误的原始凭证或汇总原始凭证，按照经济业务内容加以归类，确定应借应贷科目和金额而填制的，可以直接作为登记账簿依据的会计凭证。记账凭证从不同的角度可以分成不同的种类。

（一）记账凭证按用途分类

记账凭证按用途不同，分为专用记账凭证和通用记账凭证。

1. 专用记账凭证

专用记账凭证具有专门的用途，只用于反映某一类交易或事项。专用记账凭证根据其反映的交易或事项分为收款凭证、付款凭证和转账凭证。

1）收款凭证。收款凭证是用来记录现金和银行存款收款业务的记账凭证，它是根据有关现金和银行存款收款业务的原始凭证填制的，是登记现金日记账和银行存款日记账以及总分类账的依据，也是出纳人员收讫款项的依据。收款凭证还可以分为现金收款凭证和银行存款收款凭证两种。收款凭证左上角的借方科目固定为"库存现金"或"银行存款"科目，其对应科目填写在贷方科目栏中，格式如表 5-6 所示。

表 5-6 收款凭证

借方科目：　　　　　　　　　　　年　月　日　　　　　　　收字第　　　号

| 摘　要 | 贷 方 科 目 | | 记账√ | 金　额 | 附件 张 |
	总 账 科 目	明 细 科 目			
合　计					

会计主管：　　　　记账：　　　　出纳：　　　　制单：　　　　审核：

2）付款凭证。付款凭证是用来记录现金和银行存款付款业务的记账凭证，它是根据现金和银行存款付款业务的原始凭证填制的，是登记现金日记账和银行存款日记账以及总分类账的依据，也是出纳人员支付款项的依据。付款凭证也可以分为现金付款凭证和银行存款付款凭证两种。付款凭证左上角的贷方科目也固定为"库存现金"或"银行存款"科目，其对应科目填写在借方科目栏中，格式如表 5-7 所示。

表 5-7 付款凭证

贷方科目：　　　　　　　　　　　年　月　日　　　　　　　付字第　　　号

| 摘　要 | 借 方 科 目 | | 记账√ | 金　额 | 附件 张 |
	总 账 科 目	明 细 科 目			
合　计					

会计主管：　　　　记账：　　　　出纳：　　　　审核：　　　　填制：

3）转账凭证。转账凭证是用来记录不涉及现金和银行存款收付业务的记账凭证，它是根据现金和银行存款收付业务以外的转账业务的原始凭证填制的，格式如表 5-8 所示。

表 5-8 转账凭证

年 月 日 转字第 号

摘 要	总 账 科 目	明 细 科 目	借方金额	贷方金额	记账√	
						附
						件
合 计						张

会计主管: 记账: 审核: 填制:

收款凭证、付款凭证和转账凭证的划分，有利于对不同经济业务进行分类管理，有利于经济业务的检查，但是工作量大，一般适用于企业规模较大、经济业务数量以及收付款业务较多的单位。在经济业务比较简单、经营规模较小的单位，为了简化会计凭证，不再划分收款凭证、付款凭证和转账凭证，一般使用通用记账凭证记录所发生的各种经济业务。

2. 通用记账凭证

通用记账凭证是适用于所有类型交易和事项的一种记账凭证。通用记账凭证的格式与转账凭证基本相同，只是凭证的名称不一样。如表 5-9 所示。

表 5-9 记账凭证

年 月 日 记字第 号

摘 要	总 账 科 目	明 细 科 目	借方金额	贷方金额	记账√	
						附
						件
合 计						张

会计主管: 记账: 审核: 填制:

（二）记账凭证按填制方法不同分类

记账凭证按填制方法不同，分为单一记账凭证、汇总记账凭证和科目汇总表。

1. 单一记账凭证

单一记账凭证是指在一张凭证上只包含一项交易或事项内容的记账凭证。专用记账凭证和通用记账凭证均为单一记账凭证。使用这种记账凭证，每一张凭证上只能反映一项交易或事项的内容，企业在一定会计期间发生多少笔交易或事项就需要填制多少张记账凭证。

2. 汇总记账凭证

汇总记账凭证是根据许多同类记账凭证逐日或定期加以汇总填制的记账凭证。根据汇总方法的不同，又可分为汇总收款凭证、汇总付款凭证和汇总转账凭证。

汇总收款凭证应当按照库存现金和银行存款科目的借方分别设置，并根据现金收款凭证和银行存款收款凭证，按贷方科目归类；汇总付款凭证应当按照现金和银行存款科目的贷方分别设置，并根据现金付款凭证和银行存款付款凭证，按借方科目归类；汇总转账凭证应当按照每一科目贷方分别设置，并根据转账凭证按借方科目归类，所有转账凭证中必须是一个贷方科目同一个或几个借方科目相对应，不能出现一个借方科目同几个贷方科目相对应的情况。汇总记账凭证经过汇总仍能明确地反映账户的对应关系，而且简化了凭证的归类整理工作，简化了登账工作；但定期汇总增加了会计的工作量。

以上各种汇总记账凭证的格式如表 5-10～表 5-14 所示。

表 5-10 汇总收款凭证

借方科目：库存现金　　　　　　　　　　年　月　　　　　　　　汇收第　　　号

贷方科目	金　额				总 账 页 数	
	1-10 日 凭证号××-××	11-20 日 凭证号××-××	21-30 日 凭证号××-××	合计	借方	贷方

表 5-11 汇总收款凭证

借方科目：银行存款　　　　　　　　　　年　月　　　　　　　　汇收第　　　号

贷方科目	金　额				总 账 页 数	
	1-10 日 凭证号××-××	11-20 日 凭证号××-××	21-30 日 凭证号××-××	合计	借方	贷方

表 5-12 汇总付款凭证

贷方科目：库存现金　　　　　　　　　　年　月　　　　　　　　汇付第　　　号

借方科目	金　额				总 账 页 数	
	1-10 日 凭证号××-××	11-20 日 凭证号××-××	21-30 日 凭证号××-××	合计	借方	贷方

表 5-13 汇总付款凭证

贷方科目：银行存款　　　　　　　年　月　　　　　　　　　　汇付第　　号

借方科目	金额				总账页数	
	1-10日 凭证号××-××	11-20日 凭证号××-××	21-30日 凭证号××-××	合计	借方	贷方

表 5-14 汇总转账凭证

贷方科目：　　　　　　　　　　　年　月　　　　　　　　　　汇转第　　号

借方科目	金额				总账页数	
	1-10日 凭证号××-××	11-20日 凭证号××-××	21-30日 凭证号××-××	合计	借方	贷方

3．科目汇总表

科目汇总表又称记账凭证汇总表，是根据一定时期内的全部记账凭证，整理、汇总各账户的借贷方发生额，并据以登记总账的一种汇总性记账凭证。科目汇总表不能反映账户之间的对应关系，其格式如表 5-15 所示。

表 5-15 科目汇总表

年　月　日　　　　　　　　第　　号

借方金额	√	会计科目	贷方金额	√

会计主管：　　　　　　记账：　　　　　　审核：　　　　　　制表：

四、记账凭证的填制及审核

1. 记账凭证的填制

记账凭证是进行会计处理的直接依据，为了保证记账凭证能够真实、正确、完整地反映经济业务，填制必须依据正确，内容完整，书写清楚，填制及时。具体应符合以下要求：

1）填制记账凭证时，必须以审核无误的原始凭证或汇总原始凭证为依据。记账凭证可以根据每一张原始凭证填制，或者根据若干张同类原始凭证汇总填制，还可以根据原始凭证汇总表填制，但不得将不同内容和类别的原始凭证汇总填制在一张记账凭证上。除结账和更正错误的记账凭证可以不附原始凭证外，其他记账凭证必须附有原始凭证，并在记账凭证上注明原始凭证的张数。如果根据一张原始凭证编制两张或两张以上的记账凭证，可以把原始凭证附在一张主要的记账凭证后面，并在其他记账凭证上注明附有该原始凭证的记账凭证的编号或者附有原始凭证复印件。

2）记账凭证的格式应当相对稳定，特别是一个会计年度内，不宜任意变化和改动。

3）记账凭证必须连续编号，以便核查。编号要规范，根据不同的记账凭证采用相应的编号方法：如果使用通用记账凭证格式，应采用顺序编号；如果使用专用记账凭证格式，则采用"字号编号法"，即按凭证类别顺序编号，如收款凭证应用"现收字第××号""银收字第××号"，付款凭证应用"现付字第××号""银付字第××号"，转账凭证应用"转字第××号"。如果一笔经济业务需要填制两张以上的记账凭证时，记账凭证的编号采用"分数编号法"连续编号。

4）记账凭证的摘要栏是对经济业务的简要说明。摘要反映了各项经济业务的核心内容，是记账凭证必不可少的项目，填写时应抓住经济业务的要点，文字说明须简明确切。

5）记账凭证必须正确填写会计分录。必须按照会计制度统一规定使用会计科目，账户的对应关系必须清楚正确，一、二级科目或明细科目要填写齐全；金额的登记方向和数字必须正确且符合书写规范，角分位不留空白，多余的金额栏应划斜线注销，合计金额第一位前要填写货币符号。

6）记账凭证的项目要填写齐全，手续要完备，做到责任明确。在记账凭证上，应将各项目栏内容填列齐全。凭证填写完毕后，应进行复核和检查，并由两名以上的有关人员签名盖章，明确责任。出纳人员根据收款凭证收款，或根据付款凭证付款时，要在凭证上加盖"收讫"或"付讫"的戳记，以免重收重付，防止差错。

7）涉及现金与银行存款划转业务的，按规定只填制付款凭证。在采用专用记账凭证的情况下，凡涉及现金和银行存款的收款业务，填制收款凭证；凡涉及现金和银行存款的付款业务，填制付款凭证。而涉及现金与银行存款划转业务的，按规定只填制付款凭证，以免重复记账。如将现金存入银行，同时涉及银行存款的增加和现金的减少，但只填制现金付款凭证，而不填制银行存款收款凭证；从银行提取现金，同时涉及现金的增加和银行存款的减少，但只填制银行存款付款凭证，而不填制现金收款凭证。

8）记账凭证填制完经济业务后，如有空行，应自金额栏最后一笔金额下的空行处至合计数上的空行处画线注销。

2. 记账凭证的审核

记账凭证是根据审核无误的原始凭证编制的，是登记账簿的依据。记账前必须有专人对已编制的记账凭证的进行认真、严格的审核。审核内容一般包括：

1）填制依据是否真实，是否附有经过审核了的原始凭证。对记账凭证的审核，也就是对原始凭证的复核，所以记账凭证必须附有原始凭证，且记账凭证所记录的内容与所附原始凭证反映的经济业务内容必须相符。

2）填写项目是否齐全，有关人员是否签名盖章。记账凭证的摘要既要反映经济业务的内容，又要简明扼要，清楚易懂。记账凭证的有关项目要填写齐全，包括日期、凭证编号、二级和明细会计科目、附件张数以及有关人员签章等。

3）使用会计科目是否正确。记账凭证的应借应贷会计科目必须正确，账户对应关系必须清晰。

4）金额计算是否正确。金额计算要准确无误，记录的经济业务内容必须合理合法。

5）书写是否清楚。通过对记账凭证的审核，凡符合规定要求的记账凭证，才能作为登记账簿的依据；凡不符合规定要求的记账凭证，不能作为登记账簿的依据，应补办手续、更正错误或重新填制，经再次审核后，确定对记账凭证的相应处理。审核中如发现记账凭证填制有差错，应查明原因重新填制或用正确的方法予以更正。如果在填制记账凭证时发生错误，应当重新填制。如果已经登记入账的记账凭证，发现其会计科目填写错误时，可以用红字填写一张与原内容相同的记账凭证，在摘要栏注明"注销××月××日××号凭证"，同时再用蓝字重新填制一张正确的记账凭证，注明"订正××月××日××号凭证"。如果会计科目没有错误，只是金额错误，也可以正确数字与错误数字的差额，另编制一张调整的记账凭证，调增金额用蓝字，调减金额用红字。只有经过审核无误的记账凭证，才能作为登记账簿的依据。

第四节　会计凭证的传递和保管

一、会计凭证的传递

会计凭证的传递是指会计凭证从取得或填制，经过审核记账到归档保管的整个过程中，在有关部门和人员之间的传递程序和传递时间。会计凭证的传递是会计核算得以正常、有效进行的前提。会计凭证的传递，要求满足内部控制制度的要求，使传递程序合理有效，同时尽量节约传递时间，减少传递的工作量。

任何单位都会连续不断地发生各种各样的经济业务，每项经济业务在发生或完成后常常需要由不同的部门和人员去办理有关手续，即使由一个部门负责的业务，也经常会由若干人经手，应明确规定会计凭证的传递程序和传递时间。正确地组织会计凭证的传递，对于及时地反映和监督经济业务的发生和完成情况，合理组织经济活动，加强经济管理责任制，提高工作效率，都具有重要意义。

企业应根据经济业务的内容和管理要求不同制定不同凭证的传递程序、传递时间和方法，并将其制成凭证流转图，使会计凭证的传递有条不紊、迅速有效地进行，提高会计信息质量。会计凭证的传递应注意以下问题：

1）要以会计部门为主，根据经济业务的特点，企业内部机构的设置、人员分工的情况以及经营管理上的需要，恰当地规定各种会计凭证的格式、联数、传递程序。既要使会计凭证满足会计核算的要求，又要兼顾计划、统计、管理等部门的需要。

2）利用会计凭证的传递，使有关部门和人员能够了解经济业务的情况，并按规定手续进行处理和审核，要避免凭证传递通过不必要的环节。同时还要确定凭证在各个环节停留的时间，在保证履行完成必要的业务手续的前提下，以最快速度传递会计凭证，防止不必要的延误。

3）为了确保会计凭证的安全和完整，要建立凭证的交接签收制度，做到手续完备、责任明确。

二、会计凭证的保管

会计凭证的保管是指会计凭证登记账簿后的整理、装订、归档和存查的工作。

会计凭证是记录经济业务、明确经济责任的书面证明文件，又是登记账簿的依据，它是重要的经济档案和经济资料，企业或有关部门可能因各种需要查阅会计凭证。对会计凭证的保管，既要使其安全完整，又要便于调阅、查找和检查监督。会计凭证保管的主要方法和要求是：

1）会计凭证应当定期按照分类和编号顺序装订成册，不得散乱丢失。每月记账完毕，要将本月各种记账凭证加以整理，检查有无缺号和附件是否齐全，再将记账凭证按类别和编号顺序连同所附的原始凭证，折叠整齐，加具封面、封底装订成册，并在装订线上加贴封签。

2）在已装订成册的会计凭证封面上注明单位名称、年度、月份、凭证种类、起讫日期、起讫号码、有关人员的签章等。如果在一个月内凭证的数量过多，可分装若干册，并在封面加注：本月共×册、本册是第×册。如果有些记账凭证所附的原始凭证数量过多或性质非常重要，也可单独装订保管，但应在其封面上注明所属记账凭证的种类、日期、编号，同时在原有关记账凭证上注明"附件另存"以及原始凭证名称、编号，以便查考。

3）会计凭证要指定专门的会计人员保管，年度终了，则应移交财会档案室归档保管。未设立档案机构的，应当在会计机构内部指定专人保管，出纳人员不得兼管会计档案。需要查阅以前年度的会计凭证，需经会计主管同意，并履行一定手续、才能取出查阅。

4）会计凭证不得外借，其他单位如因特殊原因需要使用会计凭证时，经本单位会计机构负责人、会计主管人员批准，可以复制。查阅或者复制会计凭证的人员，严禁在会计凭证上涂画、拆封和抽换。

5）严格遵守会计凭证的保管期限的要求。期满前不得销毁。保管期满的会计凭证，可按规定程序销毁，但保管期满而尚未结清的债权债务的原始凭证以及其他涉及未了事项的原始凭证，不得销毁，应当单独抽出立卷，保管到未了事项完成后为止。

本章小结

1. 会计凭证是记录经济业务事项的发生或完成情况的书面证明，是登记账簿的依据。通过填制或取得会计凭证可以明确经济责任。

2. 会计凭证是多种多样的，可以按照不同的标准予以分类。按填制程序和用途的不同分为原始凭证和记账凭证两大类。

3. 原始凭证又称单据，是在经济业务发生或完成时取得或填制的，用以记录经济业务的发生和完成情况的原始凭据。它是会计核算的原始资料和重要依据。原始凭证的填写必须真实可靠，书写清楚，连续编号，内容完整正确，手续完备充分。

4. 记账凭证也称传票，它根据复式记账法的基本原理，由会计人员根据审核无误的原始凭证，按照经济业务的内容加以归类，并确定会计分录后所填制的会计凭证，是登记会计账簿的直接依据。按照记账凭证适用的经济业务不同，分为收款凭证、付款凭证和转账凭证。

5. 会计凭证的传递是指会计凭证从取得或填制，经过审核记账到归档保管的整个过程中，在有关部门和人员之间的传递程序和传递时间、方法。它是会计制度的重要组成部分。

6. 会计凭证是重要的会计档案资料，应当根据会计制度的规定对其整理装订，进行妥善保管。

复习思考题

1. 什么是会计凭证？它有哪些种类？
2. 什么是原始凭证、记账凭证？举例说明它们的特点。
3. 原始凭证、记账凭证应具备哪些内容？
4. 填制记账凭证有哪些具体要求？
5. 记账凭证如何分类？如何填制？
6. 记账凭证审核内容有哪些？
7. 制定会计凭证传递和保管办法有何意义？

本章习题

一、单项选择题

1. 将现金送存银行，一般应根据有关原始凭证填制（ ）凭证。
   A. 现金收款　　　　　　　　　B. 银行存款收款
   C. 现金付款　　　　　　　　　D. 银行存款付款
2. （ ）是记录经济业务，明确经济责任，作为登记账簿的书面证明。
   A. 会计要素　　B. 会计账簿　　C. 会计凭证　　　D. 会计报表
3. 下列单据中不能作为记账凭证的原始凭证是（ ）。

A. 购销合同   B. 支票存根

C. 出差车票   D. 折旧费用计算表

4. 企业销售产品一批，部分货款收存银行，部分货款对方暂欠，该企业应填制（   ）。

A. 收款凭证和付款凭证   B. 收款凭证和转账凭证

C. 付款凭证和转账凭证   D. 两张转账凭证

5. 材料入库单属于（   ）凭证。

A. 记账凭证   B. 自制原始凭证

C. 外来原始凭证   D. 累计凭证

6. 记账凭证按（   ）不同，分为收款凭证、付款凭证和转账凭证。

A. 经济业务内容   B. 填制程序和用途

C. 填制人员   D. 填制手续

7. 记账凭证是由（   ）编制的。

A. 出纳人员   B. 会计人员   C. 经办人员   D. 经办单位

8. 登记账簿的直接依据是（   ）。

A. 原始凭证   B. 记账凭证

C. 审核无误的外来凭证   D. 审核无误的原始凭证

9. 会计工作开始于（   ）。

A. 填制和审核会计凭证   B. 制定财会规章制度

C. 设置会计科目   D. 登记账簿

10. 审核会计凭证，可以更有效地发挥会计的（   ）。

A. 反映作用   B. 监督作用   C. 参与决策作用   D. 预测作用

二、多项选择题

1. 原始凭证按其填制方法不同分为（   ）。

A. 一次原始凭证   B. 累计原始凭证

C. 汇总原始凭证   D. 记账编制凭证

2. 凭证的传递要做到（   ）。

A. 程序合理   B. 时间节约   C. 手续严密   D. 责任明确

3. 应在现金收、付记账凭证上签字的有（   ）等。

A. 制证人员   B. 出纳人员   C. 审核人员   D. 会计主管

4. 原始凭证按取得来源分为（   ）。

A. 发票   B. 收据

C. 自制原始凭证   D. 外来原始凭证

5. 企业购入材料一批，货款已支付，材料已验收入库，则应编制的会计凭证有（   ）。

A. 收料单   B. 转账凭证

C. 收款凭证   D. 付款凭证

6. 下列科目中可能成为付款凭证借方科目的有（   ）。

A. 库存现金   B. 银行存款   C. 应付账款   D. 销售费用

7. 转账凭证属于（   ）。

A. 记账凭证　　　　　　　　　　　B. 专用记账凭证

C. 汇总原始凭证　　　　　　　　　D. 会计凭证

8. 以下不能作为原始凭证的是（　　　　）。

   A. 发料汇总表　　　　　　　　　　B. 车间派工单

   C. 材料请购单　　　　　　　　　　D. 产品成本计算表

9. 下列属于汇总原始凭证的有（　　　　）。

   A. 发料汇总表　　　　　　　　　　B. 差旅费报销单

   C. 限额领料单　　　　　　　　　　D. 工资结算汇总表

10. 下列凭证中，属于一次凭证的原始凭证是（　　　　）。

   A. 限额领料单　　　　　　　　　　B. 收料单

   C. 领料单　　　　　　　　　　　　D. 报销凭证

三、判断题

（　　）1. 原始凭证必须按规定格式和内容逐项填写齐全，同时必须由经办部门和经办人员签字盖章。

（　　）2. 有关现金、银行存款收支业务的凭证，如果填写错误，不能直接更改，应加盖"作废"戳记，重新填写，以免错收、错付。

（　　）3. 原始凭证可以由非财务部门和人员填写，但记账凭证只能由财务部门和人员填写。

（　　）4. 付款凭证左上角"借方科目"处应填写"现金"或"银行存款"科目。

（　　）5. 所有的记账凭证都应附有原始凭证。

（　　）6. 原始凭证有时也是登记账簿的依据。

（　　）7. 各种凭证若填写错误，不得随意涂改、刮擦、挖补。

（　　）8. 限额领料单是一种汇总原始凭证。

（　　）9. 会计凭证是会计工作的起点和关键。

（　　）10. 差旅费报销单属于自制原始凭证。

四、业务题

习题一

（一）目的：练习凭证的编制。

（二）资料：某公司201×年6月发生下列业务。

（1）3日，收到银行转来付款通知，支付上月应交税费1 000元。

（2）5日，投资者投入资本金20 000元，已存入银行。

（3）5日，购买A材料1 000千克，每千克50元，货款50 000元，增值税6 500元，款项未付，材料已入库。

（4）6日，开出现金支票2 000元，从银行提取现金以备零星开支使用。

（5）6日，职工赵某预借差旅费1 000元，以现金付讫。

（6）10日，由银行取得短期借款50 000元，存入银行。

（7）20日，以现金支付本月职工工资9 000元。

（8）25日，以银行存款支付本月管理部门用电费8 000元、水费3 000元。

（9）27日，赵某报销差旅费1050元，不足部分以现金补付。

（10）28日，销售甲产品一批，售价100 000元，增值税13 000元，款项已存入银行。

（11）29日，生产产品领用A材料2 000千克，单价50元/千克。

（三）要求：

（1）请根据上列业务确定应编制专用记账凭证的种类并编制收款凭证、付款凭证和记账凭证。

（2）根据业务3、5、10分别填制收料单、借款单、增值税专用发票。

习题二

（一）目的：认识原始凭证，练习通用记账凭证的填制。

（二）资料：广州长城机械有限责任公司2019年12月发生下列业务。

1. 提现备用

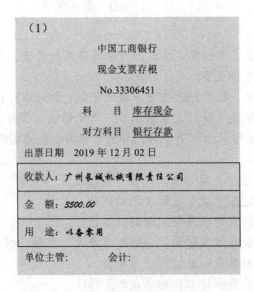

2. 购入轿车一辆

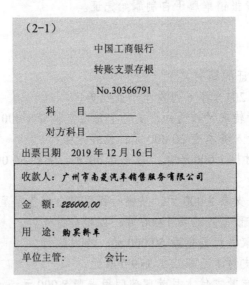

（2-2）

固定资产入账（出账）通知单

2019 年 12 月 16 日   编号：

代征单位：   开票人：赵红   收款人：李平

| 类别 | 资产编号 | 固定资产名称 | 规格型号 | 建造单位 | | | 数量 | 原值 | 折旧额 | | 使用年限 | 收回残值 | 累计已提折旧 | 净值 | 所在地 | 入账（出账）原因 |
				名称	日期	编号			应计折旧总额	月折旧额						
		轿车	捷达				1	200000		3250	5	5000			广州	

通知单位   经办人

（2-3）

机动车销售统一发票

发票联

发票代码 144000524367
发票号码 No 00159180

开票日期 2019 年 12 月 16 日

机打代码 机打号码 机器编号		税控码					
购货单位（人）	广州路通汽车销售公司		身份证号码/组织机构代码				
车辆类型	轿车		厂牌型号	BUICK 牌 SGM7252GL		产地	上海
合格证号	WAE241060026702		进口证明书号			商检单号	
发动机号码	LB8 633101164		车辆识别代号/车架号码	LSGWL52D16S132975			
价税合计	¥226000.00 小写						
销货单位名称	广州市南菱汽车销售服务有限公司			电话	020-86056066		
纳税人识别号	440111766144040			账号	1100527425920		
地址	广州市白云区白云大道北 1393 号			开户银行	深圳发展银行广州分行中华广场支行		
增值税税率或征收率	13%	增值税税额	¥26000.00		主管税务机关及代码		
不含税价	小写 ¥200000.00			吨位	2.5 吨	限乘人数	5 人

销货单位盖章 广州市南菱汽车销售服务有限公司   开票人尤娜   备注：一车一票

第一联 发票联（购货单位付款凭证）（手开无效）

山东神奇票证印制有限公司 2010 年 9 月印 1.5 万份（1.5 万×6）"号码起讫

3. 购买原材料

（3-1）

中国工商银行

转账支票存根

No.33886899

科　　目＿＿＿＿＿＿

对方科目＿＿＿＿＿＿

出票日期　2019 年 12 月 20 日

| 收款人：中天公司 |
| 金　额：50850.00 |
| 用　途：购材料 |

单位主管：　　　会计：

（3-2）

3300794185　　　　　广东增值税专用发票　　　　No 02639087

发票联

开票日期：2019 年 12 月 20 日

广东省
国家税务局监制

| 购货单位 | 名称：广州长城机械有限责任公司 纳税人识别号：310105926795326 地址、电话：广州市白云区白云大道 20 号 38786888 开户行及账号：工商银行白云支行 0032-6120-0408 | | | | | | 密码区 | |

货物及应税劳务名称	规格型号	单位	数量	单价	金额	税率	税额
Z 材料		件	200	225	45000.00	13%	5850.00
合计					45000.00		5850.00

| 价税合计（大写） | ⊗伍万零捌佰伍拾元整 | （小写）¥50850.00 | |

| 销货单位 | 名称：中天公司 纳税人识别号：316780529811 地址、电话：广州市天河路 110 号 开户行及账号：建行天河支行 369213286445 | 备注 |

中天公司
510182399385
发票专用章

第一联：记账联　购货方记账凭证

(3-3)

收　料　单

供货单位：　　　　　　　　　　　　　　　　　　　　凭证编号：006

发票编号：　　　　　　　　2019 年 12 月 20 日　　　收料仓库：

材料类别	材料编号	材料名称及规格	计量单位	数 量		金额/元			
				应 收	实 收	单价	买价	运杂费	合计
		X 材料	件	200	200	225			45000.00

备注：　　　　　　　　　　　　　　　　　　　合计

仓库保管员：（签章）	收料：（签章）	主管：（签章）	会计：（签章）

4. 预支差旅费

(4)

借　款　单

资金性质：库存现金　　　　2019 年 12 月 01 日

部 门		总办	借款事由		去江门开会
借款金额	金额（大写）	伍佰圆整		￥ 500.00	
批准金额	金额（大写）	伍佰圆整		￥ 500.00	
主管领导	张明		财务主管	王波	借款人　　　　朱卫

5. 销售商品

（5-1）

3789114153　　广东增值税专用发票　　No 12625607

发票联

开票日期：20×9年12月14日

购货单位	名称：广州粤华公司					密码区			
	纳税人识别号：310258336041								
	地址、电话：广州市天河路108号 88905688								
	开户行及账号：工行天河支行 285332051367								

货物及应税劳务名称	规格型号	单位	数量	单价	金额	税率	税额
RS6压缩机		台	3	3200.00	9600.00	13%	1248.00
合计					9600.00		1248.00

价税合计（大写）	⊗壹万零捌佰肆拾捌元整	（小写）￥10848.00

销货单位	名称：广州长城机械有限责任公司
	纳税人识别号：310105926795326
	地址、电话：广州市白云区白云大道20号 020-38786888
	开户行及账号：工商银行白云支行 0032-6120-0408

广州长城机械有限责任公司
310105926795326
发票专用章

第一联：记账联 购货方记账凭证

（5-2）

产 品 出 库 单

编制部门:仓库　　2019年12月14日　　编号：20131201　　金额单位:元

名称	规格	单位	数量	单价	总价	备注
RS6压缩机	RS6	台	3	3200	9600	单位成本按全月一次加权平均法
合　计	–	–	3	3200	9600	

仓库主管：　　材料会计：　　领料员：　　经办人：　　制单：

(5-3)

中国工商银行进账单（收账通知）

2019 年 12 月 14 日   第 001 号

付款人	全称	广州粤华公司	收款人	全称	广州长城机械有限责任公司										
	账号	285332051367		账号	0032-6120-0408										
	开户银行	工行天河支行		开户银行	工商银行白云支行										
人民币（大写）		壹万零捌佰肆拾捌元整			千	百	十	万	千	百	十	元	角	分	此联是银行交给收款人的收账通知
							￥1	0	8	4	8	0	0	0	
票据种类		转账支票													
票据张数		1 张													
单位主管 会计 复核 记账				收款人开户行盖章											

工商银行
白云支行
2019.12

6. 向灾区捐赠

(6-1)

专 用 收 款 收 据

2019 年 12 月 21 日

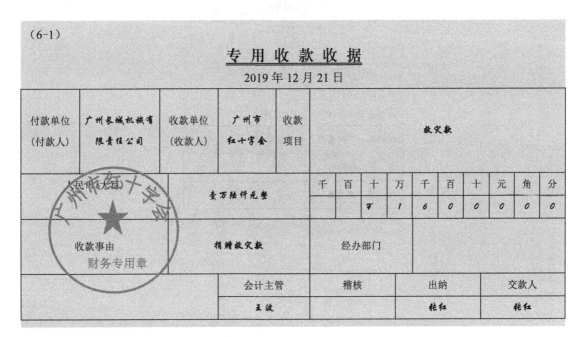

付款单位（付款人）	广州长城机械有限责任公司	收款单位（收款人）	广州市红十字会	收款项目	救灾款									
人民币（大写）		壹万陆仟元整			千	百	十	万	千	百	十	元	角	分
								￥1	6	0	0	0	0	0
收款事由		捐赠救灾款		经办部门										
		会计主管	稽核		出纳		交款人							
		王波			张红		张红							

（6-2）

中国工商银行

转账支票存根

No.338899491

科　　目＿＿＿＿＿＿

对方科目＿＿＿＿＿＿

出票日期　2019 年 12 月 21 日

收款人：广州市红十字会

金　　额：16000.00

用　　途：捐赠

单位主管：　　　会计：

7. 支付广告费

（7-1）

中国工商银行

转账支票存根

No.30366792

科　　目＿＿＿＿＿＿

对方科目＿＿＿＿＿＿

出票日期　2019 年 12 月 27 日

收款人：广州高明广告有限公司

金　　额：6000.00

用　　途：广告费

单位主管：　　　会计：

（7-2）

广州市服务业通用发票

2019 年 12 月 27 日

客户名称		广州长城机械有限责任公司		地址	白云大道20号							
项目	摘要	单位	数量	单价	金额							
					十	万	千	百	十	元	角	分
广告费				6000.00		6	0	0	0	0	0	0
合计金额（大写）	陆仟元整				￥	6	0	0	0	0	0	0
注：盖有公章，否则报销无效。												
服务单位：	广州高明广告有限公司			地址	白云大道80号							

8. 领用材料

（8-1）

领 料 单

材料类别：原料及主要材料　　　　　　　　　　　　　　领用部门编号：

领用部门：机加工车间　　　　2019 年 12 月 28 日　　　　发料部门编号：

材料编号	名称及规格	计量单位	数量		金额	
			请领数	实发数	单价（元）	总价（元）
	X 材料	件		100	250	25000
	合计			100		25000
用途	用于生产 RS6 主机					

仓库主管：　　　　材料会计：　　　　领料员：　　　　经办人：　　　　制单：

（8-2）

领 料 单

材料类别：**原料及主要材料**   领用部门编号：

领用部门：机加工车间   2019 年 12 月 28 日   发料部门编号：

材料编号	名称及规格	计量单位	数量		金额	
			请领数	实发数	单价（元）	总价（元）
	X 材料	件		120	250	30000
合计				120		30000
用途	用于生产 RS7 主机					

仓库主管：   材料会计：   领料员：   经办人：   制单：

9. 支付罚款

（9-1）

广州市行政事业性统一银钱收据

财 A-09-09 支票号：

今收到	广州长城机械有限责任公司
交来	罚款
人民币（大写）贰万元整	￥20000.00

收款单位   收款人   2019-12-31

（9-2）

中国工商银行

转账支票存根

No.338557891

科　目 _____

对方科目 _____

出票日期　2019 年 12 月 31 日

收款人：**工行白云支行**
金　额：**20000.00**
用　途：缴纳罚款

单位主管：　　会计：

10. 报销差旅费

（10-1）

收 款 凭 证

2019 年 12 月 31 日

收　到	总经理办公室朱卫							
收款事由	交回多余差旅费借款							
金额	万	千	百	十	元	角	分	人民币：壹佰伍拾元整
			¥	1	5	0	0	0

出纳：王波　　　　　　　　　　　　　经手人：杨平

（10-2）

差 旅 费 报 销 单

部门：总经理办公室　　　　　2019 年 12 月 31 日

姓名			朱卫		出差事由		开会		出差自 2019 年 12 月 2 日			共 2 天		
									至 2019 年 12 月 3 日					
起讫时间及地点						车船票		夜间乘车补助费			出差乘车补费		住宿费	其他
月	日	起	月	日	讫	类别	金额	时间	标准	金额	日数	标准	金额	金额	摘要	金额
12	2	广州	12	2	江门	汽车	40									
12	3	江门	12	3	广州	汽车	40				2	35	70	200		
小计							80						70	200		

合计金额（大写）：叁佰伍拾元整

备注：预借 500.00　核销 350.00　退补 150.00

单位领导：张明　　财务主管：王波　　审核：杨平　　填报人：朱卫

（三）要求：根据原始凭证填制通用记账凭证

第六章 会 计 账 簿

学习目的

通过学习本章，要求了解会计账簿的意义和种类；了解日记账、分类账的格式，掌握账簿的登记方法；理解对账的意义，掌握对账的内容和方法；理解结账的含义及重要性，掌握结账的内容和方法，特别是掌握账项调整方法和期末结算发生额与余额的方法；了解账簿启用和保管的规定，掌握记账规则和错账更正规则。

技能要求

能根据记账凭证正确登记账簿，并使用正确的方法对错账进行更正。

第一节　会计账簿的意义和种类

一、会计账簿的意义

（一）会计账簿的概念

在会计核算工作中，填制与审核会计凭证，可以反映和监督每项经济业务的发生和完成情况。但是，会计凭证数量繁多，信息分散，缺乏系统性，不利于会计信息的整理与报告。为了全面、系统、连续地记录与监督各项经济活动及财务收支情况，应设置会计账簿。

会计账簿是由一定格式和相互联系的账页组成，以会计凭证为依据，全面、系统、连续记录和反映各项经济业务的簿籍。簿籍是账簿的外表形式，而账簿的内容则是账户记录。设置和登记账簿是会计核算的一种专门方法，也是会计核算工作的一个重要环节。

（二）会计账簿的意义

设置和登记账簿，是编制会计报表的基础，是连接会计凭证和会计报表的中间环节，对于加强经济管理有十分重要的意义。

1. 设置会计账簿，可以登记、记载、汇总、储存会计信息

会计凭证是经济业务的直接反映，它提供的是原始、分散的会计信息。而按照一定的方法将会计凭证所记录的经济业务，分别登记到账簿的各个账户中，把分散的信息集中化、系统化，可以全面反映会计主体在一定的会计期间所发生的各项资金运动，储存各项会计信息。

2．设置会计账簿，可以为定期编制会计报表提供数据资料

会计核算的重要职能是向信息使用者提供有用的会计信息，即企业内外部的信息使用者通过阅读企业提供的会计报表来获取有利于决策的会计信息。会计账簿提供全面、系统、分类的会计信息，是对会计凭证的系统化，它是编制会计报表主要资料来源。所以正确、完整、系统地设置和登记账簿，是保证会计报表质量的重要前提。

3．设置会计账簿，为经济监督提供依据，有利于企业加强经济管理

各单位的经济活动被记录在账簿中，这样可以使有关监督部门通过对账簿记录的检查与监督，了解单位的经济活动是否合法合理，会计核算是否正确、完整，从而对单位的经济活动及会计管理水平和质量做出评价。另外，企业的管理当局也可以通过账簿记录对资金使用的合理性、费用开支是否合乎标准、经济效益是否提高等做出评价，从而找出差距，挖掘潜力，提出改进措施，提高企业经济效益。

每一个单位都应当根据本单位经济业务的特点和经营管理的需要设置一定数量的账簿。一般来说，账簿的种类、数量、格式不强求一致，但是根据《会计法》的规定，应依法设置账簿，不得违反会计制度私设账簿；同时设置账簿应当满足企业经营规模和管理的需要，要能全面、系统、完整地反映和监督经济活动及财务状况。

二、会计账簿的种类

在会计核算中，账簿是多种多样的，它们功能各异，又相互补充。为了便于了解和运用会计账簿，可以按其用途、格式和外形特征进行分类。

（一）按账簿的用途分类

账簿按用途的不同，可分为序时账簿、分类账簿和备查账簿。

1．序时账簿

序时账簿也称日记账，是按各项经济业务发生时间的先后顺序，逐日逐笔连续登记经济业务的账簿。按其记录的内容不同，序时账簿又分为普通日记账和特种日记账。

普通日记账是指用来逐日逐笔记录全部经济业务的序时账簿。即把每天发生的所有经济业务，不论其性质如何，按其先后顺序逐日逐笔地登记在日记账中，并确定其会计分录，然后据以登记分类账。

特种日记账是指用来逐日逐笔记录某一类经济业务的序时账簿。即按照经济业务性质单独设置账簿，只把特定项目按经济业务顺序记入账簿，反映其详细情况。目前，为加强对货币资金的监督和管理，企业设置库存现金日记账和银行存款日记账。

在实际工作，因经济业务的复杂性，一般很少采用普通日记账，应用广泛的是特种日记账。大多数企业只开设库存现金日记账和银行存款日记账。

2．分类账簿

分类账簿是对发生的全部经济业务按照会计要素的具体分类而设置的分类账户进行登

记的账簿。分类账簿按分类的概括程度不同，分为总分类账簿和明细分类账簿。

总分类账簿简称总账，是根据总分类账户登记反映经济业务事项的账簿。总账对明细账具有统驭和控制作用。在实际工作中，每个会计主体应该设置一本总账，包括所需的所有会计账户。

明细分类账簿简称明细账，是根据明细分类账户分类登记，用以详细反映经济业务的账簿。明细账是对总账的补充和具体化。在实际工作中，每个会计主体可以根据经营管理的需要，为不同的总账账户设置所属的明细账。

分类账簿与序时账簿的作用不同。序时账簿提供连续、系统的信息，反映资金运动的全貌；分类账簿则是按经营的需要设置的，归集并汇总各类会计信息，反映资金运动的各种状态、形式及结构。在账簿组织中，分类账簿占有特别重要的地位，它把会计数据按账户形成不同的信息，满足编制报表的需要。

3．备查账簿

备查账簿也称辅助账簿，是对某些序时账簿和分类账簿不作记载的或记录不全的经济业务进行补充登记的账簿。这种账簿可以对某些经济业务的内容提供必要的参考资料，但是它所记录的信息不编入会计报表中，所以也称表外记录，是各单位根据管理的需要自行设计与设置的。例如租入固定资产登记簿、应收票据备查簿等。

备查账簿与分类账簿和序时账簿比较，存在两点区别：一是登记依据可能不需要记账凭证，甚至不需要原始凭证；二是账簿格式和登记方法不同，备查账簿一般侧重用文字来表述某项经济业务的发生和完成情况。

（二）按账簿的账页格式分类

账簿按账页格式的不同，可分为两栏式账簿、三栏式账簿、多栏式账簿和数量金额式账簿。

1．两栏式账簿

两栏式账簿是指只有借方和贷方两个基本金额栏目的账簿。普通日记账和转账日记账一般采用两栏式账簿。

2．三栏式账簿

三栏式账簿是指采用借方、贷方、余额三个主要栏目的账簿，一般适用于总账、库存现金日记账、银行存款日记账以及只需要反映价值指标的明细账。

3．多栏式账簿

多栏式账簿是指在借方栏或贷方栏下设置多个栏目用以反映经济业务不同内容的账簿。收入、成本、费用、本年利润和利润分配等账户的明细账一般采用这种格式的账簿。

4．数量金额式账簿

数量金额式账簿是指在账簿的借、贷、余三栏下再设置数量、单价和金额栏的账簿，以便全面计量财产物资的实物数量和价值量，一般适用于具有实物形态的财产物资的明细账，如原材料、库存商品等账户的明细账采用此种账簿。

（三）按账簿的外形特征分类

账簿按外形特征的不同，可分为订本式账簿、活页式账簿，卡片式账簿。

1．订本式账簿

订本式账簿简称订本账，是在账簿启用前，将账页按顺序编号并装订成册的账簿。其优点是可以防止账页的散失和非法抽换；缺点是账页固定，不便于分工记账，也不能根据记账的需要增减账页。这种账簿一般适用于总分类账、库存现金日记账和银行存款日记账。

2．活页式账簿

活页式账簿简称活页账，是指在账簿登记完毕之前账页不固定装订成册，而置于活页账夹中；在账簿登记完毕之后（通常是一个会计年度结束）将账页连续编号装订成册，加具封面。其优点是可根据需要增添或重新排列账页，便于分工记账；缺点是账页容易丢失和被抽换。活页账在年度终了时，应及时装订成册，妥善保管。一般明细账多采用活页账。

3．卡片式账簿

卡片式账簿简称卡片账，是指由若干具有相同格式的卡片作为账页组成的账簿。卡片账的卡片通常装在卡片箱内，不用装订成册，随时可取可放可移动，也可跨年度长期使用。卡片账具有方便性，但容易丢失。一般情况下，固定资产的明细账采用卡片账。

第二节　会计账簿的启用、账簿登记规则与错账更正

一、会计账簿的启用

会计账簿是企业的重要档案。为了确保会计账簿记录的合法性和完整性，明确经济责任，账簿启用后应由专人负责。在账簿启用时，必须在账簿的扉页上填列"账簿启用和经管人员一览表"，详细载明单位名称、账簿名称、账簿编号、账簿册数、账簿共计页数、启用日期、交接日期、交接人姓名、记账人员和会计主管人员签章，最后还要加盖单位公章，其格式如表 6-1 所示。

表 6-1　账簿启用和经管人员一览表

单位名称：						账簿编号：				
账簿名称：						启用日期：				
账簿册数：						账簿页数：				
会计主管（签章）						记账人员（签章）				

移　交　日　期			移　交　人		接　管　日　期			接　管　人		会　计　主　管	
年	月	日	姓　名	签　章	年	月	日	姓　名	签　章	姓　名	签　章

二、账簿登记的规则

账簿登记的规则主要包括：

1）为了确保会计账簿记录的准确性，应当根据审核无误的会计凭证登记账簿。登记会计账簿时，应当将会计凭证的日期、种类、编号、业务内容摘要、金额和其他有关资料等逐项记入账内。企业的会计人员要做到数字准确、摘要清楚、登记及时、字迹工整。

2）登记账簿的同时，要在记账凭证上注明所记账簿的页数，或在过账栏内划"√"符号，表示已经登记入账，以避免重记、漏记。此外，还需要有关人员在记账凭证上签名或者盖章。

3）账簿中的文字和数字书写要规则、易于辨认。书写的文字和数字上方要留有适当的空间，不要写满格，一般应占格距的 1/2，这样，一旦发生登记错误，能比较容易地进行更正，同时也方便查账工作。

4）为了保持账簿记录的清晰、耐久，防止涂改，记账时必须使用蓝黑墨水或者碳素墨水书写，不得使用铅笔或圆珠笔书写（银行的复写账簿除外）。在下列情况下，可以用红色墨水记账。

① 按照红字冲账的记账凭证，冲销错误记录。

② 在不设借贷等栏的多栏式账页中，登记减少数。

③ 在三栏式账户的余额栏前，如未印明余额方向的，在余额栏内登记负数余额。

④ 月末、年终结账画线。

⑤ 根据国家的会计制度规定可以用红字登记的其他会计记录。

5）在账簿首页要注明账户的名称和页次。各种账簿必须按编定的页次逐页、逐行顺序连续登记，不得隔页、跳行。如果发生了隔页、跳行时，应当将空页、空行用红线划对角线注销，加盖"作废"字样；或者注明"此页空白""此行空白"字样，并由记账人员签章。对于订本式账簿不得任意撕毁，活页式账簿也不得任意抽换账页。

6）每一账页登记完毕结转下页时，应当结出本页合计数及余额，并写在本页最后一行和下页第一行有关栏内，并在摘要栏注明"过次页"和"承前页"字样；也可以将本页合计数及余额只写在下页第一行有关栏内，并在这一行摘要栏注明"承前页"字样，以保持账簿记录的连续性，便于对账和结账。

7）凡需结出余额的账户，结出余额后，应当在"借或贷"等栏内写明"借"或者"贷"等字样。没有余额的账户，应当在"借或贷"等栏内写"平"字，并在余额栏内用"0"表示。库存现金日记账和银行日记账必须逐日结出余额。

8）在新的会计年度开始时，应将各种账簿的上年年终余额转记到新年度开设的有关新账的第一页的第一行，并在摘要栏内注明"上年结转"字样。

三、错账更正

在记账过程中，如果账簿记录发生错误，不得任意采用刮、擦、挖补、涂改或使用褪色药水等方法更正，必须根据错误的不同情况，相应地采用正确的错账更正方法。错账更正的方法通常有画线更正法、红字更正法和补充登记法等几种。

（一）画线更正法

画线更正法又叫红线更正法。在结账以前，编制的记账凭证没有错误，而发现账簿记录中的文字或数字有笔误或计算错误，可以采用此方法更正。更正时应先将错误的文字或者数字画红线注销，但必须使原有错误的字迹仍可辨认出来，以备查考；然后用黑字在画线的上端填写正确的文字或者数字，并由记账人员在更正处盖章，以明确责任。对于错误的数字，应当全部画红线更正，不得只更正其中的错误数字；对于文字错误，可只画去错误的部分。

例 6-1

在某账簿记录中，将"库存商品"账户借方金额 24 760 元，误记为 21 870 元。更正方法：应将错误数字 21 870 全部画红线注销，其上端填写正确数字 24 760，并由记账人员在更正处盖章，见表 6-2。

表 6-2 总分类账账页

账户名称：库存商品

2019 年		凭证号	摘要	借方	贷方	借或贷	余额
月	日						
1	1		上年结余			借	346 000
1	31	总字 6 号	1—31 日汇总	24 760 （章） 21 870	78 960		
				21 780	78 960	借	288 820

（二）红字更正法

红字更正法是指用红字冲销原有的错误账户或凭证记录，以更正或调整账簿记录的一种方法。通常有两种情况：

1）记账后在年度内发现记账凭证所记的会计科目或方向错误，使用红字更正法。更正时，先用红字金额填制一张内容与原来错误凭证相同的记账凭证，其中"摘要栏"注明"注销××月××日××号凭证"，并据以用红字金额登记入账，冲销原来的错误记录；然后再用黑字金额填制一张正确的记账凭证，并据以登记入账。

例 6-2

某企业用库存现金购买办公用品，共计 900 元。填制记账凭证时，误将"库存现金"科目记为"银行存款"科目，并已登记入账。

借：管理费用 900
　贷：银行存款 900

发现错误后，先用红字金额填制一张与原错误凭证相同的记账凭证，并用红字金额登记入账，冲销原来的错误记录。

借：管理费用——办公用品   900

    贷：银行存款   900

再用黑字金额填制一张正确的记账凭证，并用黑字金额登记入账。

借：管理费用——办公用品   900

    贷：库存现金   900

借方	管理费用	贷方
900		
900		
900		

借方	银行存款	贷方
		900
		900

借方	库存现金	贷方
		900

2）记账后发现编制的记账凭证的会计科目和方向没有错误，只是所记金额大于应记金额，造成的账簿记录错误。更正时按多记金额用红字填写一张与原凭证相同的记账凭证，并据以用红字金额登记入账，冲销多记的金额。

例 6-3

承例 6-2，假设记账凭证的科目无误，但金额误记为 1 900 元，并已入账。

借：管理费用——办公用品   1 900

    贷：库存现金   1 900

误记金额大于应记金额，差额 1 000 元。发现错误后，将多记金额 1 000 元用红字填写一张与原凭证相同的记账凭证，并用红字金额登记入账，冲销多记金额。

借：管理费用——办公用品   1 000

    贷：库存现金   1 000

借方	管理费用	贷方
1 900		
1 000		

借方	库存现金	贷方
		1 900
		1 000

（三）补充登记法

记账后发现记账凭证和账簿记录的会计科目和方向没有错误，只是所记金额小于应记金额，造成账簿记录的错误。更正时将少记金额用黑字填制一张与原凭证相同的记账凭证，并用黑字登记入账，弥补少记的金额。

例 6-4

车间领用材料 8 700 元生产甲产品，记账凭证如下。

借：生产成本——甲产品　　　　　　　　　　　　　7 800

　　贷：原材料　　　　　　　　　　　　　　　　　　　　7 800

误记金额小于应记金额，差额 900 元。发现错误后，将少记金额 900 元以黑字填写一张与原凭证相同的记账凭证，并据以登记入账，弥补少记的金额。

借：生产成本——甲产品　　　　　　　　　　　　　　900

　　贷：原材料　　　　　　　　　　　　　　　　　　　　900

借方	生产成本	贷方
7 800		
900		

借方	原材料	贷方
		7 800
		900

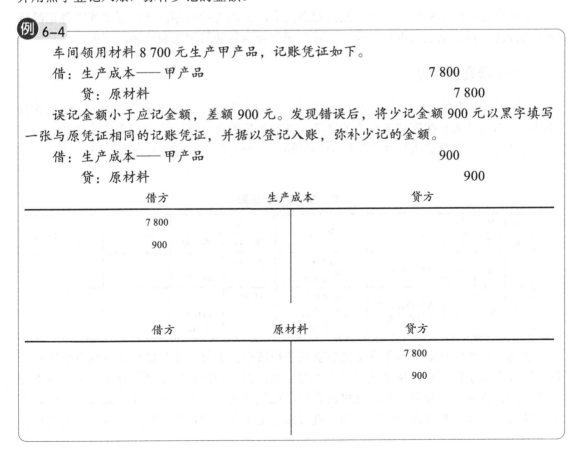

第三节 会计账簿的格式与登记方法

一、会计账簿设置的基本内容

会计账簿的格式多种多样，但其基本构成包括封面、扉页和账页三个部分：

1）封面，注明会计账簿的名称，如库存现金日记账、银行存款日记账、明细分类账、总分类账。

2）扉页，主要填列会计账簿的使用信息：记账单位的名称、账簿启用日期及截止日期、账户目录、页次、经管人员一览表、记账人员及会计主管签章等。

3）账页，是会计账簿的主体，有若干账页组成，每一账页主要包括账户名称（即会计科目）、记账日期栏、记账凭证的种类和编号栏、摘要栏、借贷方金额和余额栏等。

不同种类的会计账簿所记录经济业务的内容、结构、格式、登记方法不同，下面主要介绍序时账簿及分类账簿的结构和登记方法。

二、序时账簿的设置与登记

如前所述，序时账簿是按各项经济业务发生时间的先后顺序，逐日逐笔连续登记经济业务的账簿。按其记录的内容不同，序时账簿又分为普通日记账和特种日记账。

（一）普通日记账

普通日记账是用来序时地反映和逐笔记录全部经济业务的日记账。普通日记账也称分录簿，它由会计人员按照每天发生的经济业务的先后顺序，确定应借和应贷的会计科目，编制会计分录，逐笔记入普通日记账的相应栏目，作为记入分类账的依据。其格式和内容如表 6-3 所示。

表 6-3 普通日记账

20××年		凭证		摘 要	会 计 科 目	金 额		账 页	过 账 符 号
月	日	字	号			借 方	贷 方		
6	1	转	1	材料入库	原材料 在途物资	20 000	20 000		
	5	转	2	销售商品，款项尚未收到	应收账款 主营业务收入 应交税费	11 700	10 000 1 700		

普通日记账的功能和作用只是把反映繁杂经济业务的每一张记账凭证的内容集中在一起，可以全面了解一定时期企业经济业务的全貌。但普通日记账不便于分工记录，也不便对各种经济业务进行分类反映，且根据普通日记账逐笔登记总账的工作量很大。所以，许多单位并不设置这种普通日记账，而是直接根据记账凭证登记分类账，以减少重复工作。

（二）特种日记账

特种日记账是用来核算和监督同类的经济业务的发生与完成情况的账簿。最常见的特种日记账是库存现金日记账和银行存款日记账。

1. 库存现金日记账的格式与登记方法

库存现金日记账是出纳人员根据现金收款凭证、现金付款凭证和银行付款凭证款（记录从银行提取现金业务），按经济业务发生时间的先后顺序进行登记的账簿。出纳人员按时间顺序逐日逐笔进行登记，并根据"上日余额+本日收入－本日支出=本日余额"的公式，逐日结出现金余额，与库存现金实存数核对，以检查每日库存现金收付是否有误。其格式有三栏式和多栏式。

现金日记账三栏式日记账是指账页的金额栏设借、贷、余三栏，用来逐日逐笔登记现金增减变动情况的序时账（见表6-4）。

表6-4 现金日记账（三栏式）

年		凭 证		摘 要	对方科目	借 方	贷 方	余 额
月	日	字	号					

现金三栏式日记账具体登记方法如下。

1）日期栏：登记记账凭证的日期，应与现金实际收付日期一致。

2）凭证栏：登记入账的收付款凭证的种类和编号。

3）摘要栏：简要说明登记入账的经济业务的内容。文字要简练又能说明问题。

4）对方科目栏：登记库存现金收入的来源科目、支出的用途科目。

5）借方、贷方、余额栏：由出纳员根据审核无误的现金收、付款凭证和记录从银行提取现金业务的银行付款凭证逐日逐笔登记。每日的现金收付业务登记完毕后，应当各自结算出当日收入、支出合计数，并结出余额，做到"日清"。每月末同样计算现金收入、支出合计数，并结出余额，这通常称作"月结"。

现金日记账多栏式账簿是在三栏式日记账上发展起来的，日记账的借方（收入）和贷方金额栏都按对方科目设专栏，格式见表6-5、表6-6、表6-7。

表6-5 库存现金日记账（多栏式）

年		凭 证		摘 要	收 入				支 出				余额
					应贷科目				应借科目				
月	日	字	号		银行存款	主营业务收入	…	合计	应收账款	管理费用	…	合计	

在实际工作中，如果要设多栏式现金日记账，一般把现金收支业务分设"现金收入日记账"和"现金支出日记账"，格式见表6-6、表6-7。

表6-6　库存现金收入日记账（多栏式）

年		凭	证	摘　要	贷　方　科　目				收入合计	余额
月	日	字	号		银行存款	…	其他应付款	…		

表6-7　库存现金支出日记账（多栏式）

年		凭	证	摘　要	借　方　科　目				支出合计	余额
月	日	字	号		银行存款	…	其他应收款	…		

现金日记账多栏式账的登记方法如下：

先根据有关库存现金收入业务的记账凭证登记现金收入日记账，根据有关库存现金支出业务的记账凭证登记现金支出日记账，每日终了，根据结记的合计数一笔转入现金日记账的收入、支出合计栏，结出当日余额。

2. 银行存款日记账的格式与登记方法

银行日记账是出纳人员根据银行收款凭证、银行付款凭证和现金付款凭证（记录现金存入银行的业务），按经济业务发生时间的先后顺序进行登记的账簿。银行存款日记账应按企业在银行开立的账户和币种分别设置。出纳人员根据银行存款的收支业务的有关记账凭证，按时间先后顺序逐日逐笔进行登记，每日结出余额。其格式与现金日记账基本相同（表6-8）。

表6-8　银行存款日记账

年		凭	证	摘　要	现金支票号数	转账支票号数	对方科目	借　方	贷　方	余　额
月	日	字	号							

银行存款三栏式日记账具体登记方法如下。

1）日期栏：登记记账凭证的日期，应与银行存款实际收付日期一致。

2）凭证栏：登记入账的收付款凭证的种类和编号。

3）摘要栏：简要说明登记入账的经济业务的内容。

现金支票号数和转账支票号数栏：如果所记录的经济业务是以支票付款结算的，应填写相应的支票号数，以便与银行对账。

4）对方科目栏：登记银行存款收入的来源科目、支出的用途科目。

5）借方、贷方、余额栏：由出纳员根据审核无误的银行存款收、付款凭证和记录现金存入银行业务的现金付款凭证逐日逐笔登记。每日的银行存款收付业务登记完毕后，应当各自结算出当日收入、支出合计数，并结出余额，做到"日清"。每月末同样计算银行存款各自的收入、支出合计数，并结出余额，通常称作"月结"。

三、分类账簿的设置与登记

（一）总分类账簿

总分类账簿简称总账。它是按照会计制度中规定的一级会计科目开设的，分类汇总会计信息的账簿。总分类账在全面、总括地反映全部经济业务的同时，又能为编制会计报表提供依据，因而，任何会计主体都要设置总分类账。

总分类账簿一般都采用订本账，在一本或几本账簿中将全部总分类账户按会计科目的编号顺序分设，因此对每个账户应事先按业务量的大小预留若干账页。

总账一般只进行货币量度的核算，因此总分类账多使用三栏式，在账页中设置借方、贷方和余额三个金额栏，其格式及内容如表 6-9 所示。

表 6-9 总分类账（三栏式）

会计科目：

年		凭 证		摘 要	对 应 科 目	借 方 金 额	贷 方 金 额	借或贷	余 额
月	日	字	号						

由于采用的会计核算程序不同，总分类账的登记方法和登记程序也不一样。它可以直接根据记账凭证，按经济业务发生的时间顺序逐笔登记；也可以根据科目汇总表登记；还可以根据汇总记账凭证按期或分次汇总登记。具体登记方法参见第七章"会计账务处理程序"。

（二）明细分类账簿

明细分类账简称明细账。它是根据经营管理的实际需要，按照某些一级会计科目所属的二级科目或明细科目开设，分类、连续地记录和反映经济业务以提供明细核算资料的账簿。

设置和运用明细分类账，能够详细地反映资金循环和收支的具体情况，有利于加强资金的管理和使用，并可为编制会计报表提供必要的资料。所以各会计主体在设置总分类账的基础上，还要根据经营管理的需要，设置若干必要的明细分类账，以形成既能提供经济活动的总括情况，又能提供具体详细情况的账簿体系。

明细分类账簿的通用格式有四种：三栏式明细分类账、多栏式明细分类账和数量金额式明细分类账和横式登记式明细分类账等。

1．三栏式明细分类账

三栏式明细分类账的账页格式与三栏式总分类账相同，只设置借方、贷方和余额三个金额栏。它主要适用于只要求进行金额核算的账户，如应收账款、长期股权投资、应付账款、实收资本等科目的明细核算。其账页格式及内容如表6-10所示。

表6-10　应付账款明细账

会计科目：应付账款

明细科目：甲公司　　　　　　　　　　　　　　　　　　　　　　　第　　页

年		凭证		摘　要	借　方	贷　方	借或贷	余　额
月	日	字	号					
6	1			期初余额				10 000
6	5	银付	2	偿还货款	8 000		贷	2 000

2．多栏式明细分类账

多栏式明细分类账是将属于某一总账科目的各明细科目合并在一张账页上进行登记，在账页的借方栏或贷方栏下设置若干专栏。它主要适用于损益类、成本类等经济业务的明细核算，如生产成本、主营业务成本、管理费用、营业外支出、主营业务收入、营业外收入、本年利润、利润分配等账户的明细分类账，其格式及内容如表6-11、表6-12所示。

表6-11　生产成本明细账

产品名称：

品种及规格：　　　　　　　　计量单位：　　　　　　　第　　页

年		凭证		摘　要	借　方				贷　方	余　额
月	日	字	号		直接材料	直接人工	制造费用	合　计		

表6-12　营业外收入明细账

年		凭证		摘　要	借　方	贷　方				余　额
月	日	字	号			罚款净收入	捐赠收入	…	合　计	

3．数量金额式明细分类账

数量金额式明细账的账页格式是在借方（收入）、贷方（发出）、结存三栏下，再分别设数量、单价和金额栏。它主要适用于既要提供金额指标，又要提供数量指标的账户，如原材料、库存商品等账户的明细分类账，其格式及内容如表6-13所示。

表 6-13 原材料明细分类账

类别: 计量单位:
仓库: 最高储量:
最低储量: 储备定额:
品名、规格: 计划单价: 第 页

年		凭 证		摘 要	收 入			发 出			结 存		
月	日	字	号		数 量	单 价	金 额	数 量	单 价	金 额	数 量	单 价	金 额

4. 横式登记式明细分类账

横式登记式明细分类账是采用横线登记,即将每一相关的业务登记在一行,然后根据每一行各个栏目的登记是否齐全来判断业务的进展情况。它适用于登记材料采购业务、备用金等,其格式见表 6-14。

表 6-14 其他应收款——备用金明细账

第 页

年		凭 证		摘 要	借 方			年		凭 证		贷 方		
月	日	字	号		原借	补付	合计	月	日	字	号	报销	退款	合计

此外,为了适应固定资产、低值易耗品等明细核算的特殊要求,其明细分类核算的格式一般采用卡片式,具体格式可以自行设计。

明细分类账的登记,应根据会计主体业务量的大小、业务性质及管理要求选择不同的登记方法,可以直接根据原始凭证或原始凭证汇总表、记账凭证逐日逐笔登记或定期汇总登记。在月末终了时,企业将总分类账的余额与其所属的明细分类账的余额之和核对相符。有些会计科目,如经济业务内容单纯、发生次数较少,可以不设明细账。

第四节 对账与结账

登记账簿作为会计核算的专门方法,包括记账、对账、结账三个相互联系不可分割的工作环节。前面介绍了账簿的登记,本节进一步阐述期末账务处理工作的对账与结账。

一、对账

对账就是定期或不定期地对各种账簿记录进行核对的工作。账簿记录的准确性不仅涉及账簿本身,还涉及其与凭证、实物的相符问题,所以要建立对账制度,在结账之前和结账过程中,把账簿资料与有关的凭证、库存实物进行核对,以达到账证相符、账账相符、账实相符，保证账簿记录能够为编制会计报表提供真实可靠的数字资料。企业每年至少进行一次对账工作。对账的主要内容有：

（一）账证核对

账证核对是指各种账簿记录与记账凭证及其所附原始凭证的核对。核对会计账簿记录与原始凭证、记账凭证的时间、凭证字号、内容、金额是否一致，记账方向是否相符。这种核对主要是在日常编制凭证和记账过程中进行的，会计期末只作抽查。但是，每月终了，如果发现账账不符，还要进行账簿记录与会计凭证的逐项检查核对，查找账账不符的原因。

（二）账账核对

各个账簿共同构成一个有机的整体，既有分工，又相互衔接。可以利用这种账户的钩稽关系核对发现记账工作是否有误；一旦发现立即更正，做到账账相符。

账账核对是指核对各种会计账簿之间的账簿记录是否相符。主要包括：

1）总分类账簿的核对。根据"资产=负债+所有着权益"这一会计等式和复式记账原理，总分类账的本期发生额、期初余额与期末余额存在对应的平衡关系，通过这种平衡关系可以检查总分类账记录是否正确、完整。实际工作中，是采用编制试算平衡表的办法进行核对的，如表6-15所示。

表6-15 总分类账户本期发生额和余额对照表
（试算平衡表）

年 月

账 户 名 称	期 初 余 额		本 期 发 生 额		期 末 余 额	
	借　方	贷　方	借　方	贷　方	借　方	贷　方
…						
合　　计						

2）总分类账期末余额与其所属有关明细分类账各账户期末余额合计数核对相符。

3）总分类账与序时账簿核对。库存现金日记账、银行存款日记账的期末余额与有关总分类账户期末余额核对相符。

4）明细账簿之间的核对。会计部门各种财产物资明细分类账期末余额与财产物资保管或使用部门账簿所记录的内容核对相符。

（三）账实核对

账实核对是各种财产物资、债权债务的账面余额与其实存数额核对是否相符。主要包括：

1）库存现金日记账账面余额与库存现金实际库存数额相核对是否相符，一般需要每天进行。

2）银行存款日记账账面余额与开户银行的对账单核对是否相符，这是定期进行的，一般每月核对一次。

3）各种财产物资明细分类账面余额与财产物资实存数额相核对是否相符。

4）各种债权、债务明细分类账账面余额与对方单位债权、债务单位的账目相核对是否相符。

在会计核算工作中，造成账实不符的原因很多，因此需要通过定期进行财产清查来弥补漏洞，保证会计信息的真实可靠，提高企业的管理水平。具体情况请见第八章"财产清查"。

二、结账

结账是指按照规定把一定时期（月份、季度、年度）内所发生的经济业务登记入账，并将各种账簿结算清楚，计算出每个账户的本期发生额合计数和期末余额，以便进一步根据账簿记录编制会计报表。另外，企业因变更办理账务交接时也要办理结账。结账的内容通常包括两个方面：一是结清各种损益类账户，据以计算本期损益；二是结清各种资产、负债和所有着权益账户，分别确定本期发生额合计和余额。

（一）结账的程序

结账包括以下步骤：

1）首先将本期内发生的经济业务全部记入有关账簿，其次核对有关账项，以保证账簿记录的完整性、正确性。

既不能为赶编会计报表而提前结账，也不能把本期发生的经济业务延至下期登账，更不能先编会计报表而后结账。

2）根据权责发生制原则，将有关的经济事项全部调整入账，合理确定本期应计的收入和费用。例如，应由本期负担的利息费用，按规定的利率计入本期损益；属于本期的预收收益和应收收益确认计入本期收入等。对于这些会计事项在期末应进行账项调整。

3）将损益类科目的本期发生额合计数结算出来，并将它们结转到"本年利润"账簿上，结转之后，损益类账簿上无余额。下一会计期间，重新开设损益类账簿。

4）结算总分类账和明细分类账中的各项资产、权益等账户的本期发生额合计数和期末余额，并将期末余额结转下期，作为下期的期初余额。

（二）结账的方法

结账工作通常是为了总结一定时期的经济活动及其结果。因此期末应在会计账簿上做出结账手续。结账期间各有不同，年度结账日为公历年度12月31日，半年度、季度、月度结账日分别为公历年度每半年、每季、每月的最后一天。在实际工作中，一般采用"画线结账"的方法进行结账，具体方法如下所示：

1）对于不需要按月结出本期发生额的账户，如应收、应付款项明细账，每次记账后，随时结出余额，每月最后一笔余额即为月末余额。月末结账时，只需要在最后一笔业务记录之下通栏画单红线即可。

2）办理月度结账的账户，应在各账户本月份最后一笔记录下面画一条通栏红线，在红线下结算出本月发生额合计数和月末余额，并在摘要栏内注明"本月合计""本年累计"字样，然后再在下面画一条通栏红线。

3）办理年度结账，应在12月份末月结数字下，结算填列全年12个月的本期发生额合计数，12月份末的"本年累计"就是全年累计发生额，全年累计发生额下面应当画两条通栏红线，表示封账。有余额的账户，在摘要栏内注明"结转下年"字样。下一会计年度，在新账有关账户第一行摘要栏注明"上年结转"字样，并将上年结转余额直接记入新账的余额栏。

第五节　账簿的更换和保管

一、账簿的更换

为了保持会计账簿资料的连续性，年度终了，各会计主体都要结束旧账，更换新账。一般来说，总账、日记账和多数明细账应每年更换一次。但有些财产物资明细账和债权债务明细账由于种类较多，可以不必每年更换一次，各种备查账簿可以连续使用。

二、会计账簿的保管

年度终了，更换下来的旧账要送交集中管理，它是重要的会计档案，必须按照会计制度统一规定的保存年限妥善保管，不得丢失和任意销毁，以供日后检查、分析和审计。会计账簿暂由会计部门保管一年，一年期满后会计部门必须将各种账簿连同账簿启用和经管人员一览表装订成册，加上封面，统一编号，编造清册移交档案部门保管。保管期满以后，还要按照规定的审批程序报经批准以后，才能销毁。

▌ 本章小结

1. 会计账簿是由一定格式和相互联系的账页所组成，以会计凭证为依据，全面、系统、连续记录和反映各项经济业务的簿籍。设置和登记账簿，是编制会计报表的基础，是连接会计凭证和会计报表的中间环节。

2. 账簿按用途不同，可分为序时账簿、分类账簿，备查账簿；按账页格式不同可分为两栏式账簿、三栏式账簿、多栏式账簿、数量金额式账簿；按外形特征不同可分为订本式账簿、活页式账簿，卡片式账簿。不同经济业务可以按需要采用不同格式的账簿。

3. 序时账簿需要按时间先后逐日逐笔登记并日清月结；总分类账簿的登记方法取决于不同的会计处理程序；明细分类账簿可以逐日逐笔登记，也可以汇总登记。

4. 账簿的登记要及时、内容完整、记录清楚，必须遵守一定的记账规则。

5. 错账更正要求按规定的方法更正，方法通常有画线更正法、红字更正法和补充登记法几种，应根据具体情况规范地更正错账。

6. 在会计期末要进行对账和结账。对账的内容包括账证相符、账账相符、账实相符。

企业还需定期结账。

    7. 为保持账簿资料的连续性，要及时更换账簿，对于换下来的账簿应妥善保管。

复习思考题

1. 什么是会计账簿？为什么要登记账簿？账簿设置的基本原则是什么？
2. 账簿的种类、基本内容和登记方法是什么？
3. 简要说明日记账、总分类账、明细分类账的格式及特点。
4. 错账的更正方法有哪几种？其适用范围是什么？
5. 试述对账的内容和方法。
6. 什么是结账，如何结账？

本章习题

一、单项选择题

1. 登记账簿的依据是（   ）。
    A. 经济合同   B. 原始凭证   C. 记账凭证   D. 会计分录
2. "制造费用"明细账的格式一般是（   ）。
    A. 三栏式   B. 多栏式   C. 数量金额式   D. 平行式
3. 库存现金日记账由（   ）登记。
    A. 财务主管   B. 会计人员   C. 出纳   D. 经办人员
4. 固定资产明细账一般采用（   ）账簿。
    A. 订本式   B. 活页式   C. 横线   D. 卡片式
5. 在结账以前，编制的记账凭证没有错误，而发现账簿记录中的文字或数字有笔误或计算错误，应用（   ）更正。
    A. 画线更正法   B. 红字更正法
    C. 补充登记法   D. 上述都可以
6. （   ）只能在结账、画线、改错和冲账时使用。
    A. 铅笔   B. 圆珠笔
    C. 蓝黑墨水笔   D. 红色墨水笔
7. 我国现行采用的现金日记账和银行存款日记账属于（   ）。
    A. 普通日记账   B. 特种日记账
    C. 分录日记账   D. 转账日记账
8. "实收资本"明细账的账页可以采用（   ）。
    A. 三栏式   B. 活页式
    C. 数量金额式   D. 卡片式
9. 一般情况下，不需要根据记账凭证登记的账簿是（   ）。

A. 总分类账　　B. 明细分类账　　C. 日记账　　　　　D. 备查账

10. 若记账凭证上的会计科目和应借应贷方向未错，但所记金额大于应记金额，并据以登记入账，应该采用的更正方法是（　　　）。

A. 画线更正法
B. 红字更正法
C. 补充登记法
D. 编制相反分录冲减

二、多项选择题

1. 属于分类账的有（　　　　）。

A. 库存现金日记账
B. 总账
C. 原材料明细账
D. 租入固定资产登记簿

2. 库存现金日记账的登记依据有（　　　）。

A. 现金收款凭证
B. 现金付款凭证
C. 银行存款付款凭证
D. 银行存款收款凭证

3. 采用数量金额式明细账的有（　　　）明细账。

A. 实收资本　　B. 原材料
C. 库存商品
D. 应付账款

4. 账簿的登记规则包括（　　　　）。

A. 以审核无误的记账凭证为依据
B. 必须逐页逐行按顺序连续登记
C. 必须逐页结转
D. 必须及时结出余额

5. 对账包括（　　　）。

A. 账证相符　　B. 账账相符
C. 证证核对
D. 账实相符

6. 登记明细账的依据可以是（　　　）。

A. 原始凭证　　B. 汇总原始凭证
C. 记账凭证
D. 经济合同

7. 在账簿记录中，红笔只能用于（　　　）。

A. 错误更正　　B. 冲账
C. 结账
D. 登账

8. 下列应设置备查账簿登记的事项有（　　　）。

A. 固定资产卡片
B. 本单位已采购的材料
C. 临时租入的固定资产
D. 本单位受托加工材料

9. 下列属于序时账的有（　　　）。

A. 普通日记账
B. 银行存款日记账
C. 明细分类账
D. 库存现金日记账

10. 账簿记录发生错误时，应根据错账的具体情况，按规定的方法进行更正，不得（　　　）。

A. 涂改
B. 挖补
C. 用退色药水消除字迹
D. 撕去错页重新抄写

三、判断题

（　　　）1. 分类账都是根据记账凭证逐笔登记的。

（　　　）2. 会计账簿和会计凭证记录经济业务的方式不同。

（　　　）3. 总账和日记账必须采用订本式账页。

（　　　）4. 如果账簿记录发生错误，可以视情况选用涂改工具涂改。

（   ）5. 在会计年度中间变更会计人员，可以不办理账簿移交手续。

（   ）6. 年度结账时，应在"本年度累计"下面划通栏单红线，表示封账。

（   ）7. 多栏式明细账一般适用于资产类账户。

（   ）8. 由于记账凭证错误而造成的账簿记录错误，可采用画线更正法更正。

（   ）9. 任何单位都必须设置总分类账。

（   ）10. 账簿按其用途不同，可以分为订本式账簿、活页式账簿和卡片式账簿。

四、业务题

习题一

根据第五章课后习题四的业务题资料，登记库存现金日记账，银行存款日记账以及原材料总分类账及明细账。假设库存现金期初余额为 20 000 元，银行存款期初余额为 100 000 元，原材料期初余额为 100 000 元，其中：A 材料期初余额为 2 000 千克，每千克 50 元，金额 100 000 元。

习题二

（一）目的：练习错账更改的方法。

（二）资料：某企业 6 月底在对账过程中，发现以下经济业务的记账出现了错误。

（1）以银行存款归还短期借款 36 000 元。其会计分录如下，已入账。

借：短期借款   39 000

　　贷：银行存款   39 000

借方	短期借款	贷方
39 000		

借方	银行存款	贷方
		39 000

（2）生产车间生产甲产品领用 A 材料 10 000 元。其会计分录如下，已入账。

借：生产成本——甲产品   1 000

　　贷：原材料——A 材料   1 000

借方	生产成本	贷方
1 000		

借方	原材料	贷方
		1 000

（3）以银行存款购入新机器一台，价值23 000元。其会计分录如下，已入账。

借：固定资产　　　　　　　　　　　　　　　　　　32 000

　　贷：资本公积　　　　　　　　　　　　　　　　　　32 000

借方	固定资产	贷方
32 000		

借方	资本公积	贷方
		32 000

（4）计算本月应交所得税15 000元。其会计分录如下，已入账。

借：应交税费　　　　　　　　　　　　　　　　　　1 500

　　贷：银行存款　　　　　　　　　　　　　　　　　　1 500

借方	应交税费	贷方
1 500		

借方	银行存款	贷方
		1 500

（5）以现金730元支付展览费用，其会计分录如下：

借：销售费用　　　　　　　　　　　　　　　　　　730

　　贷：库存现金　　　　　　　　　　　　　　　　　　730

会计在登记"销售费用"总分类账时，将730元误写成了370元。

借方	销售费用	贷方
370		

借方	库存现金	贷方
		730

（三）要求：根据上述资料说明账簿错误记录的更正方法。

第七章 会计账务处理程序

学习目的

通过本章的学习，要求了解各种账务处理程序的基本特点、优缺点及其适用范围；理解各种账务处理程序的账务处理过程；熟悉各种账务处理程序下凭证和账簿的设置。

技能要求

能分别采用记账凭证账务处理程序和科目汇总表账务处理程序处理经济业务全过程。

第一节 会计账务处理程序的概念与种类

一、会计账务处理程序的概念

会计账务处理程序也称会计核算程序或记账程序，是会计凭证、会计账簿、会计报表相结合的方式。

任何一个会计主体在进行会计核算时，都要填制和审核会计凭证和登记账簿，对经济业务进行不断地归类、加工整理、汇总综合，形成系统的核算资料，再将这些核算资料按照规定的指标体系进一步归类、综合，最后形成会计报表。这一工作程序和方法就是账务处理程序。在账务处理程序中，有不同类型、格式的会计凭证和会计账簿可供选择。把不同的会计凭证组织、会计账簿组织按不同的记账程序和方法结合在一起，就形成了不同的账务处理程序。合理的账务处理程序，对于科学组织会计核算工作具有重要的意义，它是会计制度设计的一个重要内容。

二、会计账务处理程序的要求

合理的、适用的账务处理程序，一般应符合以下三个要求：

1）必须适应单位本身的经济活动特点、规模的大小和业务的繁简情况，有利于会计核算的分工，建立岗位责任制。

2）必须适应本单位、主管部门以至国家管理经济的需要，全面、系统、及时、正确地提供反映本单位经济活动情况的会计核算资料。

3）必须在保证核算资料正确、及时和完整的前提条件下，尽可能地简化会计核算手续，提高会计工作效率，节约人力物力，节约核算费用。

三、会计账务处理程序的种类

目前，我国会计工作中主要应用以下四种会计账务处理程序：

1）记账凭证账务处理程序。

2）科目汇总表账务处理程序。

3）汇总记账凭证账务处理程序。

4）普通日记账账务处理程序。

第二节　记账凭证账务处理程序

一、记账凭证账务处理程序的特点

记账凭证账务处理程序是指对发生的经济业务，先以原始凭证或原始凭证汇总表编制记账凭证，然后根据记账凭证逐笔登记总分类账户的一种会计处理程序。该账务处理程序是会计核算中最基本的一种账务处理程序，它包括了账务处理程序的一般内容，其他账务处理程序基本上是在这种账务处理程序的基础上发展和改变而形成的。

记账凭证账务处理程序的显著特点是：直接根据记账凭证逐笔登记总分类账。

二、记账凭证账务处理程序下凭证、账簿的设置及格式

1）记账凭证的设置：在记账凭证账务处理程序下，记账凭证可以采用通用记账凭证，也可以采用收款凭证、付款凭证和转账凭证三种格式的专用凭证作为登记总分类账的依据。

2）会计账簿的设置：在记账凭证账务处理程序下，需设置现金日记账、银行存款日记账、总分类账和明细分类账。现金日记账、银行存款日记账采用三栏式，分别作为现金、银行存款收付业务的序时登记，总分类账按规定的会计科目开设，也采用三栏式。明细分类账则可以根据经营管理的需要分别采用三栏式、数量金额式或多栏式。

三、记账凭证账务处理程序的核算步骤和适用范围

记账凭证账务处理程序包括以下核算步骤，如图 7-1 所示。

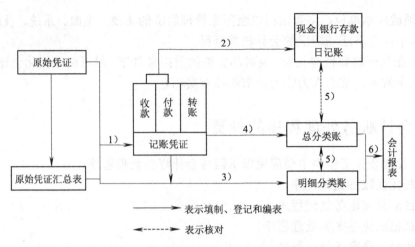

图 7-1　记账凭证账务处理程序流程图

1）根据各种原始凭证或汇总原始凭证，编制记账凭证。记账凭证可采取收款凭证、付款凭证和转账凭证的格式，也可采用通用格式。

2）根据收款凭证、付款凭证及所属原始凭证，由出纳逐笔登记现金日记账和银行存款日记账。

3）根据记账凭证，参考原始凭证或汇总原始凭证，登记各种明细分类账。

4）根据记账凭证逐笔登记总分类账。

5）月终，将现金日记账、银行存款日记账的余额以及各种明细分类账户余额合计数，分别与总分类账中有关科目的余额核对相符。

6）月终，根据核对无误的总分类账和各种明细分类账的记录，编制会计报表。

记账凭证账务处理程序的优点是：方法易掌握，简单明了，手续简便。总分类账较详细地记录和反映经济业务的来龙去脉，过程清楚，便于查对账目。不足之处是由于总分类账是直接根据记账凭证逐笔登记的，如果企业规模大，记账凭证多，登记总分类账的工作量就很大。在不实行会计电算化的手工记账情况下，这种账务处理程序适用于规模小且经济业务较少的单位。

第三节　科目汇总表账务处理程序

一、科目汇总表账务处理程序的特点

科目汇总表账务处理程序是指对发生的经济业务，首先根据原始凭证或原始凭证汇总表编制记账凭证，然后根据记账凭证定期编制科目汇总表，并据此登记总分类账的一种会计处理程序。该账务处理程序是在记账凭证账务处理程序的基础上，针对记账凭证数量多、登记总分类账工作量大而简化形成的。它与记账凭证账务处理程序的不同，即它的显著特点是：定期将所有记账凭证编制成科目汇总表，然后根据科目汇总表登记总分类账。

二、科目汇总表账务处理程序下凭证、账簿的设置及格式

1）记账凭证的设置：在科目汇总表账务处理程序下，和记账凭证账务处理程序一样，可以采用通用记账凭证，也可以采用收款凭证、付款凭证和转账凭证三种格式的专用凭证。另外，为了定期将全部记账凭证进行汇总，还应设置"科目汇总表"。

2）会计账簿的设置：在科目汇总表账务处理程序下，需设置现金日记账、银行存款日记账、总分类账和明细分类账。现金日记账、银行存款日记账采用三栏式（格式同记账凭证账务处理程序），总分类账采用三栏式，不过，由于不反映各科目的对应关系，总分类账采用不设"对方科目"的借、贷、余三栏。明细分类账根据经营管理的需要分别采用三栏式、数量金额式或多栏式。

三、科目汇总表的编制方法

科目汇总表是根据一定时期内的全部记账凭证，按科目进行归类编制的。在科目汇总表中，分别计算出每一个总账科目的借方发生额合计数、贷方发生额合计数。由于借贷记账法的记账规则是"有借必有贷，借贷必相等"，所以在编制的科目汇总表内，全部总账科目的借方发生额合计数与贷方发生额合计数相等。

科目汇总表可以每月汇总一次，编制一张表，其格式见表 7-1。例如：参考表 7-2 银行存款总分类账提供的有关资料登记科目汇总表（表 7-1）。

表 7-1　科目汇总表（一）

20××年 9 月 1 日至 9 月 30 日　　　　　　　　　　　　　　第×号

借 方 金 额	√	会 计 科 目	贷 方 金 额	√
22 000	√	银行存款	22 500	√
8 000		在途物资		
		原材料	7 000	
500		无形资产		
7 000		生产成本		
51 500		合　计	51 500	

会计主管　　　　　　　记账　　　　　　　审核　　　　　　　制表

表 7-2　总分类账

会计科目：银行存款　　　　　　　　　　　　　　　　　　第×页

20××年		凭 证		摘　要	借　方	贷　方	借或贷	余　额
月	日	字	号					
9	1			月初余额			借	200 000
	30	科汇	×		22 000	22 500	借	19 500
	31			本月发生额及余额	22 000	22 500	借	19 500

科目汇总表也可以每旬汇总一次，每月编制一张，其格式与内容见表7-3。

表7-3　科目汇总表（二）

年　　月　　日　　　　　　　　　　　　　　　　　　　　　　　　　　　　第×号

会计科目	1—10日		11—20日		21—30日		合　计		总账页数
	借　方	贷　方	借　方	贷　方	借　方	贷　方	借　方	贷　方	
合　计									

四、科目汇总表账务处理程序的核算步骤和适用范围

科目汇总表账务处理程序包括以下核算步骤，如图7-2所示。

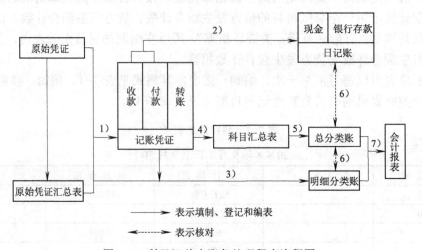

图7-2　科目汇总表账务处理程序流程图

1）根据原始凭证和原始凭证表汇总，编制收款凭证、付款凭证和转账凭证等记账凭证。

2）根据收款凭证、付款凭证及所属原始凭证，逐笔登记现金日记账和银行存款日记账。

3）根据记账凭证，参考原始凭证、原始凭证表汇总登记各种明细分类账。

4）根据一定时期内的全部记账凭证，汇总编制科目汇总表。

5）根据定期编制的科目汇总表，登记总分类账。

6）月终，将总分类账分别与现金日记账、银行存款日记账和各明细分类账的余额核对相符。

7）月终，根据核对无误的总分类账和各明细分类账的记录，编制会计报表。

科目汇总表账务处理程序的优点是：由于总分类账是根据定期编制的科目汇总表登记的，大大减少了登记总账的工作量。其不足之处在于：科目汇总表是按总账科目编制的，只能作为登记总账和试算平衡的依据，不能明确地反映账务的对应关系，不便于分析和检查经济业务的来龙去脉，不便于查对账目。所以，这种账务处理程序一般适用于经济业务

量较多的经济单位。目前，我国大部分中型企业多选用这种账务处理程序。

第四节　汇总记账凭证账务处理程序

一、汇总记账凭证账务处理程序的特点

汇总记账凭证账务处理程序是根据原始凭证或原始凭证汇总表编制记账凭证，再根据记账凭证编制汇总记账凭证，然后据以登记总分类账的一种会计处理程序。它的显著特点是：先根据记账凭证定期汇总编制汇总记账凭证，期末再根据汇总记账凭证登记总分类账。

二、汇总记账凭证账务处理程序下凭证、账簿的设置及格式

1）记账凭证的设置：采用汇总记账凭证账务处理程序，除应设置收款凭证、付款凭证和转账凭证外，还应设置汇总收款凭证、汇总付款凭证和汇总转账凭证。

2）会计账簿的设置：设置的主要账簿包括现金日记账、银行存款日记账、总分类账和明细分类账。现金日记账、银行存款日记账采用三栏式，明细分类账分别采用三栏式、数量金额式或多栏式。总分类账采用三栏式，需要考虑各科目的对应关系。

三、汇总记账凭证的编制方法

汇总记账凭证是根据记账凭证汇总填制的。汇总的期限一般不超过 10 天，每月至少汇总 3 次，每月编制一张，月终结算合计数，据以登记总分类账。汇总记账凭证分为汇总收款凭证、汇总付款凭证和汇总转账凭证三种，其编制方法如下。

1）汇总收款凭证：是按"现金"或"银行存款"科目的借方设置，根据一定时期内全部现金或银行存款的收款业务，按相对应的贷方科目加以汇总，其格式见表 7-4。

表 7-4　汇总收款凭证

借方科目：库存现金　　　　　　　　　20××年 12 月　　　　　　　　　　第×号

贷方科目	金　额				总账页数	
	1—10 日收款凭证第 1 号至第 15 号	11—20 日收款凭证第 16 号至第 25 号	21—31 日收款凭证第 26 号至第 40 号	合　计	借　方	贷　方
其他应收款	800			800		
主营业务收入	6 000	200		6 200		
其他业务收入		500	1 000	1 500		
管理费用			500	500		
财务费用			1 000	1 000		
合　计	6 800	700	2 500	10 000	—	—

2）汇总付款凭证：是按"现金"或"银行存款"科目的贷方设置，根据一定时期内全部现金或银行存款的付款业务，按相对应的借方科目加以汇总，其格式见表 7-5。

表 7-5　汇总付款凭证

贷方科目：银行存款　　　　　　　　20×× 　　年 12 月　　　　　　　　　　　第×号

借方科目	金　额				总账页数	
	1—10日付款凭证第1号至第15号	11—20日付款凭证第16号至第25号	21—31日付款凭证第26号至第50号	合　计	借　方	贷　方
在途物资	200 000	100 000	200 000	500 000		
固定资产	207 000			207 000		
应付账款	100 000	50 000		150 000		
应付利息			3 000	3 000		
管理费用	2 000	3 000	5 000	10 000		
合　计	509 000	153 000	208 000	870 000	—	—

3）汇总转账凭证：通常是按转账凭证中每一贷方科目分别设置，根据一定时期内的全部转账凭证，按其与对应的借方科目加以汇总合计，其格式见表 7-6。

表 7-6　汇总转账凭证

贷方科目：原材料　　　　　　　　20××年 12 月　　　　　　　　　　　第×号

借方科目	金　额				总账页数	
	1—10日转账凭证第1号至第8号	11—20日转账凭证第9号至第27号	21—31日转账凭证第28号至第41号	合　计	借　方	贷　方
生产成本	50 000	100 000	50 000	200 000		
制造费用			20 000	20 000		
管理费用		10 000	30 000	40 000		
合　计	50 000	110 000	100 000	260 000	—	—

需要注意的是：由于汇总转账凭证上的科目对应关系是，一个贷方科目与一个或几个借方科目相对应，因此，在汇总记账凭证账务处理程序下，为了便于编制汇总转账凭证，所有转账凭证也只能按一个贷方科目与一个或几个借方科目对应来填制，不能填制一个借方科目与几个贷方科目相对应的转账凭证，也就是可以填制一借一贷和一贷多借的转账凭证，而不能填制一借多贷和多借多贷的转账凭证。

四、汇总记账凭证账务处理程序的核算步骤和适用范围

汇总记账凭证账务处理程序包括以下核算步骤，如图 7-3 所示。

1）根据原始凭证和原始凭证表汇总，编制收款凭证、付款凭证和转账凭证。

2）根据收款凭证和付款凭证，登记现金日记账和银行存款日记账。

3）根据记账凭证并结合原始凭证、原始凭证表汇总，登记各种明细分类账。

4）根据一定时期内的全部记账凭证，汇总编制汇总收款凭证、汇总付款凭证和汇总转账凭证。

5）根据定期编制的汇总收款凭证、汇总付款凭证和汇总转账凭证，登记总分类账。

6）月终，将现金日记账、银行存款日记账的余额，及各种明细分类账的金额合计数，分别与总分类账中有关科目的余额核对相符。

7）月终，根据核对无误的总分类账和各明细分类账的记录，编制会计报表。

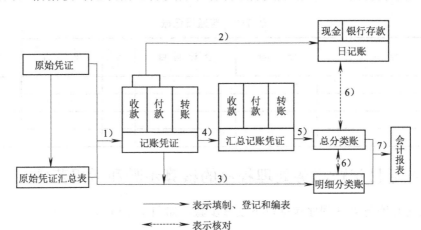

图 7-3 汇总记账凭证账务处理程序流程图

汇总记账凭证账务处理程序的优点是：汇总记账凭证是根据一定时期内全部记账凭证，按照科目对应关系进行归类、汇总编制的，便于通过有关科目之间的对应关系，了解经济业务的来龙去脉，这一点克服了科目汇总表的缺点；在汇总记账凭证账务处理程序下，总分类账根据汇总记账凭证，于月终时一次登记入账，减少了登记总分类账的工作量，这一点克服了记账凭证账务处理程序的缺点。汇总记账凭证账务处理程序的不足之处在于，汇总转账凭证是按每一贷方科目，而不是按经济业务的性质归类、汇总的，因而不利于会计核算工作的分工，当转账凭证量多时，编制汇总转账凭证的工作量较大。它适用于规模大、经济业务较多的经济单位。

第五节　普通日记账账务处理程序

一、普通日记账账务处理程序的概念和特点

普通日记账账务处理程序是指将所有的经济业务按所涉及的会计科目，以分录的形式记入普通日记账中，然后以普通日记账为依据登记总分类账的一种会计处理形式。其主要特点是以普通日记账代替记账凭证来登记总分类账，是记账凭证与日记账的结合。

在普通日记账账务处理程序下不填制记账凭证，而是根据原始凭证和原始凭证汇总表，直接登记普通日记账。这种处理实际上是用订本账簿代替记账凭证。因此，需要设置普通日记账，其格式如表 7-7 所示。总分类账一般采用三栏式（不反映对应科目的借、贷、余三栏式），一般不设现金和银行存款日记账。对于现金的每日收入金额和余额，可根据总账现金科目的记录进行了解，或根据普通日记账的相应记录计算求出。企业与银行之间有关银行存款收付的金额和余额的相互核对，也可以根据总账"银行存款"科目的记录或普通日记账的记录进行。在实际中，对于一些经济业务较少的单位，为加强货币资金的管理，也可以设置三栏式的现金日记账和银行存款日记账。对于各有关明细账，与前几种账务处理

程序相同。

表 7-7　普通日记账

年		原 始 凭 证	摘　　要	会 计 科 目	√	借　　方	贷　　方
月	日						

二、普通日记账账务处理程序的核算步骤和适用范围

普通日记账账务处理程序包括以下核算步骤，如图 7-4 所示。

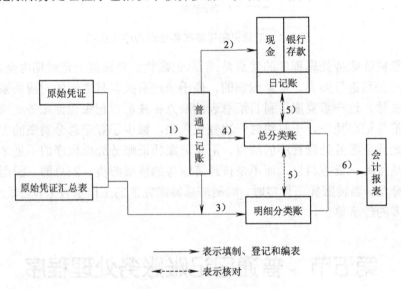

图 7-4　普通日记账账务处理程序流程图

1）根据原始凭证和原始凭证表汇总，填制普通日记账。

2）根据普通日记账，登记现金日记账和银行存款日记账。

3）根据普通日记账结合原始凭证、原始凭证表汇总，登记各种明细分类账。

4）根据普通日记账逐项登记总分类账。

5）月终，将现金日记账、银行存款日记账的余额，及各种明细分类账的金额合计数，分别与总分类账中有关科目的余额核对相符。

6）月终，根据核对无误的总分类账和各明细分类账的记录，编制会计报表。

普通日记账账务处理程序的优点是：减少了编制记账凭证的大量工作，便于了解企业每日每项经济业务的发生和完成情况，便于按经济业务的发生时间、顺序查对资料。不足之处是只设一本普通日记账，账簿记录容易发生错误；另外，根据普通日记账逐笔登记总账，其工作量较大。这种账务处理程序一般应用于采用计算机操作的企业，或规模小、业务简单、使用账户少的单位。

本章小结

1. 会计账务处理程序也称会计核算程序、记账程序，是指会计核算中，会计凭证、会计账簿、会计报表相结合的方式。

2. 目前，我国会计工作中主要应用四种会计账务处理程序形式：①记账凭证账务处理程序；②科目汇总表账务处理程序；③汇总记账凭证账务处理程序；④普通日记账账务处理程序。

3. 记账凭证账务处理程序是指对发生的经济业务，先以原始凭证或原始凭证汇总表编制记账凭证，然后根据记账凭证逐笔登记总分类账户的一种会计处理程序。它是会计核算中最基本的账务处理程序。记账凭证账务处理程序的显著特点是：直接根据记账凭证逐笔登记总分类账。

4. 科目汇总表账务处理程序是指对发生的经济业务，首先根据原始凭证或原始凭证汇总表编制记账凭证，然后根据记账凭证定期编制科目汇总表，并据此登记总分类账的一种会计处理程序。它的显著特点是：定期将所有记账凭证编制成科目汇总表，根据科目汇总表登记总分类账。目前，我国大部分中型企业多选用这种账务处理程序。

5. 汇总记账凭证账务处理程序是根据原始凭证或原始凭证汇总表编制记账凭证，再根据记账凭证编制汇总记账凭证，然后据以登记总分类账的一种会计处理程序。它的显著特点是：先根据记账凭证定期汇总编制汇总记账凭证，期末再根据汇总记账凭证登记总分类账。

6. 普通日记账账务处理程序是指将所有的经济业务按所涉及的会计科目，以分录的形式记入普通日记账中，然后以普通日记账为依据登记总分类账的一种会计处理形式。其主要特点是以普通日记账代替记账凭证来登记总分类账，是记账凭证与日记账的结合。

复习思考题

1. 我国企业的账务处理程序有哪几种？各有什么特点？
2. 试述确定账务处理程序的要求。
3. 记账凭证账务处理程序的内容和特点是什么？
4. 科目汇总表账务处理程序的内容和特点是什么？
5. 汇总记账凭证账务处理程序的内容和特点是什么？
6. 科目汇总表账务处理程序有何优缺点？
7. 汇总记账凭证账务处理程序与科目汇总表账务处理程序有什么区别？

本章习题

一、单项选择题

1. 各种账务处理程序最主要的区别是（　　　）。
   A. 账簿组织不同　　　　　　　　B. 记账程序不同

C. 登记总账的依据不同 　　　　 D. 记账方法不同

2. 在下列账务处理程序中，最基本的账务处理程序（　　　）。
   A. 记账凭证账务处理程序
   B. 汇总记账凭证账务处理程序
   C. 科目汇总表账务处理程序
   D. 普通日记账账务处理程序

3. 科目汇总表与汇总记账凭证的共同优点是（　　　）。
   A. 保持科目之间的对应关系 　　 B. 简化总分类账的登记工作
   C. 进行发生额试算平衡 　　　　 D. 总括反映同类经济业务

4. （　　　）的特点是直接根据记账凭证逐笔登记总分类账。
   A. 记账凭证账务处理程序 　　　 B. 科目汇总表账务处理程序
   C. 汇总记账凭证账务处理程序 　 D. 普通日记账账务处理程序

5. 科目汇总表账务处理程序的主要缺点是（　　　）。
   A. 登记总账的工作量太大
   B. 编制科目汇总表的工作量太大
   C. 不利于人员分工
   D. 看不出科目之间的对应关系

6. 科目汇总表账务处理程序适用于（　　　）。
   A. 规模较小、业务较少的单位 　 B. 规模较小、业务较多的单位
   C. 规模较大、业务较多的单位 　 D. 规模较大、业务较少的单位

7. 汇总记账凭证账务处理程序（　　　）。
   A. 能够清楚地反映各个科目之间的对应关系
   B. 不能够清楚地反映各个科目之间的对应关系
   C. 能够综合反映企业所有的经济业务
   D. 能够序时反映企业所有的经济业务

8. 在采用汇总记账凭证账务处理程序下，其明细账的登记依据是（　　　）。
   A. 原始凭证、汇总原始凭证和记账凭证
   B. 记账凭证
   C. 收款凭证、付款凭证、转账凭证
   D. 汇总记账凭证

9. 在编制汇总记账凭证时，可以编制的转账凭证的形式是（　　　）。
   A. 一借一贷或一贷多借 　　　　 B. 一借多贷
   C. 一贷多借 　　　　　　　　　 D. 以上说法都对

10. 汇总收款凭证的编制方法是（　　　）。
    A. 按"库存现金"和"银行存款"的借方科目设置，按其对应的贷方科目汇总
    B. 按"库存现金"和"银行存款"的贷方科目设置，按其对应的借方科目汇总
    C. 按转账凭证的贷方设置，再按其对应科目的借方归类汇总
    D. 按转账凭证的借方设置，再按其对应科目的贷方归类汇总

11. 普通日记账账务处理程序依据（　　　）登记总分类账。
    A. 记账凭证　　　　　　　　　　B. 普通日记账
    C. 原始凭证和原始凭证汇总表　　D. 收款凭证和付款凭证

二、多项选择题

1. 记账凭证账务处理程序的缺点是（　　　）。
    A. 登记总账的工作量大
    B. 不易反映账户对应关系
    C. 只适用业务简单单位
    D. 反映内容不详细

2. 科目汇总表账务处理程序的优点是（　　　）。
    A. 简化总分类账登记　　　　　　B. 记账凭证整理归类
    C. 便于试算平衡　　　　　　　　D. 能反映账户对应关系

3. 汇总记账凭证账务处理程序的优点是（　　　）。
    A. 便于试算平衡　　　　　　　　B. 简化总分类账登记
    C. 能反映账务对应关系　　　　　D. 记账凭证整理归类

4. 普通日记账账务处理程序的优点是（　　　）。
    A. 不用登记总账　　　　　　　　B. 不用编制记账凭证
    C. 便于查对　　　　　　　　　　D. 不容易发生错误

5. 汇总记账凭证账务处理程序下，记账凭证应采用（　　　）形式。
    A. 多借多贷　　　　　　　　　　B. 一借多贷
    C. 一贷多借　　　　　　　　　　D. 一借一贷

6. 不同账务处理程序所具有的相同之处有（　　　）。
    A. 编制财务报表的直接依据相同
    B. 编制记账凭证的直接依据相同
    C. 登记明细分类账簿的直接依据相同
    D. 登记总分类账簿的方法和依据相同

7. 在科目汇总表账务处理程序下，不能作为登记总账直接依据的有（　　　）。
    A. 汇总记账凭证　　　　　　　　B. 科目汇总表
    C. 原始凭证　　　　　　　　　　D. 记账凭证

8. 各种账务处理程序下，登记明细账的依据可能有（　　　）。
    A. 汇总原始凭证　　　　　　　　B. 汇总记账凭证
    C. 记账凭证　　　　　　　　　　D. 原始凭证

9. 在不同账务处理程序下，登记总账的依据可以有（　　　）。
    A. 记账凭证　　　　　　　　　　B. 原始凭证
    C. 科目汇总表　　　　　　　　　D. 汇总记账凭证

10. 账务处理程序是指（　　　）相结合的方式。
    A. 财务报表　　　　　　　　　　B. 会计凭证
    C. 会计分录　　　　　　　　　　D. 会计账簿

三、判断题

（　　）1. 任何账务处理程序的第一步是根据原始凭证编制记账凭证。

（　　）2. 各种账务处理程序的主要区别是登记明细账的依据不同。

（　　）3. 科目汇总表账务处理程序的优点在于能反映账户对应关系。

（　　）4. 记账凭证账务处理程序适用于规模较大、业务较多的单位。

（　　）5. 同一个企业可以同时采用几种不同的会计核算程序。

（　　）6. 汇总记账凭证账务处理程序都是按贷方科目设置，按借方科目汇总。

（　　）7. 在科目汇总表账务处理程序下，总分类账应根据科目汇总表登记。

（　　）8. 汇总记账凭证账务处理程序的优点在于可及时了解资金的运动状况。

（　　）9. 科目汇总表账务处理程序只适用于经济业务不太复杂的中小型单位。

（　　）10. 在各种账务处理程序下，其登记现金日记账的直接依据都是相同的。

四、业务题

（一）目的：练习账务处理程序。

（二）资料：

1. 某企业20××年4月初各账户余额如表7-8所示。

表7-8　某企业账户余额

会 计 科 目	借 方 余 额	会 计 科 目	贷 方 余 额
库存现金	650	短期借款	90 000
银行存款	75 000	应付账款	5 500
应收账款	7 000	应付职工薪酬	1 150
原材料	10 000	实收资本	150 000
库存商品	21 000	累计折旧	17 000
固定资产	150 000		
总　　计	263 650	总　　计	263 650

2. 该工厂20××年4月份发生以下各项经济业务。

（1）4月3日，到银行提取现金300元。

（2）4月4日，购买一台不需要安装的设备，以银行存款支付40 000元，该设备已验收。

（3）4月4日，以银行存款归还短期借款20 000元。

（4）4月5日，购买甲材料100千克，每千克100元，增值税13%。以银行存款支付货款10 000元和增值税1 300元，该材料已经验收入库。

（5）4月6日，购买甲材料90千克，每千克100元，增值税13%。货款及增值税尚未支付，材料已经验收入库。

（6）4月6日，以现金支付办公费100元。

（7）4月7日，销售A产品10台，每台4 500元，增值税13%。货款及增值税共计50 850元，尚未收到。

（8）4月8日，领用甲材料110千克，每千克100元。其中，A产品生产车间领用80

千克, 车间一般耗用 20 千克, 管理部门领用 10 千克。

（9）4 月 9 日, 职工何某出差, 预借差旅费 150 元, 财务科以现金付讫。

（10）4 月 9 日, 收到前欠货款 52 650 元。

（11）4 月 10 日, 以银行存款 10 530 元偿还前欠甲材料购料款。

（12）4 月 10 日, 以银行存款 450 元支付广告费。

（13）4 月 11 日, 到银行提取现金 34 200 元, 准备支付工资。

（14）4 月 11 日, 以现金发放工资 34 200 元。

（15）4 月 13 日, 职工何某报销差旅费 100 元, 余款 50 元退回财务科。

（16）4 月 20 日, 分配本月应付职工工资 34 200 元。其中: A 产品生产工人工资 22 800 元, 车间管理人员工资 3 420 元, 厂部管理人员工资 7 980 元。

（17）4 月 23 日, 计提企业固定资产折旧 3 000 元。其中, 生产车间固定资产折旧 2 000 元, 管理部门固定资产折旧 1 000 元。

（18）4 月 25 日, 以银行存款 2 000 元支付电费。其中, A 产品耗用 1 000 元, 车间一般耗用 600 元, 管理部门耗用 400 元。

（19）4 月 30 日, 结转本月制造费用 8 020 元。

（20）4 月 30 日, 结转本月完工产品成本 30 000 元。

（21）4 月 30 日, 结转已售产品成本 19 000 元。

（22）4 月 30 日, 计提应交维护城市建设税 2 250 元。

（23）4 月 30 日, 结转本月销售收入 45 000 元。

（24）4 月 30 日, 计提本月应交所得税费用 3 180 元。

（25）4 月 30 日, 结转本月费用项目。其中: 主营业务成本 19 000 元, 税金及附加 2 250 元, 销售费用 450 元, 管理费用 10 580 元, 所得税费用 3 180 元。

（三）要求:

（1）根据资料 1 开设总分类账, 登记期初余额。

（2）根据资料 2 编制记账凭证, 登记总分类账, 并结出期末余额。

（3）编制科目汇总表。

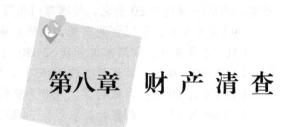

第八章 财产清查

学习目的

通过本章的学习，要求了解财产清查的意义和种类，理解财产清查前的准备工作，掌握财产物资的盘存制度，掌握财产清查的方法与财产清查的账务处理。

技能要求

会填写盘存单、编制银行存款余额调节表，能够对财产清查进行正确的账务处理。

第一节 财产清查的意义和种类

一、财产清查的概念

财产清查也叫财产检查，是指通过对企业的财产物资、货币资金及往来款项等的盘点或核对，确定其实有数额，以此来查明各项财产物资、货币资金及往来款项的实有数与账面数是否相符的一种会计核算方法。

为了及时地掌握各项资产的实际情况，做到"家底清楚"，心中有数，企业必须在账簿记录的基础上，运用各种财产清查的方法，对本企业的各项财产物资、货币资金等项目进行定期或不定期的清查，使账簿记录与实际数据相符，从而保证会计核算的真实性。

我国《会计法》的第十七条规定："各单位应当定期将会计账簿记录与实物、款项及有关资料相互核对，保证会计账簿记录与实物及款项的实有数额相符、会计账簿记录与会计凭证的有关内容相符、会计账簿之间相对应的记录相符、会计账簿记录与会计报表的有关内容相符。"因此，各个企业都应当建立财产清查制度，保证账簿记录与实物、款项相符。

二、财产清查的意义

（一）造成账实不符的原因分析

会计核算的职能之一，就是要反映和监督企业在整个经济活动过程中各项财产物资的保管和使用情况，保护企业财产物资的安全和完整，提高其使用效率。因此在会计核算方法上，会计人员通过设置账户、填制和审核会计凭证，并在各种账簿中连续、系统、全面地进行登记，以反映各项财产物资的日常增减变动和结存情况。从理论上讲，连续、系统和全面的账簿记录应该是可靠的，也应该能反映财产物资的实存情况。但是在实际工作中，由于种种原因，使各项财产物资的账面数额与实际结存数额发生差异，造成账实不符。造成账实不符的原因是多方面的，一般有以下几种情况：

1）财产物资在保管过程中发生的自然损溢，如干耗、锈蚀、升重。

2）在财产物资的收发过程中，因为计量、计算、检验不准确等而造成的财产物资品种、数量和质量上发生的差错。

3）在财产物资增减变动的过程中，由于会计人员没有及时地办理入账手续而造成的漏记或重记错误。

4）由于管理人员的管理不善或工作人员的失职而造成的货币资金的差错以及财产物资的损坏、变质或短缺。

5）由于贪污盗窃、营私舞弊等造成的财产物资损失。

6）由于自然灾害造成的财产物资的非正常损失。

7）银行存款的未达账项（即企业与银行记账时间的不一致）所引起的账实不符。

以上种种原因都会影响账实的一致性，因此为了查明造成账实不符的原因，做到账实相符，保证会计信息的真实性、可靠性，就必须进行财产清查。

（二）财产清查的作用

财产清查是会计核算中不可缺少的一项专门方法，也是财产物资管理的重要手段和重要环节，在会计核算和经济管理中具有十分重要的作用，具体表现在以下几方面：

1）通过财产清查，保证各项财产物资记录的真实性。

企业各项财产物资的增减变动和结存数额，通过填制凭证和登记账簿，已经有了详细的记录。这些会计核算资料是企业进行财产物资管理，合理运用资金的重要经济信息。其真实性和可靠程度，对于充分发挥会计的积极作用有相当的影响。但是在实际过程中，由于各种各样的原因，致使企业的各种财产物资发生一定数量溢缺，这些都会使财产物资的实际结存数与账面实存数发生差异。这些差异如果日积月累不加调整，必然造成严重的账实不符。因此，为了消除这种账实不符的情况，就需要采用财产清查的方法，查明各种财产物资的实存数，并与账面核对，以便在账实发生差异的时候，可以按照规定的手续，合理地调整账面数额，做到账实相符，从而保证会计资料的真实性。

2）通过财产清查，保护各项财产物资的安全与完整。

通过财产清查，不仅可以查明各种财产物资的实际结存数，以及实际结存数与账面结存数的差异，而且也可以进一步分析产生差异的原因，检查各种财产物资的增减、款项收支是否按照规定的制度办理了必要的手续，各种财产物资的保管是否安全妥善，等等。通过这些方面的检查，就能够及时发现问题，进一步采取措施，消除各种不安全因素，切实地保护各项财产物资的安全与完整。

3）通过财产清查，挖掘财产物资的潜力。

不断挖掘企业内部潜力，充分利用各种财产物资，是提高经济效益的一个重要方面。要充分利用各种财产物资，就必须经常了解各种财产物资的使用情况，而认真地做好财产清查工作是检查财产物资使用情况的重要途径。在企业的财产清查过程中，不仅要逐一查明各种财产物资的实存数量，同时也要查明各种财产物资是否已经充分利用，是否呆滞、积压。例如，各种机器设备等固定资产是否正常运转；各种材料的储备是否符合定额，有无账外物资；各种产成品、商品是否及时发运，是否适合市场需要，等等。通过这样清查，就可以发现问题，总结经验，充分挖掘各种财产物资的潜力，及时处理呆滞、积压，做到物尽其用。

4）通过财产清查，监督财经法规和财经纪律的执行。

在财产清查过程中，通过对各种财产物资和货币资金的清查，可以全面地检查企业对财经法规和财经纪律的遵守情况。例如，对各种财产物资的清查，可以同时检查企业是否遵守市场管理的法规；对货币资金的清查，可以同时检查企业是否遵守了结算法规和信贷法规，有无违反了现金管理的规定，等等。通过这些具体的检查，就可以了解企业对财经纪律的遵守情况，有利于发现问题，及时纠正，从而监督企业遵守财经法规和财经纪律。

5）通过财产清查，促进企业改善财产物资的管理。

财产清查不仅是对各种财产物资本身的清查，同时也是对财产物资管理工作的检查。财产清查中发现的问题，不论大小，总是和财产物资的管理制度、管理方法分不开的。财产物资的毁损、短缺、积压、浪费，总是意味着财产物资管理乃至整个经营管理上存在着缺陷。因此，通过财产清查，就可以针对清查中发现的问题，研究原因，促进企业建立与健全财产物资管理的制度，改进管理方法，不断提高经营管理水平。

三、财产清查的分类

企业在实际工作中，针对不同的清查对象，进行财产物资清查的方法和手段各有不同。财产清查可以按不同的标准进行分类，具体来讲主要有以下的几种分类方法。

1. 按照清查对象范围大小分类

财产清查按照清查对象范围大小的不同，可以分为全面清查与局部清查。

（1）全面清查

全面清查是指对企业所有的财产物资、货币资金和债权债务进行全面的盘点和核对。

全面清查的范围广泛，涉及本单位全部库存的财产物资和使用中的财产物资、货币资金和各项债权债务。通过全面清查，可以掌握属于本单位或存放于本单位的全部财产物资的情况。但是，全面清查需要投入大量的人力、物力，所花费的时间较长。因此，全面清查只适用于需要全面掌握企业财产物资、货币资金和各项债权债务的情况。例如，企业通过年终决算前进行的一次全面清查，以确保会计年度内会计核算的全部数据资料、会计报告的真实、准确；在本单位发生撤销、改组、合并以及改变隶属关系等情况下，按规定进行全面的清产核资，确定财产物资的实存数量，检查账实相符的程度，以明确各方的经济责任。

（2）局部清查

局部清查是指根据管理需要或有关规定对企业的一部分财产物资、货币资金和债权债务进行全面的盘点和核对。

相对于全面清查而言，局部清查具有范围小、针对性强的特点。局部清查的对象可以视每个企业的具体情况而定，所需投入的人力、物力较小，花费的时间也不多。一般适用于对流动性较大的财产物资和货币资金的清查。例如：对原材料、在产品、产成品等在会计年度内要进行轮流盘点或重点抽查；对于库存现金，出纳人员要每日根据现金日记账进行清点；在收到银行对账单时需要核对银行存款；对于各项债权债务每年要清查核对一至两次；因为更换财产物资的经管人员而办理交接时对其所经营管理的那部分财产物资要进行清查核对等。通过局部清查，可以及时了解财产物资的具体分布、使用状态、存在状态，以明确经济责任，加强内部管理。

2．按照清查时间分类

财产清查按照清查时间的不同，可以分为定期清查和不定期清查。

（1）定期清查

定期清查是指按照预先的安排，在会计期间内的一个固定时间，根据会计核算的具体要求，对各项财产物资、货币资金和债权债务进行的清查核对。

定期清查一般会在月末、季末、年末结账之前进行。企业根据经济活动的特点和经营管理的需要，可以选择全面清查或局部清查的方法。例如：每日营业终了时需要清点库存现金；每月按规定时间清查原材料、在产品、产成品和银行存款；每年年终结算前对所有财产物资、货币资金和债权债务进行全面清查等。

（2）不定期清查

不定期清查是指根据企业的特定需要，对有关的各项财产物资、货币资金和债权债务进行的临时性清查。

不定期清查事先不规定具体清查时间，一般只在某些特殊情况下才进行的。例如：在财产物资的保管人员调动更换时，要对相关财产物资进行清查核对，以明确前后保管人员的责任；在发生自然灾害或意外损失等非正常损失时，要对受灾的财产物资进行清查核对，以明确损失情况；在会计主体发生改变或隶属关系变动时，要对各项财产物资、货币资金和债权债务进行检查。此外，财政、税收、审计等部门会按有关部门的要求进行突击性会计检查，清查核对财产物资，以验证会计核算资料的准确性。

应当指出，不定期清查是指根据实际情况需要安排的临时清查或随机清查。为查明有关财产物资的真实情况，单位需要合理组织相关人员、物力，做好配合、协调工作，保证清查工作的圆满进行。

3．按照清查的执行单位分类

财产清查按照清查执行单位的不同，可以分为内部清查和外部清查。

（1）内部清查

内部清查是指由企业自行组织的清查小组所进行的清查，也可以叫作自查。大多数的财产清查属于内部清查。

（2）外部清查

外部清查是指由企业以外的有关部门或人员根据国家的规定对企业所进行的财产清查，如注册会计师对企业的验资、查账、审计，工商、司法和税务等行政管理机关对企业的检查、监督中所进行的检查。

第二节 财产清查的内容与方法

一、财产清查的准备工作

财产清查是一项非常复杂细致的工作，它不仅是会计部门的一项重要任务，而且也是各个财产物资管理部门的一项重要的职责。为了妥善地做好财产清查工作，使其发挥应有的积极作用，企业必须在清查前，特别是全面清查前，协调各方面的力量，充分地做好准备工作。财产清查的准备工作主要有以下几项：

1．制定好财产清查的工作计划

"凡事预则立，不预则废"。财产清查工作涉及的范围广、工作量大，在正式开展工作前要制定具体的实施计划。通过财产清查的工作计划，企业确定财产清查的对象、范围、时间、方法和步骤，以及确定参加财产清查的工作人员的分工和职责。

2．做好组织落实工作

财产清查工作往往需要同时对财务部门、物资保管部门和物资使用部门的工作进行检查，为了保证财产清查工作的顺利进行，保证其工作质量，在进行财产清查时应成立专门的财产清查领导小组，即在主管厂长或总会计师的领导下，成立由财会部门牵头，有技术、设备、生产、行政及其各有关部门参加的财产清查领导小组，具体负责财产清查的领导与组织工作。同时，应由责任心强、业务水平高的会计、业务、技术、仓库等部门人员组成清查工作人员，具体进行清查的各项工作。

3．确定清查的范围

财产清查是指对企业的各种财产物资的实物盘点和核对。它的范围不仅包括各种实物的清点，而且也包括各项应收、应付款项的查核；不仅包括存放在本企业内部的物资，而且也包括属于本企业但是并不存放在本企业的财产物资；同时为了明确经济责任，对于其他企业存放在本企业的财产物资，也要进行清查。在一般企业中，财产清查的范围应当包括以下几个方面。

1）固定资产：包括房屋建筑物、机器设备、运输设备和在建工程等，上述的项目包括企业自有的正在使用的、未使用的、经营租赁租出的、融资租赁租入的固定资产。

2）存货：包括库存的原材料、在产品、半成品和库存商品以及各种器具、用具、工具、仪器等，上述的存货项目，既包括委托其他单位加工的材料、商品和物资，同时也包括接受其他单位委托加工的材料、商品和物资；既包括经营租赁租出的周转材料，同时也包括经营租赁租入的周转材料。

3）库存现金、银行存款和其他货币资金。

4）作为投资的各种有价证券，包括股票和债券。

5）各种银行借款。

6）各种应收款项和预收款项。

7）各种应付款项和预付款项。

4. 业务准备

业务准备是进行财产清查的关键，其准备工作的好坏，不仅关系到清查工作进行的顺利程度，而且也直接影响清查结果的准确性。所以，各有关部门必须做好如下的工作。

1）结清账目。财产清查之前，会计人员需要将已经发生的经济业务在相关账簿中全部登记完毕，结出余额。经审查核对确认账簿记录完整、计算准确，达到账证相符、账账相符，以便为财产清查小组提供真实可靠的账面资料。

2）整理实物。财产物资的使用和保管部门应对截至清查日期为止本部门所有的经济业务办理好凭证手续并登记入账中，结出余额；对使用和保管的各项财产物资进行整理排列，挂上标签，标明品种、规格和结存数量，以便核对。

3）工具的准备。财产清查前，要做好两种工具的准备工作。一是校正度量衡器，财产清查的人员应对在清查过程中使用的度量衡器，进行事先的检查和校正，以确保盘点计量的准确；二是准备好清查登记的各种表格，以便对清查的情况做书面记录。

二、财产物资盘存制度和清查方法

（一）财产物资盘存制度

财产清查的重要环节是盘点财产物资，尤其是盘点企业各种存货的实存数量。为了使财产清查工作顺利地进行，企业应当建立科学而实用的财产物资盘存制度。在实际工作中，财产物资的盘存制度有实地盘存制和永续盘存制两种。

1. 实地盘存制

实地盘存制又称实地盘存法、"以存计销"或"以存计耗"，指在日常的经济活动中，对财产物资的增加要根据会计凭证在有关账簿中进行登记，但是对财产物资的减少不做登记，期末结账时，根据实地盘点的实存数额倒挤出本期的减少数作为本期发出财产物资的数量，并据此登记入账的一种的盘存制度。

采用实地盘存制，本期发出财产物资的计算公式为

本期发出的数量=期初结存的数量+本期增加的数量–期末结存的数量

本期发出的成本=期初结存的成本+本期增加的成本–期末结存的成本

例 8-1

某公司对 A 材料采用实地盘存制进行收入、发出和结存的核算。20××的 9 月份关于 A 材料的业务如下：月初结存 1 000 千克，单价为 2 元/千克，计 2 000 元；9 月 3 日购进 1 500 千克，单价为 2 元/千克，计 3 000 元；9 月 10 日购进 600 千克，单价为 2 元/千克，计 1 200 元；月末实地盘点 A 材料 900 千克，单价为 2 元/千克，计 1 800 元，具体见表 8-1。

表 8-1 A 材料明细账（实地盘存制）

20××年		凭证号数	摘要	收入			发出			结存		
月	日			数量	单价	金额	数量	单价	金额	数量	单价	金额
9	1		月初结存							1 000	2	2 000
	3	略	购进	1 500	2	3 000						
	10		购进	600	2	1 200						
	30	略	本月合计	2 100	2	4 200	2 200	2	4 400	900	2	1 800

本期发出的数量=1 000+1 500+600-900=2 200（千克）

本期发出的成本=2 000+3 000+1 200-1 800=4 400（元）

在实地盘存制下，平时只记录财产物资的增加，不记录发出，相应地减少了账簿的登记工作，但是会计核算手续不够严密。具体表现为：企业只是在月末进行实地盘点，根据实地盘存数倒挤出本期的减少数额。平时在账簿记录中不能随时反映财产物资的减少数，无法随时结算出日常的账面余额，也容易掩盖财产物资管理管理中的问题。因而，财产清查的目的只是为了根据实地盘点的结存数量，计算当期的减少数，登记账面结存，而不是要查明是否账实相符。所以，实地盘存制一般只是应用于发出频繁、价值较低，或发出领用时逐笔登记确有困难的大堆材料；而对于其他财产物资，特别是贵重的、重要的财产物资不能使用实地盘存制。

2. 永续盘存制

永续盘存制又称账面盘存制，是指在日常经济活动中，根据会计凭证对各项财产物资的增减变化及其结果在明细账中进行逐日逐笔地登记，并根据账簿记录随时结算出账面结存数量的一种盘存制度。

在永续盘存制下，期末财产物资的结存数量的计算公式为

期末结存的数量=期初结存的数量+本期增加的数量-本期减少的数量

期末结存的成本=期初结存的成本+本期增加的成本-本期减少的成本

例 8-2

某公司对 A 材料采用永续盘存制进行收入、发出和结存的核算。20××的 9 月份关于 A 材料的业务如下：月初结存 1 000 千克，单价为 2 元/千克，计 2 000 元；9 月 3 日购进 1 500 千克，单价为 2 元/千克，计 3 000 元；9 月 6 日领用 1 000 千克，单价为 2 元/千克，计 2 000 元；9 月 10 日购进 600 千克，单价为 2 元/千克，计 1 200 元；9 月 25 日领用 800 千克，单价为 2 元/千克，计 1 600 元；月末实地盘点 A 材料 1 300 千克，单价为 2 元/千克，计 2 600 元，具体见表 8-2。

表 8-2 A 材料明细账（永续盘存制）

20××年		凭证号数	摘要	收入			发出			结存		
月	日			数量	单价	金额	数量	单价	金额	数量	单价	金额
9	1		月初结存							1 000	2	2 000
	3		购进	1 500	2	3 000				2 500	2	5 000
	6	略	领用				1 000	2	2 000	1 500	2	3 000
	10		购进	600	2	1 200				2 100	2	4 200
	25		领用				800	2	1 600	1 300	2	2 600
	30	略	本月合计	2 100	2	4 200	1 800	2	3 600	1 300	2	2 600

在永续盘存制下，企业可以按照资产的项目设置明细账，及时记录和反映财产物资的增减变动情况，及其账面结存数量。为了保证账面的结存数与实有数相符，在采用永续盘存制的同时，也需要对财产物资进行清查，明确实际的结存数量，并通过账面的结存数与实有数之间的对比分析确定是否有不一致的情况，如果存在账实不一致的情况，应查明原因，并按照规定手续进行账项调整，以保证财产物资的安全完整。此时，财产清查的目的是检查账簿的记录的余额与实际存货的数量是否相符。因此，采用永续盘存制，手续比较严密，既可以及时地了解短缺物资的情况，减少损失，又可以掌握财产物资的超储积压情况，避免浪费，起到加强监督和管理财产物资的作用。当然，由于会计人员逐日逐笔登记账簿，其工作量大。一般来说，除了实行此种制度确实有困难外，一般单位应根据实际情况，尽量采用这种制度。

（二）财产物资的清查方法

财产清查是一项涉及部门多、业务量较大的会计工作。为了保证财产清查的工作质量，提高清查工作效率，达到财产清查的目的，企业在财产清查的时候，应针对不同的财产采用不同的方法。

1. 实物财产的清查

实物财产的清查是指对存货（包括原材料、辅助材料、周转材料、在产品和库存商品）和固定资产等财产物资的清查，主要针对存货和固定资产的数量与质量两个方面进行的。质量方面主要运用各种物理、化学的方法对实物财产进行检测，对其质量和性能做出鉴定，如果发现变质、残缺、毁损等情况，应如实记录、及时处理；数量方面，因实物的形态、体积、重量和存放方式的不同，一般采用不同的方法确定数量。

（1）实物财产清查的方法

常用的实物财产清查的方法有以下几种：

1）实地盘点法：这种方法通过逐一清点或利用计量器具具体衡量以确定实物的结存数量。这种方法计量准确、直观，适用范围大，对于大多数财产物资的清查都可以利用这种方法。例如，对以件为单位的存货，可以通过点数的方法确定其实有的数量；对于以公斤或以吨为单位的存货可以通过过秤的方法来确定其实有数量。

2）技术推算法：这种方法是通过量方、计尺等技术方法推算有关财产物资实有数量的方法。这种方法适用于大量成堆、难以逐一清点的财产物资的清查，如成堆的煤炭或油罐中的油等。在财产清查的过程中，为了减少误差，应当尽可能地将实物的形状整理成符合规定要求的形状，以便利用公式计算财产物资的体积并进一步计算其重量和价值。例如，将露天堆放的煤炭整理成梯形台状，测量后利用梯形台的体积公式计算其体积。通常每立方米煤的重量和单位重量的单价是已知的，通过简单的乘法计算便可以确定该堆煤的实际价值。

3）函证核对法：对于委托外单位加工的财产物资、出租的周转材料、出租的固定资产等，在加工期间或租用期间一般应由对方单位负责管理与保管，财产清查时不需要也不可能由本单位进行实地盘点。清产人员可以按照有关账簿的账面结存数，通过信函等方式与对方进行核对检查，以确定账实是否相符。如果发现账实不符，要查明原因，按照合同规定进行适当的处理并及时调账以达到账实相符。

4）抽查盘点表：这种方法通过从准备财产清查的实物财产中抽取一定的样本，来盘点其实际数量，以此来判断所有存货的账实是否相符。这种方法主要适用于单位价值比较低，已经包装好的材料或产成品等。

（2）实物清查的注意事项

在实物清查中，清查人员除了要根据实际情况，采用适当的清查方法外，还应明确和注意以下方面：

1）为了明确经济责任，在进行盘点时，财产物资的保管人员必须在场，并亲自参加盘点工作。具体地说，在财产清查时，清查小组的人员要协同财产物资的保管人员采用不同的清查方法进行盘点，确定实际数量，并同时检查质量情况。

2）对各项财产物资的盘点结果，应将数量和质量情况，如实登记在"盘存单"上，并由盘点人员和实物保管人员签章，以明示经济责任。"盘存单"是盘点结果的书面证明，同时也是财产清查工作取得的原始凭证，其格式见表8-3。

表8-3　盘存单

单位名称：　　　　盘点时间：　　　　财产类别：　　　　存放地点：

序　号	名　称	规格型号	计量单位	实存数量	单　价	金　额	备　注

盘点人：　　　　（签章）　　　　实物保管人：　　　　（签章）

3）盘点完毕后，要根据"盘存单"和有关账簿的记录资料，编制"实存账存对比表"。"实存账存对比表"是一个重要的原始凭证，通过此表可以查明实存数与账存数是否一致，确定盘盈或盘亏的实际情况；对于会计人员来说，"实存账存对比表"是调整账簿记录的依据，也是分析产生差异的原因以及明确经济责任的依据。根据盘点的财产物资的不同，"实存账存对比表"的具体的格式不同，下面的表8-4和表8-5分别反映存货和固定资产的"实存账存对比表"。

表8-4　存货实存账存对比表

单位名称：　　　　年　月　日

序号	名称	规格型号	计量单位	单价	实存		账存		实存与账存对比				备注
					数量	金额	数量	金额	盘盈		盘亏		
									数量	金额	数量	金额	

盘点人员：　　　　（签章）　　　　会计人员：　　　　（签章）

表8-5　固定资产实存账存对比表

部门：　　　　年　月　日

固定资产编号	固定资产名称	固定资产的规格及型号	盘盈			盘亏			毁损			备注
			数量	重置价值	累计折旧	数量	原价	累计折旧	数量	原价	累计折旧	
处理意见	审批部门				清查小组				使用部门			

盘点人：　　　　（签章）　　　　会计人员：　　　　（签章）

2．库存现金的清查

库存现金的清查采用"实地盘点法"来进行，即通过实地盘点确定库存现金的实存数，再与现金日记账的账面余额进行核对，以查明账实是否相符。在进行库存现金清查时，负责保管现金的出纳必须与清查人员共同进行，以明确经济责任。其清查步骤如下：

1）首先，在盘点前，出纳应该首先将现金收支业务的收款凭证、付款凭证全部登记入账，并结出现金日记账余额。

2）盘点时，出纳必须在场，现金应该逐张清点，如发现盘盈或盘亏，必须会同出纳核实清楚。现金清查可以采用突击抽查的方式，以增强其有效性。如果企业的库存现金存放在不同的地点，那么不同地点的库存现金应该同时盘点。

盘点时，除了查明账实是否相符外，还要查明企业有无违反现金管理的规定，比如有无"白条"抵充现金，现金的库存是否超过银行核定的限额，有无坐支现金等，以加强和完善现金的内部控制和管理制度。

3）现金盘点结束后，应该根据盘点的结果，及时填制"库存现金盘点报告单"。它既有实物财产清查的"盘存单"的作用，又有"实存账存对比表"的作用；它既是反映现金的实存数、用以调整账簿记录的重要的原始凭证，也是分析账实发生差异的原因、明确经济责任的依据。"库存现金盘点报告单"填制完毕，应由出纳和盘点人员共同签章才可生效。"库存现金盘点报告单"的格式见表 8-6。

表 8-6　库存现金盘点报告单

单位名称：　　　　　　　　　　　　年　月　日　　　　　　　　　　编号：

账 存 金 额	实 存 金 额	对 比 结 果		备　注
		盘　　盈	盘　　亏	

盘点人：　　　（签章）　　　　　　　　　　出纳员：　　　　签章

实际工作中，现金由出纳进行保管，并由出纳负责登记"现金日记账"。由于现金的收支业务很频繁，且易出错，所以出纳应每日进行库存现金的清查，应做到日清月结，这种清查一般应由出纳人员在每日工作结束后，将"现金日记账"当日账面结存的金额与库存现金的实际盘点数额进行核对，检查当日的工作是否正确，以保证每日的现金账实相符。

3．银行存款的清查

银行存款没有实物形态，所以银行存款的清查方法与实物资产、库存现金的清查方法不同。银行存款的清查是采取与开户银行核对账目的方法进行的，即将本单位登记的"银行存款日记账"与银行送来的"对账单"逐笔进行核对。

对银行存款进行清查之前应将本单位所发生的相关经济业务全部登记到"银行存款日记账"，再对账面记录进行检查复核，确定账簿记录完整、准确。企业的开户银行一般会定期地向企业发送银行存款对账单。对账单是银行登记的本企业在一定时期内有关银行存款的收入、支出和结余情况的账簿记录。企业收到对账单后，将其与本企业银行存款日记账的发生额及余额进行逐日逐笔的核对。对于记录一致的项目，以"√"加以标注；记录不一致或一方记录而另一方没有记录的项目应加以列示并查明原因。

企业的"银行存款日记账"与银行对账单的记录不一致，一般情况是出于以下两种原因。

（1）账簿记录的错误

记账过程中的错误可能是由于企业在记录不同开户行的业务时发生串户或由于疏忽错记了金额；同样，记账的错误也可能是因为银行记串了客户的户头或错记了金额。对于这类错误，属于企业的，由企业按照相应的更正错账的方法进行更正；属于银行的错误应通知银行进行更正。

（2）未达账项

未达账项是指企业与银行由于办理结算手续和凭证传递、入账的时间不一致而形成的一方已经入账、另一方没有入账的会计事项。未达账项主要表现为以下四种情况：

1）企业已收，银行未收

企业将收到的款项或已送存银行的款项登记入账，作为银行存款的增加，但是银行尚未登记入账。

2）企业已付，银行未付

企业根据已经开出的各种付款凭证登记入账，作为企业银行存款的减少，但是银行尚未登记入账。

3）银行已收，企业未收

银行代企业收取的款项，银行已登记入账作为企业银行存款的增加，但是企业尚未收到相关的凭证，未能登记入账。

4）银行已付，企业未付

银行代企业支付的款项，已经作为企业银行存款的减少登记入账，但是企业尚未收到相关凭证，未能登记入账。

上述任何情况的出现，都会造成企业的"银行存款日记账"账面余额与开户银行送达的对账单上的余额不相符。值得注意的是，未达账项是引起企业的"银行存款日记账"账面余额与开户银行送达的对账单上的余额不相符的主要原因。如果清查人员在清查过程中发现存在未达账项，必须根据有关数据，进行调节，编制"银行存款余额调节表"。现举例说明银行存款余额调节表的编制方法。

例 8-3

某企业20××年3月31日银行存款日记账的账面余额76 760元，开户银行送来的对账单所列示的银行存款余额84 250元，经过逐笔核对，发现未达账项如下。

1）3月29日，企业为支付职工借支差旅费开出一张现金支票，金额250元，持票人尚未到银行取款；

2）3月30日，企业开出一张转账支票，金额6 450元，银行尚未入账；

3）3月31日，企业收到购货单位的转账支票，金额18 000元，已开具送款单到银行，企业已入账，但是银行尚未入账；

4）3月31日，企业经济纠纷案败诉，银行代扣违约罚金2 000元，企业尚未接到结算凭证而没有入账；

5）3月31日，银行计算企业的存款利息5 300元，已经记入企业存款户，企业尚未收到结算凭证而没有入账；

6）3月31日，银行收到企业委托代收销货款15 490元，已经收妥记入企业的存款户，企业尚未收到结算凭证而没有入账。

根据上述的未达账项，编制银行存款余额调节表，见表 8-7。

表 8-7 银行存款余额调节表

20××年 3 月 31 日

项　目	金　额	项　目	金　额
企业银行存款日记账余额	76 760	银行对账单余额	84 250
加：银行已收，企业未收		加：企业已收，银行未收	
1. 存款利息	5 300	1. 存入转账支票	18 000
2. 银行代收货款	15 490	减：企业已付，银行未付	
减：银行已付，企业未付		1. 开出的现金支票	250
1. 银行代扣罚金	2 000	2. 开出的转账支票	6 450
调节后的存款余额	95 550	调节后的存款余额	95 550

经过调节后重新求得的余额，既不等于本单位的账面余额，也不等于银行的账面余额，而是银行存款的真正实有数。应当指出，“银行存款余额调节表”不可以作为更改账簿记录的原始凭证，而是作为及时查明企业与银行双方账簿记载有无差错的一种清查方法。对于未达账项，企业应在收到银行送达的结算凭证时才能入账，不能依据银行存款余额调节表登记或修改账簿记录。

4. 往来款项的清查

往来款项包括企业的应收账款、应付账款、预付账款和预收账款等款项。对于各种往来款项的清查，应采取“函证核对法”，即同对方核对账目的方法。清查单位应在其各种往来款项记录准确的基础上，编制“往来款项对账单”，寄发或派人送交对方单位，与债务人或债权人核对。“往来款项对账单”的格式与内容如图 8-1 所示。

往来款项对账单

＿＿＿＿＿＿单位：你单位 20××年×月×日购入我单位×产品××台，已付款项××元，尚有×××元货款未付，请核对后将回单联寄回。

核对单位：（盖章）

20××年×月×日

沿此虚线裁开，将以下回单联寄回！

……………………………………………………………………

往来款项对账单（回单联）

＿＿＿＿＿＿单位：你单位寄来的“往来款项对账单”已经收到，经核对相符无误（或不符，应注明具体内容）。

××单位（盖章）

20××年×月×日

图 8-1 往来款项对账单

发出“往来款项对账单”的单位收到对方的回单后，根据清查的结果编制“往来款项清查报告单”，对错误的账目应及时查明原因，并按规定的手续和方法加以更正。“往来款项清查报告单”的格式和内容见表8-8。

表8-8 往来款项清查报告单

单位名称：　　　　　　　　　　　　年　月　日

明细分类账户		清查结果		不符的原因分析				
单位名称	金额	相符	不符	未达账项	拖欠款项	争执款项	无法收回	其他

记账员：　　　（签章）　　　　　　　　清查人员：　　　（签章）

第三节　财产清查的账务处理

一、财产清查的处理

通过财产清查，企业既可以发现自身在财产物资管理及其会计核算工作中做得较为完善和健全的一面，又可以及时发现存在的问题。在财产清查后，企业应该按照规定的程序和方法，对清查的结果进行认真的总结和处理。一般来说，对财产清查结果的处理主要包括以下的几个方面。

（1）客观地分析账实不符的性质及原因，明确经济责任，并按照规定的程序如实地将盘盈或盘亏情况及处理意见，报请有关部门审批处理。

（2）处理超储积压物资，清理长期不能清算的债权或债务。

企业通常会为财产物资制定储备定额，而储备定额的执行情况可以通过财产清查进行全面检查。对于储备不足的财产物资应通知有关部门补充储备；而对于超储积压的物资应查明原因，分别处理。同时对利用率不高和闲置不用的固定资产，也必须查明原因，积极处理。对于在财产清查中发现的不能清算的债权或债务，应该派专人协调、催办，查明不能清算的原因，并按照规定的方法进行处理。

（3）采取改进措施，完善财产管理制度。

针对财产清查中所发现的问题，应当总结经验教训，提出改进措施，加强财产物资的管理，建立以健全岗位责任制为中心的财产物资管理制度，保护企业各项财产的安全完整。

（4）根据财产清查的结果，调整有关账簿记录，做到账实相符。

为了账簿记录的真实性，针对在财产清查中发现的各种盘盈或盘亏情况，应及时地记录、上报，并进行恰当的账务处理。即使在调查核实、等待处理的过程中，也应该根据财产清查所取得的原始凭证，编制记账凭证，登记账簿。对于在清查中发现的各种结算款项的差错，应调整账目；对于确定无法收回的款项，按规定的手续经过批准后予以转销。

二、财产清查结果的账务处理

1. 企业应设置的账户——“待处理财产损溢”账户

“待处理财产损溢”账户属于资产类的账户，用来核算和监督企业在财产清查的过程中发现的各种财产物资的盘亏或盘盈。该账户的借方登记各项财产物资发生的盘亏数和经过批准后盘盈的转销数；贷方登记各项财产发生的盘盈数和经过批准后盘亏的转销数；企业的财产损溢，应查明原因，在期末结账前处理完毕，处理后本科目在期末应该没有余额。"待处理财产损溢"账户可按盘盈、盘亏的资产种类和项目设置明细科目，进行明细核算。其账户的结构见图 8-2。

借方　　　　　　　　　　"待处理财产损溢"账户　　　　　　　　　贷方	
（1）清查时发现的盘亏数	（1）清查时发现的盘盈数
（2）经批准后盘盈的转销数	（2）经批准后盘亏的转销数

图 8-2　"待处理财产损溢"账户的结构

对于"待处理财产损溢"这个账户，需要注意以下方面。

（1）该账户的具体应用要分盈亏情况的处理意见批准前和批准后两个步骤；

（2）企业在财产清查中发现的各种财产物资的损溢，应该在会计期末结束前查明原因，并根据公司的管理权限，经股东大会或董事会，或经理会议或类似机构批准后，在期末结账前处理完毕。

如果财产清查中发现的各种财产的损溢，在会计期末结账前尚未经批准的，会计人员在对外提供财务会计报告的时候仍然按照上述的规定进行处理，并在会计报表附注中说明；如果其后批准处理的金额与已经处理的金额不一致的，应调整会计报表相关项目的年初数。

2．财产清查结果的处理

在账务处理的时候，财产清查对象的不同，会计人员所采取的处理方法也不同。

（1）库存现金清查结果的处理

库存现金清查过程中发现的长款（现金盘盈）或短款（现金盘亏），应通过"待处理财产损溢"账户进行核算。对于库存现金的盘盈或盘亏，会计人员根据"库存现金盘点报告单"和有关批准文件进行批准前和批准后的账务处理。

企业在财产清查时发现有待查明原因的现金盘亏或盘盈，应该通过"待处理财产损溢"账户进行核算：属于现金盘亏，应按实际盘亏的金额，借记"待处理财产损溢"，贷记"库存现金"；属于现金盘盈，应按盘盈的金额，借记"库存现金"，贷记"待处理财产损溢"。待查明原因后，做如下处理：

1）如为现金短缺，属于应由责任人赔偿的部分，借记"其他应收款——××人"或"库存现金"，贷记"待处理财产损溢"；属于应由保险公司赔偿的部分，借记"其他应收款——应收保险公司赔偿款"，贷记"待处理财产损溢"；属于无法查明的其他原因，根据管理的权限，经批准后处理，借记"管理费用"，贷记"待处理财产损溢"。

2）如为现金盘盈，属于应支付给有关人员或单位的，借记"待处理财产损溢"，贷记"其他应付款——××人或单位"；属于无法查明原因的现金盘盈，经批准后，借记"待处理财产损溢"，贷记"营业外收入"。

例 8-4

某公司在财产清查的过程中发现库存现金盘亏 260 元，经查明属于出纳员王刚的责任，则相应的账务处理如下。

批准前：

借：待处理财产损溢——待处理流动资产损溢　　　　　260

　　贷：库存现金　　　　　　　　　　　　　　　　　　　　　260

批准后：

借：其他应收款——王刚　　　　　　　　　　　　　　260

　　贷：待处理财产损溢——待处理流动资产损溢　　　　　　260

收到现金时：

借：库存现金　　　　　　　　　　　　　　　　　　　260

　　贷：其他应收款——王刚　　　　　　　　　　　　　　　260

例 8-5

某公司在财产清查的过程中发现库存现金盘盈 500 元，无法查明原因，则相应的账务处理如下。

批准前：

借：库存现金　　　　　　　　　　　　　　　　　　　500

　　贷：待处理财产损溢——待处理流动资产损溢　　　　　　500

批准后：

借：待处理财产损溢——待处理流动资产损溢　　　　　500

　　贷：营业外收入　　　　　　　　　　　　　　　　　　　500

（2）存货清查结果的处理

企业在财产清查过程中发现存货盘盈或盘亏，应通过"待处理财产损溢"账户进行核算。会计人员根据"实存账存对比表"以及有关文件进行批准前和批准后的账务处理。

存货的盘盈或盘亏批准前的会计处理是：对于盘盈的存货，一方面增加有关存货账户，另一方面记入"待处理财产损溢"；对于盘亏的存货，一方面记入"待处理财产损溢"，另一方面冲减有关存货账户。

报经有关部门批准后的会计处理是：对于盘亏的存货，属于自然损耗而产生的定额内的合理的损耗记入"管理费用"，对于应由保险公司或过失人负责赔偿的存货价值记入"其他应收款"，入库残料的价值记入"原材料"，扣除残料价值和应由保险公司和过失人负责赔偿的存货价值的部分，属于一般经营损失的部分，记入"管理费用"，属于自然灾害等非正常损失的部分记入"营业外支出"；对于盘盈的存货，一般由于收发计量不准确或自然升溢等原因造成的，经批准后冲减管理费用。

按《中华人民共和国增值税暂行条例》规定，非正常损失的购进货物和非正常损失的在产品、产成品所消耗的购进货物的进项税额不准予从销项税额中抵扣。因此，对于盘亏的存货，如果属于非正常损失原因，应将其进项税额做"应交税费——应交增值税（进项税转出）"处理。

例 8-6

某公司在财产清查中发现盘盈 A 材料 3 000 千克，单价为 5 元/千克，则相应的账务处理如下。

批准前：

借：原材料　　　　　　　　　　　　　　　　　　　15 000

　　贷：待处理财产损溢——待处理流动资产损溢　　　　　　15 000

经查明是由于计量仪器不准而形成的溢余，经批准冲减管理费用。

批准后：

借：待处理财产损溢——待处理流动资产损溢　　　　15 000

　　贷：管理费用　　　　　　　　　　　　　　　　　　　15 000

例 8-7

某公司在财产清查中发现盘亏 B 材料 1 200 千克，单价为 2 元/千克，增值税税率为 13%，则相应的账务处理如下。

批准前：

借：待处理财产损溢——待处理流动资产损溢　　　　2 400

　　贷：原材料　　　　　　　　　　　　　　　　　　　2 400

经查明，盘亏 B 材料属于定额内的合理的损耗

批准后：

借：管理费用　　　　　　　　　　　　　　　　　　2 400

　　贷：待处理财产损溢——待处理流动资产损溢　　　　2 400

假设经查明，盘亏 B 材料是由于火灾造成的，保险公司负责赔偿 2 000 元，其余的损失由企业负担。

批准后：

借：其他应收款——××保险公司　　　　　　　　　2 000

　　营业外支出　　　　　　　　　　　　　　　　　712

　　贷：待处理财产损溢——待处理流动资产损溢　　　　2 400

　　　　应交税费——应交增值税（进项税转出）　　　　312

（3）固定资产清查结果的处理

企业在财产清查过程中，发现盘亏的固定资产，同样通过"待处理财产损溢"账户进行核算。对于盘亏的固定资产，在批准前应该按照其账面净值借记"待处理财产损溢"，按照其已提折旧借记"累计折旧"，按其账面原始价值贷记"固定资产"，经批准后将其净值记入"营业外支出"。

企业在财产清查中盘盈的固定资产，作为前期差错处理。企业在财产清查中盘盈的固定资产，在按管理权限报经批准处理前应先通过"以前年度损益调整"科目核算。关于"以前年度损益调整"账户的结构请见图 8-3。盘盈的固定资产，企业应按确定的固定资产的入账价值，借记"固定资产"账户，贷记"以前年度损益调整"账户。经批准后，企业再调整所得税费用、盈余公积及未分配利润项目。

借方	以前年度损益调整	贷方
（1）调整减少以前年度利润或增加以前年度亏损		（1）调整增加以前年度利润或减少以前年度亏损
（2）由于以前年度损益调整增加的所得税费用		（2）由于以前年度损益调整增加的所得税费用
（3）将本账户贷方余额调整至"利润分配——未分配利润"		（3）将本账户借方余额调整至"利润分配——未分配利润"

图 8-3 "以前年度损益调整"账户的结构

例 8-8

某公司在财产清查的过程中，发现盘亏机器设备一台，账面原值为 9 000 元，已累计计提折旧 7 500 元，则相应的账务处理如下。

批准前：

借：待处理财产损溢——待处理固定资产损溢   1 500

    累计折旧   7 500

    贷：固定资产   9 000

批准后：

借：营业外支出   1 500

    贷：待处理财产损溢——待处理固定资产损溢   1 500

例 8-9

某公司在财产清查过程中，发现一台未入账的设备，按同类或类似商品市场价格，减去按该项资产的新旧程度估计的价值损耗后的余额为 30 000 元。根据《企业会计准则第 28 号——会计政策、会计估计变更和差错更正》，该盘盈固定资产作为前期差错进行处理。假定该公司适用的所得税税率为 25%，按净利润的 10% 计提法定盈余公积。则该公司关于固定资产盘盈的账务处理如下。

盘盈固定资产时：

借：固定资产   30 000

    贷：以前年度损益调整   30 000

确定应缴纳的所得税时：

$$30\,000 \times 25\% = 7\,500（元）$$

借：以前年度损益调整   7 500

    贷：应交税费——应交所得税   7 500

结转为留存收益：

净利润：$30\,000 \times (1-25\%) = 22\,500$（元）

法定盈余公积：$22\,500 \times 10\% = 2\,250$（元）

未分配利润：$22\,500 - 2\,250 = 20\,250$（元）

借：以前年度损益调整   22 500

    贷：盈余公积——法定盈余公积   2 250

    利润分配——未分配利润   20 250

（4）往来款项清查结果的处理

财产清查中，如有应收而收不回的款项，即坏账损失，经批准予以转销。坏账损失的转销在批准前不需要通过"待处理财产损溢"账户核算。根据企业会计准则的规定，对于坏账损失的会计处理应当采用备抵法。所谓备抵法，是指企业于每个会计期末需要对坏账损失进行估计，并将估计的坏账损失计提计入当期费用，借记"资产减值损失"账户，同时将计提的坏账损失贷记相应的"坏账准备"账户；而在实际发生坏账损失并按规定程序批准后，再转销已计提的坏账准备和相应的应收账款。在这种方法下，企业应设置"坏账准备"账户，该账户贷方登记会计期末按规定提取的坏账准备金额，借方登记实际发生的坏账损失转销金额，期末余额一般在贷方，反映企业已经提取但尚未转销的坏账准备。

例 8-10

某公司的一笔应收货款 3 000 元，经过公司的财产清查发现，该款项确实无法收回，经相关领导批准转作坏账损失，则其账务处理如下。

借：坏账准备 3 000
　贷：应收账款 3 000

由于债权单位撤销或不存在等原因造成的应付而长期无法支付的款项经批准予以转销。无法支付的款项在批准前不需要通过"待处理财产损溢"账户核算，按规定经过有关部门批准后，会计人员应按照其账面余额计入营业外收入，借记"应付账款"账户，贷记"营业外收入"账户。

例 8-11

某公司在财产清查时，发现一笔长期无法支付的应付账款 5 000 元，经查实对方单位已经解散，经批准作销账处理，则其账务处理如下。

借：应付账款 5 000
　贷：营业外收入 5 000

本章小结

1. 财产清查既是会计核算的一种专门方法，又是一项行之有效的会计监督活动。这种会计核算方法的应用对于保证会计资料的真实可靠，保护财产物资的安全、完整，提高资产的利用效果都有重要的意义。

2. 财产清查依据不同的分类标准，可以分为全面清查与局部清查、定期清查与不定期清查以及内部清查与外部清查。全面清查适用于需要全面掌握财产物资、货币资金和债权债务的情况，局部清查适用于对于流动性较大的财产物资和货币资金的清查；定期清查适用于企业结账前对财产物资的清查，不定期清查适用于某些特殊事项。

3. 财产清查企业要成立专门的清查小组，要制定具体的实施计划，确定清查的对象、范围、时间、方法和步骤，以及确定参加财产清查工作人员的分工和职责；同时在清查前，企业要做好各项业务准备工作，包括结清账目、整理实物和准备工具。

4. 财产清查在会计实务中，财务物资的盘存制度有两种，即永续盘存制和实地盘存制，这两种盘存制度的目的是不同的。永续盘存制是根据账簿记录计算账面结存数量的方法，而对存货的财产清查是为了确定账面结存数与实际结存数是否一致，以保证账实相符；实地盘存制是根据财产清查的结果，确定账面结存数量的方法。

5. 财产清查根据清查对象的特点，采用不同的方法。一般对库存现金、存货和固定资产采用实地盘点法；对于大量成堆但难以逐一清点的财产物资采用技术推算法；对于银行存款，采用与开户银行对账，编制银行存款余额调节表的方法；对于往来款项，通过与对方公司核对账目的方法来进行财产清查。

6. 财产清查应填制"盘存单""账存实存对比表"等原始凭证，对于发生财产物资的盘盈或盘亏，会计上应设置"待处理财产损溢"账户，分批准前和批准后两个步骤处理：首先，批准前，根据相应的原始凭证，调整账簿记录，做到账实相符；然后，查明原因经审批后，再做转销处理。

复习思考题

1. 什么叫财产清查，为什么要进行财产清查？
2. 在永续盘存制下，需要进行财产清查吗？
3. 实地盘存制有什么特点，什么情况下可以使用此方法？
4. 进行清查前，需要哪些准备工作？
5. 如何进行库存现金的清查？
6. 如何进行银行存款的清查？
7. 如何进行实物资产的清查？
8. 如何进行往来款项的清查？
9. 试说明"待处理财产损溢"账户的用途。
10. 财产物资（包括库存现金、存货、固定资产、往来款项）的盘盈、盘亏，如何进行账务处理？

本章习题

一、单项选择题

1. 现金清查的方法是（　　）。
   A. 技术测算法　　　　　　　　　B. 实地盘点法
   C. 函证核对法　　　　　　　　　D. 与银行对账单相核对
2. 实地盘存制与永续盘存制的主要区别是（　　）。
   A. 盘点的方法不同　　　　　　　B. 盘点的目标不同
   C. 盘点的工具不同　　　　　　　D. 盘亏结果处理不同
3. 银行存款清查的方法是（　　）。
   A. 日记账与总分类账核对　　　　B. 日记账与收付款凭证核对
   C. 日记账和对账单核对　　　　　D. 总分类账和收付款凭证核对

4. 对于大量成堆、难于清点的财产物资，应采用的清查方法是（　　　　）。

    A. 实地盘点法　　　　　　　　　　B. 抽样盘点法

    C. 查询核对法　　　　　　　　　　D. 技术推算法

5. 在记账无误的情况下，造成银行对账单和银行存款日记账不一致的原因是（　　　　）。

    A. 应付账款　　　B. 应收账款　　　C. 未达账项　　　　　D. 外埠存款

6. 存货实存账存对比表是调整账面记录的（　　　　）。

    A. 记账凭证　　　B. 转账凭证　　　C. 原始凭证　　　　　D. 累计凭证

7. 下列项目的清查应采用函证核对法的是（　　　　）。

    A. 原材料　　　　B. 应付账款　　　C. 现金　　　　　　　D. 短期投资

8. 对财产物资的收发都有严密的手续，且在账簿中有连续的记载便于确定结存的制度是（　　　　）。

    A. 实地盘存制　　　　　　　　　　B. 权责发生制

    C. 永续盘存制　　　　　　　　　　D. 收付实现制

9. 对于盘亏的固定资产的净值经批准后应借记的会计科目是（　　　　）。

    A. 营业外收入　　　　　　　　　　B. 营业外支出

    C. 管理费用　　　　　　　　　　　D. 待处理财产损溢

10. 核销存货的盘盈时，应贷记的会计科目是（　　　　）。

    A. 管理费用　　　　　　　　　　　B. 营业外收入

    C. 待处理财产损溢　　　　　　　　D. 其他业务收入

二、多项选择题

1. 使企业银行存款日记账余额大于银行对账单余额的未达账项是（　　　　）。

    A. 企业先收款记账而银行未收款未记的款项

    B. 银行先收款记账而企业未收款未记的款项

    C. 银行先付款记账而企业未付款未记账的款项

    D. 企业先付款记账而银行未付款未记账的款项

2. 财产物资的盘存制度有（　　　　）。

    A. 收付实现制　　　　　　　　　　B. 权责发生制

    C. 永续盘存制　　　　　　　　　　D. 实地盘存制

3. 财产清查按照清查的时间可分为（　　　　）。

    A. 全面清查　　　　　　　　　　　B. 局部清查

    C. 定期清查　　　　　　　　　　　D. 不定期清查

4. 财产清查按照清查的执行单位不同，可分为（　　　　）。

    A. 内部清查　　　B. 局部清查　　　C. 定期清查　　　　　D. 外部清查

5. "银行存款余额调节表"是（　　　　）。

    A. 原始凭证　　　　　　　　　　　B. 调整账面记录的原始依据

    C. 只起到对账作用　　　　　　　　D. 银行存款清查的方法

6. 常用的实物财产清查方法包括（　　　　）。

    A. 实地盘点法　　　　　　　　　　B. 技术推算法

    C. 函证核对法　　　　　　　　　　D. 抽样盘点法

7. 按清查的范围不同，可将财产清查分为（　　　　）。
    A. 全面清查　　　　B. 局部清查　　　　C. 定期清查　　　　　D. 内部清查
8. 采用实地盘点法进行清查的项目有（　　　　）。
    A. 固定资产　　　　　　　　　　　B. 贵重的库存商品
    C. 银行存款　　　　　　　　　　　D. 现金
9. 编制"银行存款余额调节表"时，计算调节后的余额应以企业银行存款日记账余额
（　　　　）。
    A. 加上企业未入账的收入款项　　　B. 加银行未入账的收入款项
    C. 减企业未入账的支出款项　　　　D. 加企业未入账的支出款项
10. 下列可用作原始凭证，调整账簿记录的有（　　　　）。
    A. 存货实存账存对比表　　　　　　B. 未达账项登记表
    C. 现金盘点报告表　　　　　　　　D. 银行存款余额调节表

三、判断题

（　　　）1. 银行存款的清查，主要是将银行存款日记账与总账进行核对。
（　　　）2. 未达账项是造成企业银行存款日记账与银行对账单余额不等的唯一原因。
（　　　）3. 月末企业银行存款的实有余额为银行对账单余额加上企业未收、银行已
　　　　　　 收款项，减去企业已付、银行未付的款项。
（　　　）4. 产生未达账项的原因是记账错误，应采用适当的方法予以纠正。
（　　　）5. 月末应根据"银行存款余额调节表"中调整后的余额进行账务处理，使企
　　　　　　 业银行存款账的余额与调整后的余额一致。
（　　　）6. 从财产清查的对象和范围看，年终决算前对企业财产物资所进行的清查一
　　　　　　 般属于全面清查。
（　　　）7. 在采用"永续盘存制"下，还需要再对各项财产物资进行盘点。
（　　　）8. 企业与其开户银行对账时所编制的"银行存款余额调节表"是企业发现该
　　　　　　 存款账实不时实进行会计核算的原始凭证。
（　　　）9. 对盘盈的存货，应于批准后计入营业外支出。
（　　　）10. 对盘亏存货的净损失，属于一般营业损失部分经批准应计入管理费用。

四、业务题

习题一
（一）目的：了解永续盘存制和实地盘存制的特点。
（二）资料：
1. 某企业 20×× 年 4 月初，甲材料结存数量为 1 000 千克，单价为 5 元/千克。
2. 4 月份甲材料收发情况如下：
（1）8 日，购进入库 200 千克，实际采购成本 1 000 元。
（2）10 日，生产领用 300 千克，实际成本 1 500 元。
（3）15 日，生产领用 420 千克，实际成本 2 100 元。
（4）17 日，购进入库 250 千克，实际采购成本 1 250 元。
（5）20 日，生产领用 550 千克，实际成本 2 750 元。

（三）要求：

1. 按永续盘存制登记甲材料明细账，如表8-9所示。

表8-9 甲材料明细账（永续盘存制）

20××年		凭证号数	摘要	收　入			发　出			结　存		
月	日			数量	单价	金额	数量	单价	金额	数量	单价	金额

2. 按实地盘存制登记甲材料明细账（假定月末实地盘点数量为210千克），如表8-10所示。

表8-10 甲材料明细账（实地盘存制）

20××年		凭证号数	摘要	收　入			发　出			结　存		
月	日			数量	单价	金额	数量	单价	金额	数量	单价	金额

习题二

（一）目的：练习库存现金的清查结果的处理。

（二）资料：某企业4月30日盘点库存现金，实存现金1 500元，现金日记账余额为2 000元。现金保险柜中有账外单据5张。

（1）职工甲开出的白条借据1张，金额350元。

（2）职工乙医药费用报销单据2张，金额120元。

（3）职工丙市内交通费报销单据2张，金额30元。

上列各项，除白条借据350元，应由出纳人员自行垫补外其余各项均责令出纳员补记入账。

（三）要求：根据以上清查情况及处理意见做出会计分录。

习题三

（一）目的：练习编制银行存款余额调节表，进行银行存款清查。

（二）资料：某企业20××年11月30日，企业银行存款日记账余额70 000元，而银行对账单存款余额84 000元。该企业11月30日将企业银行存款日记账记录与银行送来的对账单核对以后，发现下列各项经济业务双方记录不符。

（1）11月26日，银行代企业付水费2 000元，企业尚未记账。

（2）11月28日，银行为企业代收销货款26 000元，企业尚未记账。

（3）11月30日，银行代付电费500元，企业尚未记账。

（4）11月30日，企业开出现金支票预付差旅费600元，持票人尚未到银行提取现金。

（5）11月29日，企业开出转账支票2 500元支付培训费，银行尚未记账。

（6）11月27日，企业收转账支票12 600元，已入账，尚未将支票送存银行。

（三）要求：根据以上资料，编制银行存款余额调节表，并确定企业11月30日银行存款的实际结存额，格式见表8-11。

表8-11 银行存款余额调节表

年　　月　　日

项　　目	金　　额	项　　目	金　　额
企业银行存款日记账余额		银行对账单余额	
加：银行已收，企业未收		加：企业已收，银行未收	
减：银行已付，企业未付		减：企业已付，银行未付	
调节后的存款余额		调节后的存款余额	

习题四

（一）目的：练习银行存款的清查。

（二）资料：华兴公司某年1月末银行存款日记账和从银行取得的对账单见表8-12、表8-13。

表8-12　银行对账单

（1月20日至31日部分经济业务及月末余额）　　　　（单位：元）

日　期	内容摘要	金　额	现金支票号数	转账支票号数	备　注
20日	收到华太公司货款	25 000		01234667	
25日	收到交存的现金	18 450			进账单
25日	代付水电费	26 000			委托付款单据
30日	企业提取现金	56 000	004678		
31日	收到永安公司货款	38 090			委托收款单据
31日	月末余额	199 540			

表8-13　银行存款日记账

（1月20日至31日）　　　　（单位：元）

20××年 月	日	凭证 种类	编号	摘要	现金支票号数	转账支票号数	对方科目	收入	支出	余额
1	19			承前页						200 000
	20	银收	25	收到华太公司货款			应收账款	25 000		225 000
	25	现付	21	送存现金			现金	18 450		243 450
	28	银付	29	偿还永信公司货款		015658	应付账款		35 100	208 350
	29	银收	26	预收海河公司货款			预收账款	17 550		225 900
	30	银付	30	提取现金备发工资	004678		现金		56 000	169 900
	30	银付	31	购入设备一台		015659	固定资产		42 000	127 900
	31			本月合计				61 000	133 100	127 900

（三）要求：

（1）将"银行存款日记账"与"银行对账单"进行核对找出未达账项，编制银行存款余额调节表（表8-14）。

表8-14　银行存款余额调节表

年　月　日　　　　（单位：元）

项　目	金　额	项　目	金　额
企业银行存款日记账余额		银行对账单余额	
加：银行已收，企业未收		加：企业已收，银行未收	
减：银行已付，企业未付		减：企业已付，银行未付	
调节后的存款余额		调节后的存款余额	

（2）根据"银行存款调节表"回答以下问题：

① 如果"银行存款日记账"与"银行对账单"余额不一致，原因可能是什么？

② "银行存款余额调节表"的作用是（　　　）。

A. 对账　　　　　　B. 调账　　　　　C. 公证　　　　　D. 查账

③ 调节相符后的余额表示什么？

④ 以上完成的核对工作，属于会计核算方法中的哪一种？

习题五

（一）目的：练习存货清查结果的账务处理。

（二）资料：某企业6月30日对存货和固定资产清查发现有关情况如下。

（1）库存A产品账面结存数量2 000件，单位成本35元，金额70 000元。实存1 985件，盘亏15件，价值525元。经查明系保管人员过失所致，经批准责令其赔偿。

（2）甲材料账面结存数量250千克，每千克20元，金额5 000元，全部毁损，作为废料处理，计价100元。经查明由于自然灾害所致，其损失经批准作为非常损失处理。

（3）乙材料账面结存数量120吨，每吨成本100元，价值12 000元，实存118吨，盘亏2吨，价值200元。已查明属于定额内损耗，经批准转销处理。

（4）丙材料账面结存数量300千克，每千克10元，价值3 000元；实存310千克，盘盈10千克，价值100元。经查明为收发计量差错原因造成，经批准转销处理。

（三）要求：根据以上资料，编制存货清查结果审批前后的会计分录。

习题六

（一）目的：练习固定资产清查结果的账务处理。

（二）资料：某企业在财产清查过程中，关于固定资产项目发现以下问题。

（1）该公司业务部门盘亏一台电脑，账面原值8 000元，累计已计提折旧3 500元，经查明为电脑保管人的失职造成的，由保管人李兵赔偿2 000元，其余部分列作营业外支出。

（2）该公司的生产车间发现一台未入账机床，公司确定的入账价值为12 000元。另外，公司适用的所得税税率为25%，按净利润的10%计提法定盈余公积。

（三）要求：根据以上资料，编制固定资产清查结果审批前后的会计分录。

习题七

（一）目的：练习应收账款清查结果的账务处理。

（二）资料：一笔应收某客户的货款6 000元，在公司的财产清查过程中发现确实无法收回，经批准该款项转作坏账损失。

（三）要求：根据以上资料，编制应收账款清查结果审批前后的会计分录，要求采用备抵法核算坏账损失。

习题八

（一）目的：练习应付账款清查结果的账务处理。

（二）资料：某公司在财产清查时，发现一笔长期无法支付的应付账款8 500元，经查实对方单位已经破产，经批准该款项作销账处理。

（三）要求：根据以上资料，编制应付账款清查结果审批前后的会计分录。

第九章 财务会计报告

学习目的

通过学习本章，要求了解财务会计报告的概念；了解财务报表的分类和意义；理解资产负债表、利润表、现金流量表和所有者权益变动表的结构与内容；掌握资产负债表和利润表的编制方法。

技能要求

能够根据总账和明细账有关数据正确编制资产负债表和利润表。

财务会计报告是指企业对外提供的反映企业某一特定日期的财务状况和某一会计期间的经营成果、现金流量等会计信息的文件。财务会计报告包括财务报表及其附注和其他应当在财务会计报告中披露的相关信息和资料，其中的财务报表至少应当包括资产负债表、利润表、现金流量表及所有者权益（或股东权益）变动表等报表；而附注是指对在财务报表中列示的项目所做的进一步说明，以及对未能在这些报表中列示项目的说明等。所以，财务报表是财务会计报告的主体和基本部分，财务报表附注是财务会计报告的补充说明。在本章中，我们将具体说明财务报表的编制。

第一节 财务报表的意义和种类

一、财务报表的概念

在市场经济社会中，企业的投资者和债权人、企业经营管理人员、税务和财政等政府管理部门，需要利用会计信息进行决策与控制。虽然，在日常会计工作中，企业发生的一切经济业务，通过编制会计凭证和登记账簿进行了连续、系统和全面的反映，可以借以反映经济业务的情况和实行会计监督。但是因为会计账簿是按照每一账户分类地记录特定的经济内容，因此账户所提供的资料不能反映企业经济业务的全貌；同时，分散记录于各账户的资料不能清晰地反映经济指标间的内在联系；此外，企业的账簿也不便于会计职能部门以外的其他部门使用，更无法将账簿提供给企业外部的有关部门或人员使用。因此，企业需要将账簿中分散的资料进一步加工整理、分析、汇总，定期编制财务报表，以提供有关资金、成本、费用、利润等形成与变动情况，为企业预测经济前景，进行经济决策提供必要的数据资料。

　　财务报表是会计核算的最终成果，它是以会计账簿为主要依据，以货币为计量单位，全面、总括地反映会计主体在一定时期内的财务状况、经营成果和现金流量等信息的报告文件。财务报表是根据日常会计核算资料归集、加工、汇总而形成的结果，是企业对外提供会计信息的主要形式，它是会计主体对经济活动进行预测、决策、控制和检查、分析的重要依据。

二、财务报表的作用

　　我国《企业会计准则——基本准则》第四条明确指出："财务会计报告的目标是向财务会计报告使用者提供与企业财务状况、经营成果和现金流量等有关的会计信息，反映企业管理层受托责任履行情况，有助于财务会计报告使用者做出经济决策。财务会计报告使用者包括投资者、债权人、政府及其有关部门和社会公众等"。因此，作为会计核算方法体系的重要组成部分的财务报表，可以为会计信息使用者提供有用的会计信息，在社会经济活动中发挥着重要的作用。其作用主要表现在以下几方面：

　　1）财务报表有利于投资者了解企业的财务状况和经营成果。

　　在市场经济条件下，企业的投资者虽然将其财产投入到企业，并且是享有企业经营成果的最终所有者，但是他们中的大多数人在一般情况下并不直接参与企业实际的经营管理，而是委托专门的经理人员对企业进行经营管理。而财务报表的编制和公布则为现有的投资者了解企业的财务状况与资金使用效果等信息提供了方便，使他们可以利用财务报表对企业的盈利能力做出适当的评估，并决定是抛售还是继续持有该公司的股票；作为潜在的投资者，其投资时主要考虑的是投资风险和报酬问题，为了降低投资风险，并使未来预期的报酬有保证，潜在的投资者需要借助财务报表所提供的信息，对企业的经营业绩、盈利能力和企业的未来的发展前景等做出自己的判断，这是他们进行合理投资决策的重要前提和保证。

　　2）财务报表有利于债权人了解企业的财务状况和经营成果。

　　在市场经济条件下，商业信贷是市场经济发展的重要因素。由商业信贷所形成的债权人主要包括银行、非银行金融机构和公司债券的持有者。同投资者一样，他们也是企业经营资金的提供者，他们也需要反映企业能按时支付利息和偿还债务的资料，因为其所提供的资金也会因企业的严重经营亏损或财务失败而无法按期收回。因此为了降低这种风险，他们需要借助于财务报表了解企业的偿债能力，评价贷款风险和收益，以做出合理的信贷方案和信贷决策。

　　3）财务报表有助于企业管理当局评价经营业绩，加强内部管理，提高经济效益。

　　企业的管理当局通过利用财务财务报表，可以全面了解自身一定时期的财物状况和经营成果；另外，借助于财务报表，管理当局可以检查内部管理责任制的落实情况，据以考核、评价内部各责任部门的工作业绩，并总结经验，挖掘企业的内部潜力，进一步提高经济效益。

　　4）财务报表有利于财政、工商、税务等行政管理部门了解企业对国家财经纪律的执行情况。

　　财政、工商、税务等行政管理部门，履行国家监管企业的职能，负责检查企业的资金使用情况、成本计算情况、利润的形成和分配情况、税金的计算与缴纳情况以及企业对财经法纪的遵守情况。财务报表作为集中、概括反映企业经济活动情况及其结果的会计载体，是财政、工商、税务等行政管理部门对企业实施管理和监督的重要资料。

　　5）财务报表为审计部门检查和监督企业的生产经营活动提供重要的信息资料。

　　审计包括内部审计和外部审计。内部审计是企业内部成立的审计机构对本单位的会计工作实施的审计；外部审计包括国家审计和社会审计，国家审计是指由国家的审计部门依法对企业的会计工作实施的审计，社会审计是指由会计师事务所等社会中介机构对企业的会计工作实施的审计。审计工作一般是从财务报表审计开始的，财务报表不仅为审计提供了详尽、全面的数据资料，而且可以为进一步审计会计凭证和会计账簿指明了方向。

　　6）财务报表有利于国家制定和实施正确的宏观经济调控政策。

　　国家宏观经济调控的实现需要依赖各种经济信息，其中财务报表所揭示的会计信息是其重要内容之一。对于主管部门来说，利用财务报表，考核所属单位的经营业绩以及各项经济政策贯彻执行情况，并通过所属单位同类指标的对比和分析，总结成绩，推广先进经验，对所发现的问题，分析原因，采取措施，克服薄弱环节；同时，各企业的财务报表经过逐级汇总后，主管部门可以借此了解国有资产的使用、变动情况，了解各部门、各地区经济的发展情况，并据以对国民经济的运动状态和未来趋势做出准确的判断和决策，从而加强宏观经济管理，提高调控的成效，保证国民经济能正常地运行。

三、财务报表的种类

　　不同经济性质、不同行业的企业、单位，经济活动各有其自身的特点，因此财务报表的种类和内容也不尽相同。财务报表可以按照不同的标准进行多层次、多角度的分类。目前，财务报表主要的分类方法有以下几种。

1．财务报表根据反映的经济内容分类

　　财务报表按其反映的经济内容可以分为资产负债表、利润表、现金流量表和所有者权益（或股东权益）变动表等报表。资产负债表是用来反映在某一特定日期的资产、负债和所有者权益等财务状况的财务报表；利润表是用来反映企业在一段时期内经营成果的财务报表；现金流量表是用来反映企业在一定时期内的现金流入和流出情况的财务报表；所有者权益（或股东权益）变动表是反映构成所有者权益的各组成部分当期增减变动情况的财务报表。

2．财务报表根据编制的用途分类

　　财务报表按其编制的用途可以分为对外财务报表和对内财务报表。对外的财务报表是为了满足投资者和债权人、财政、税务、工商和证券监管等部门的需要。这些对外的财务

报表的具体格式、编制方法和报送时间均由财政部统一规定，任何单位不得随意增减。按《企业会计准则第 30 号——财务报表列报》的规定，企业对外报送的财务报表包括资产负债表、利润表、现金流量表和所有者权益（或股东权益）变动表。对内的财务报表是为了满足企业内部经营管理，进行预测、决策、控制和加强财务管理的需要。企业对内财务报表的种类、格式、编制方法以及编制时间均由各企业根据自身的经营特点和管理要求自行规定、自行设计。

3．财务报表根据所包含的会计主体范围分类

财务报表按其所包含的会计主体范围的不同，可以分为个别财务报表和合并财务报表两类。这种划分是在企业拥有对外投资的情况下，由于特殊的财务关系所形成的。个别财务报表是指对外投资的单位所编制的只反映本单位财务状况、经营成果和现金流量等信息的财务报表，包括对外的财务报表和对内的财务报表。企业对外单位的投资占被投资单位资本总额 50%以上的情况下，将被投资单位与本企业视为一个整体而编制的财务报表就是合并财务报表。合并财务报表所反映的是投资企业与被投资企业共同的财务状况、经营成果和现金流量等信息，一般只编制对外的财务报表。

4．财务报表根据其编制的时间分类

财务报表按其编制时间可分为月度财务报表、季度财务报表、半年度财务报表和年度财务报表。月度财务报表简称月报，是指在每月终了时编制的反映企业某一月份内经济活动的报表，通常只包括几种最主要的财务报表，月报要求简明、扼要、及时反映；季度财务报表简称季报，是指在季度终了时编制的反映企业某一季度内经济活动的报表，季报通常是将月报的内容累计，综合反映一个季度的经营成果和财务状况；半年度财务报表简称半年报，是指在每个会计年度的前 6 个月结束后对外提供的财务报表，半年报除了反映月报和季报内容外，还应该包括企业对外有关重要的事项的说明；年度财务报表简称年报，是指反映企业全年的经营成果和年末的财务状况的财务报表，年报每年编制一次，年报要求揭示完整、反映全面。

另外，其中月报、季报和半年报又称中期财务报表，简称中报。

5．财务报表根据其所反映的资金运动状况分类

财务报表按其反映的资金运动状况分为静态财务报表和动态财务报表。静态财务报表反映企业在某一时点财务状况的报表，比如资产负债表；动态财务报表是反映企业在一定时期内经营成果的财务报表，如利润表。

6．财务报表根据其编制单位分类

财务报表依其编制单位的不同，可以分为基层单位财务报表和汇总财务报表。基层单位财务报表是指由独立核算的基层单位根据账簿记录和其他资料编制的财务报表；汇总财务报表是指由上级主管部门根据所属单位上报的财务报表合并汇总单位本身的财务报表而编制的财务报表，以反映某个主管部门或地区的综合性指标。它通常按照隶属关系逐级汇总编制，用来反映一个地区（或部门）的经济状况。

四、财务报表的编制要求

（一）编制财务报表的准备工作

财务报表的资料主要来自企业各种账簿记录，包括企业的总分类账和各种明细分类账。为了如实地反映会计主体的财务状况、经营成果和现金流量等信息，在编制财务报表之前应做好以下的准备工作。

1. 检查本期发生的经济业务是否全部登记入账

为了保证财务报表反映内容的完整性，只有在本期的经济业务全部记账的基础上，才可以开始编制财务报表。会计人员绝不能为了赶时间编制报表而提前结账，不得估计数字，更不能弄虚作假，篡改数字；当然也不能推迟结账，把不属于本期的经济业务编入本期财务报表中。

2. 进行账项调整

按照权责发生制的要求，会计人员对收入和费用项目进行调整，以便使收入和费用进行恰当的配比。

3. 进行财产清查

在编制财务报表尤其是年度财务报表前，企业应对各种存货、固定资产和货币资金进行清查盘点；对企业同其他单位之间的往来款项和企业内部应收应付项目进行清理核对，发现问题要及时查明原因，认真处理，对于坏账应按规定转销。

4. 按时结账，进行试算平衡

在全部经济业务已经入账并且有关账项调整结束之后，企业应该按时结账，进行试算平衡，然后编制财务报表。

（二）编制财务报表的要求

《会计法》第二十条规定："财务会计报告应当根据经过审核的会计账簿记录和有关资料编制，并符合本法和国家统一的会计制度关于财务会计报告的编制要求、提供对象和提供期限的规定；其他法律、行政法规另有规定的，从其规定。"为了保证财务报表的质量，充分发挥财务报表的作用，按现行会计制度的要求，编制财务报表要做到数据真实、计算准确、内容完整、编报及时、便于理解。

1. 数据真实

根据客观性原则，会计核算应当以实际发生的经济业务为依据，如实反映企业的财务状况、经营成果和现金流量等信息。因此，财务报表所反映的数字必须客观、真实，并能准确地反映企业财务状况和经营成果。会计人员不能以估计数代替实际数，更不能弄虚作假、篡改数字、隐瞒谎报，以保证财务报表的真实性。在财务报表编制完成之后，会计人员还应检查账簿记录和报表数字，报表与报表之间的有关数字是否衔接一致，以确保会计数字的真实性。

2．计算准确

财务报表上所反映的各项指标都是通过数字表示的，这些数字主要来自于日常的账簿记录，但是这并不是账簿数字的简单的转抄。有些报表项目的数字是需要将有关账簿提供的数字进行分析，并按照一定的方法计算后才能填列，况且报表项目之间也存在着一定的数量钩稽关系，所以要求财务报表中的每一个数字必须核对清楚，计算无误后再行填列，以保证财务报表的质量。

3．内容完整

财务报表必须按照会计制度和会计准则规定的报表种类、格式和内容进行编制。对于编制的财务报表，必须编报齐全，不得漏编、漏报。对于应当填列的财务报表项目，无论是表内项目还是补充资料，都必须填列齐全。如果有的项目无数字填列，应当在金额栏内划一短横线，以示此项目无数字。某些重要的资料，如果不能列入报表的主体部分，应在财务报表附注中予以披露，以便财务报表的使用者理解和运用。

4．编报及时

根据及时性原则，财务报表必须按照规定的期限和程序及时编制、及时报送，以便财务报表的使用者及时利用财务报表资料，快速地了解企业的财务状况和经营成果。根据《企业会计制度》的规定，月度报表应于月度终了后 6 天报出；季度报表应于季度终了后 15 天报出；半年度财务报表应于年度中期结束后 60 天内报出；年度财务报表应于年度终了后 4 个月内报出。

5．容易理解

会计工作是一项专业强的工作，财务报表作为会计工作的最终产品，也必然具有极强的专业性。但是由于财务报表应用广泛，其所涉及的使用者并非全部为会计专业人士，而绝大多数为非会计专业人员，因此为了使广大会计信息使用者能够在较小的成本下，准确理解会计信息，正确、及时地应用会计信息，财务报表提供的信息资料必须清晰，易于为报表的阅读者理解。

第二节　资产负债表

一、资产负债表的概念

资产负债表是反映企业在某一特定日期（月末、季末或年末）财务状况的财务报表。该表是根据资产、负债和所有者权益之间的相互关系，按照一定的分类标准和一定排列顺序，并对日常会计核算工作形成的大量数据进行高度概括整理后编制的，表明企业在某一特定日期所拥有的经济资源、所承担的现有债务义务和所有者对企业净资产的要求权，其编制依据是"资产=负债+所有者权益"的会计恒等式。

从性质上讲，资产负债表是一个静态的财务报表，它是以相对静止的方式反映企业的资产、负债、所有者权益的总量及构成。换言之，报表中所反映的财务状况只是某一时点（编报日）上的状态，过了这一时点，企业的财务状况就会变化。因此，资产负债表只有对编报日来说才具有意义。

二、资产负债表的作用

资产负债表所提供的资料，对企业管理层的经营决策和与企业有关的其他利益集团的经济决策具有重要意义。其重要性在于它表明了企业在资产、负债、所有者权益三方面的实际状况，反映了企业经营活动的规模和发展潜力。资产负债表的作用如下。

1）资产负债表总括反映企业所掌握的经济资源及其分布情况，包括企业目前所承担的各项负债、投资者的投资以及留存收益等情况，经营者可以分析企业的资产分布是否合理。

2）资产负债表总括反映企业资金的来源渠道和构成情况，投资者和债权人据此可以分析企业的资本结构的合理性及其面临的财务风险。

3）通过对资产负债表的分析，可以了解企业的资产、负债的结构变化情况，投资者和债权人可以了解企业的财务实力、偿债能力和支付能力，据此做出相应的决策。

4）资产负债表提供并比较资产、负债和所有者权益的年初数和年末数，因此可以了解企业资产、负债、所有者权益的变动情况，有利于分析判断企业财务状况的变动趋势，预测企业未来的财务变化情况。

三、资产负债表的格式

资产负债表作为一张反映企业在特定日期财务状况的财务报表，它的基本内容必然包括企业在会计期末所拥有或控制的所有资产、所承担的所有负债及所有者权益。报表的格式是指其内容的表现形式。资产负债表分为基本部分和补充资料两部分。该表的主体是基本部分，由表头和表体组成。表头部分列示报表的名称、编号、编制单位、编制日期和货币计量单位等内容。表体是按一定的标准和次序把企业的某一时日的资产、负债和所有者权益各要素进行项目分类。附注部分（补充资料）主要用于进一步详细说明报表中的某些主要项目和编制基础。由于表头和附注的格式较为简单，故一般所说的资产负债表的格式是指资产、负债和所有者权益的分类和排列形式。根据资产负债表主体部分排列方式的不同，资产负债表的格式主要有账户式和报告式。

（一）报告式的资产负债表

报告式资产负债表，也称垂直式的资产负债表，它是依据"资产–负债=所有者权益"的会计基本等式，将资产、负债、所有者权益项目按顺序垂直的列示于报表的上、中、下三个部分。报告式的资产负债表便于显示不同时期的经济指标，更便于分析不同时期的财务状况，能较好地满足报表使用者的需要。美国和我国香港地区使用报告式的资产负债表。其简单的格式如表9-1所示。

表 9-1 资产负债表

编制单位： 年 月 日 单位：

项 目	金 额
资产	
……	
资产合计	
负债	
……	
负债合计	
所有者权益	
……	
所有者权益合计	

（二）账户式的资产负债表

账户式资产负债表是依据"资产=负债+所有者权益"的会计基本等式，将报表分为左右两方，左方列示资产项目，右方列示负债和所有者权益项目，左方各项目金额合计与右方各项目金额合计相等。由于采用左右列示各项目的方式，所以它便于资产和负债及所有者权益的比较，有利于进行偿债能力分析，也充分体现了资产、负债和所有者权益的关系。我国《企业会计准则第 30 号—— 财务报表列报》规定，资产负债表采用账户式格式。一般企业财务报表格式（适用于已执行新金融准则、新收入准则和新租货准则的企业）见表 9-2。

表 9-2 资产负债表

会企 01 表

编制单位 ___年___月___日 单位：元

资 产	期末余额	年初余额	负债和所有者权益（或股东权益）	期末余额	年初余额
流动资产：			流动负债：		
货币资金			短期借款		
交易性金融资产			交易性金融负债		
衍生金融资产			衍生金融负债		
应收票据			应付票据		
应收账款			应付账款		
应收款项融资			预收款项		
预付款项			合同负债		
其他应收款			应付职工薪酬		
存货			应交税费		
合同资产			其他应付款		
持有待售资产			持有待售负债		
一年内到期的非流动资产			一年内到期的非流动负债		
其他流动资产			其他流动负债		
流动资产合计			流动负债合计		
非流动资产：			非流动负债：		
债券投资			长期借款		
其他债权投资			应付债券		

（续）

资　　产	期 末 余 额	年 初 余 额	负债和所有者权益 （或股东权益）	期 末 余 额	年 初 余 额
长期应收款			其中：优先股		
长期股权投资			永续债		
其他权益工具投资			长期应付款		
其他非流动金融资产			预计负债		
投资性房地产			递延收益		
固定资产			递延所得税负债		
在建工程			其他非流动负债		
生产性生物资产			非流动负债合计		
油气资产			负债合计		
无形资产			负债合		
开发支出			所有者权益（或股东权益）：		
商誉			实收资本（或股本）		
长期待摊费用			其他权益工具		
递延所得税资产			其中：优先股		
其他非流动资产			永续债		
非流动资产合计			资本公积		
			减：库存股		
			其他综合收益		
			专项储备		
			盈余公积		
			未分配利润		
			所有者权益（或股东权益）合计		
资 产 总 计			负债和所有者权益（或股东权益）合计		

（三）资产负债表的项目分类与排列

1. 资产项目的分类与排列

根据《企业会计准则第 30 号——财务报表列报》，资产负债表中的资产类项目按其流动性程度的高低顺序和变现能力的强弱排列。一般而言，变现能力最强的排在最上边，变现能力最弱的排列在最下边。按照这一标准，资产项目可分为流动资产和非流动资产。流动资产包括的项目依次排列为：货币资金、交易性金融资产、衍生金融资产、应收票据、应收账款、预付款项、其他应收款、存货、一年内到期的非流动资产、其他流动资产；非流动资产包括的项目依次排列为：债权投资、其他债权投资、长期应收款、长期股权投资、其他权益工具投资、其他非流动金融资产、投资性房地产、固定资产、在建工程、生产性生物资产、油气资产、无形资产、开发支出、商誉、长期待摊费用、递延所得税资产、其他非流动资产等。

2. 负债类项目的分类与排列

根据《企业会计准则第 30 号——财务报表列报》，资产负债表中的负债项目一般按照其到期日由近至远的顺序排列。对于负债类项目，按其偿还期限的长短分为流动负债和非流动负债。流动负债包括的项目依次排列为：短期借款、交易性金融负债、衍生金融负债、应付票据、应付账款、预收款项、合同负债、应付职工薪酬、应交税费、其他应付款、持有待售负债、一年内到期的非流动负债、其他流动负债。非流动负债包括的项目依次为：长期借款、应付债券、长期应付款、预计负债、递延收益、递延所得税负债、其他非流动负债。

3. 所有者权益类项目的分类与排列

根据《企业会计准则第 30 号——财务报表列报》，所有者权益类项目按其形成的时间的早晚，包括的项目依次为：实收资本（或股本）、其他权益工具、资本公积、其他综合收益、专项储备、盈余公积、未分配利润。

四、资产负债表的编制

由于资产负债表是总括反映企业某一特定日期的全部资产、负债、所有者权益情况的报表，而各有关账户的期末余额分类反映企业某一特定日期的资产、负债和所有者权益情况，资产负债表各项目的期末数与各有关账户的期末余额在反映内容上的共性，决定了资产负债表项目应根据各有关账户的期末余额填列。但是，资产负债表各项目反映的内容与各有关账户反映的内容又不完全相同，有的可以从账户中直接填列，有的更概括，有的更为集中。因此，资产负债表各项目有的直接根据有关账户的期末余额填列，有的则要根据有关账户的期末余额分析填列。根据《企业会计准则第 30 号——财务报表列报》和《企业会计准则应用指南——会计科目和主要账务处理》，资产负债表项目的具体填列方法如下。

（一）年初余额的填列方法

资产负债表"年初余额"栏内的数字，应根据上年末资产负债表"期末余额"栏内所列的数字填列。如果本年度资产负债表规定的各个项目的名称和内容同上年度不相一致，应对上年年末资产负债表各项目的名字和数字按照本年度的规定进行调整，填入本期资产负债表的"年初余额"栏。

（二）期末余额的填列方法

资产负债表中"期末余额"栏各项目的数据应当根据会计账簿中有关科目的记录进行填列。由于资产负债表所反映的是会计期末这一特定日期财务状况的静态报表，因此应根据各有关科目的期末余额填列。具体填列方法如下。

1. 根据总账科目余额直接填列

资产负债表各项目的数据来源，主要是根据总账科目期末余额直接填列，如"短期借款"项目，根据"短期借款"总账科目的期末余额直接填列；"应付职工薪酬"项目，根据"应付职工薪酬"总账科目的期末余额直接填列，等等。

2．根据总账科目余额减去其备抵账户余额后的净额填列

资产负债表某些项目需要根据若干个总账科目期末余额减去其备抵账户余额后的净额填列。如"无形资产"项目是用"无形资产"账户期末余额减去"累积摊销"和"无形资产减值准备"账户期末余额后的净额填列；"固定资产"项目使用"固定资产"账户期末余额减去"累计折旧"和"固定资产减值准备"以及"固定资产清理"账户期末余额后的净额填列。"在建工程"减去"在建工程减值准备"期末余额后的净额以及"工程物资"减去"工程物资减值准备"期末余额后的净额也合并在"固定资产"项目中填列。

3．根据总账科目余额计算填列

资产负债表某些项目需要根据若干个总账科目的期末余额计算填列。如"货币资金"项目根据"库存现金""银行存款"及"其他货币资金"科目的期末余额合计数填列；"其他应收款"项目根据"应收利息""应收股利"及"其他应收款"科目的期末余额合计数填列；"其他应付款"项目根据"应付利息""应付股利"及"其他应付款"科目的期末余额合计数填列；"长期应付款"项目根据"专项应付款"和"长期应付款"科目的期末余额合计数填列；"固定资产"项目根据"固定资产""在建工程""工程物资"科目的期末净额合计数填列。

4．根据明细科目余额计算填列

资产负债表某些项目不能根据总账科目的期末余额，或若干个总账科目的期末余额计算填列，而需要根据科目所属的相关明细科目的期末余额计算填列，如"应收账款""预付款项""应付账款"及"预收款项"等项目。

1）"应收账款"项目，应根据本科目所属的各明细科目的期末借方余额的合计数减去"坏账准备"科目中有关应收账款计提坏账准备期末余额后的金额合并填列。如"应收账款"科目所属的明细科目出现贷方余额，应在"预收款项"项目中反映；如"预收账款"科目所属的明细科目出现借方余额时，应合并填列在本项目内。

2）"预付款项"项目，应根据"预付账款"科目所属的明细科目的期末借方余额合计数填列。如"应付账款"科目所属的明细科目有借方余额，也在本项目内合并反映。

3）"应付账款"项目，应根据本科目所属的明细科目的期末贷方余额合计数合并填列。如"应付账款"科目所属的明细科目的期末有借方余额应在"预付款项"项目内反映。

4）"预收款项"项目，应根据"预收账款"所属的明细科目的期末贷方余额合计数填列；如"预收账款"所属的明细科目有借方余额的应在"应收账款"项目内反映，"应收账款"科目所属的明细科目如有贷方余额也合并填列在本项目内。

5．根据总账科目和明细科目余额分析计算填列

资产负债表上某些项目需要根据总账科目余额分析计算填列，如"长期借款"，根据"长期借款"总账科目余额扣除"长期借款"科目所属的明细科目中反映的将在一年内到期的长期借款部分计算填列。

（三）资产负债表中各项目的填列方法

1）"货币资金"项目，反映企业库存现金、银行存款、外埠存款、银行汇票存款、银

行本票存款、信用证保证金存款等的合计数。本项目应根据"库存现金""银行存款""其他货币资金"账户的期末余额合计填列。

2）"交易性金融资产"项目，反映资产负债表日企业分类为以公允价值计量且其变动计入当期损益的金融资产，以及企业持有的直接指定为以公允价值计量且其变动计入当期损益的金融资产的期末账面价值。该项目应根据"交易性金融资产"账户的相关明细账户期末余额分析填列。自资产负债表日起超过一年到期且预期持有超过一年的以公允价值计量且其变动计入当期损益的非流动金融资产的期末账面价值，在"其他非流动金融资产"项目反映。

3）"应收票据"项目，反映企业因销售商品、提供劳务等而收到的商业汇票，包括银行承兑汇票和商业承兑汇票银行承兑汇票和商业承兑汇票银行承兑汇票和商业承兑汇票。本项目应根据"应收票据"科目的期末余额填列。

4）"应收账款"项目，反映企业因销售商品、提供服务等经营活动应收取的款项。本项目应根据"应收账款"账户和"预收账款"账户所属各明细账的期末借方余额合计数，减去"坏账准备"账户中有关应收账款计提的坏账准备期末余额后的金额填列。如"应收账款"所属明细账期末有货方余额，应在"预收款项"项目内填列。

5）"其他应收款"项目，反映企业除应收票据、应收账款、预付账款以外的应收和暂付其他单位和个人的款项，应根据"应收利息""应收股利""其他应收款"账户的期末余额合计数，减去"坏账准备"账户中相关坏账准备期末余额后的金额填列。"应收股利"项目反映企业因股权投资而应收取的现金股利，企业应收其他单位的利润，也包括在本项目内，本项目应根据"应收股利"账户的期末余额填列。"应收利息"项目反映企业因债权投资而应收取的利息，本项目应根据"应收利息"账户的期末余额填列。

6）"预付款项"项目，反映企业预付给供应单位的款项。本项目应根据"预付账款"账户和"应付账款"账户所属各明细账的期末借方余额合计，减去"坏账准备"账户中有关预付账款计提的坏账准备期末余额后的金额填列。如"预付账款"账户所属有关明细账期末有贷方余额的，应在"应付账款"项目内填列。

7）"存货"项目，反映企业期末库存、在途和加工中的各项存货的价值。包括各种材料、商品、在产品、半成品、包装物、低值易耗品等。本项目应根据"在途物资"（或"材料采购"）"原材料""库存商品""周转材料""委托加工物资""生产成本"等账户的期末余额合计，减去"存货跌价准备"账户期末余额后的金额填列。原材料采用计划成本核算的企业，还应按加或减材料成本差异后的金额填列。

8）"持有待售资产"项目，反映资产负债表日划分为持有待售类别的非流动资产及划分为持有待售类别的处置组中流动资产和非流动资产的期末账面价值。本项目应根据持有待售资产"账户的期末余额，减去"持有待售资产减值准备"账户的期末余额后的金额填列。

9）"其他流动资产"项目，反映企业除以上流动资产项目外的其他流动资产，本项目应根据有关账户的期末余额填列。如其他流动资产价值较大，应在会计报表附注中披露其内容和金额。

10)"债权投资"项目,反映资产负债表日企业以摊余成本计量的长期债权投资的期末账面价值。该项目应根据"债权投资"账户的相关明细账户期末余额,减去"债权投资减值准备"账户中相关减值准备的期末余额后的金额分析填列。自资产负债表日起一年内到期的长期债权投资的期末账面价值,在"一年内到期的非流动资产"项目反映。企业购入以摊余成本计量的一年内到期的债权投资的期末账面价值,在"其他流动资产"项目反映。

11)"其他债权投资"项目,反映资产负债表日企业分类为以公允价值计量且其变动计入其他综合收益的长期债权投资的期末账面价值。该项目应根据"其他债权投资"账户的相关明细账户期末余额分析填列。自资产负债表日起一年内到期的长期债权投资的期末账面价值,在"一年内到期的非流动资产"项目反映。企业购入的以公允价值计量且其变动计入其他综合收益的一年内到期的债权投资的期末账面价值,在"其他流动资产"项目反映。

12)"长期应收款"项目,反映企业应收期限在 1 年以上的款项。本项目应根据"长期应收款"账户的期末余额减去相应的"未实现融资收益"账户期末余额和"坏账准备"账户期末余额,再减去所属相关明细账中将于 1 年内到期的部分后的金额进行填列。

13)"长期股权投资"项目,反映企业不准备在 1 年内(含 1 年)变现的各种股权性质投资的可收回金额。本项目应根据"长期股权投资"账户的期末余额,减去"长期股权投资减值准备"账户余额后的金额填列。

14)"其他权益工具投资"项目,反映资产负债表日企业指定为以公允价值计量且其变动计入其他综合收益的非交易性权益工具投资的期末账面价值。该项目应根据"其他权益工具投资"账户的期末余额填列。

15)"投资性房地产"项目,反映企业拥有的用于出租的建筑物和土地使用权的金额。本项目应根据"投资性房地产"账户的期末余额填列。

16)"固定资产"项目,反映资产负债表日企业固定资产的期末账面价值和企业尚未清理完毕的固定资产清理净损益。该项目应根据"固定资产"账户的期末余额,减去"累计折旧"和"固定资产减值准备"账户的期末余额后的金额,以及"固定资产清理"账户的期末余额填列。"固定资产清理"项目,反映企业因出售、毁损、报废等原因转入清理但尚未清理完毕的固定资产的账面价值,与固定资产清理过程中所发生的清理费用和变价收入等各项金额的差额。

17)"在建工程"项目,反映资产负债表日企业尚未达到预定可使用状态的在建工程的期末账面价值和企业为在建工程准备的各种物资的期末账面价值。该项目应根据"在建工程"账户的期末余额,减去"在建工程减值准备"账户的期末余额后的金额,以及"工程物资"账户的期末余额,减去"工程物资减值准备"账户的期末余额后的金额填列。

18)"无形资产"项目,反映企业各项无形资产的期末可收回金额。本项目应根据"无形资产"账户的期末余额,减去"累计摊销"和"无形资产减值准备"账户期末余额后的金额填列。

19)"研发支出"项目,反映企业自行研究开发无形资产在期末尚未完成开发阶段的无形资产的价值。本项目应根据"研发支出"账户的期末余额填列。

20）"长期待摊费用"项目，反映企业尚未推销的推销期限在 1 年以上（不含 1 年）的各种费用，如租入固定资产改良支出、摊销期限在 1 年以上（不含 1 年）的其他待摊费用。本项目应根据"长期待摊费用"账户的期末余额填列。

21）"其他非流动资产"项目，反映企业除以上资产以外的其他长期资产。本项目应根据有关账户的期末余额填列。如其他非流动资产价值较大，应在会计报表附注中披露其内容和金额。

22）"短期借款"项目，反映企业入尚未归还的 1 年期以下（含 1 年）的借款。本项目应根据"短期借款"账户的期末余额填列。

23）"交易性金融负债"项目，反映资产负债表日企业承担的交易性金融负债，以及企业持有的直接指定为以公允价值计量且其变动计入当期损益的金融负债的期末账面价值。该项目应根据"交易性金融负债"账户的相关明细科目期末余额填列。

24）"应付票据"项目，反映资产负债表日企业因购买材料、商品和接受服务等经营活动而开出、承兑的商业汇票，包括银行承兑汇票和商业承兑汇票。本项目应根据"应付票据"科目的期末余额填列。

25）"应付账款"项目，反映资产负债表日企业因购买材料、商品和接受服务等经营活动应支付的款项，本项目应根据"应付账款"账户和"预付账款"账户所属各有关明细账的期末贷方余额合计填列。如"应付账款"账户所属各明细账期末有借方余额，应在"预付款项"项目内填列。

26）"预收款项"项目，反映企业预收购买单位的账款。本项目应根据"预收账款"和"应收账款"账户所属各有关明细账户的期末贷方余额合计填列。如"预收账款"账户所属有关明细账户有借方余额的，应在"应收账款"项目内填列。

27）"应付职工薪酬"项目，反映企业应付未付的职工薪酬。应付职工薪酬包括应付职工的工资、奖金、津贴和补贴、职工福利费和医疗保险费、养老保险费等各种保险费以及住房公积金等。本项目应根据"应付职工薪酬"账户期末贷方余额填列。如"应付职工薪酬"账户期末有借方余额，以"-"号填列。

28）"应交税费"项目，反映企业期末未交、多交或未抵扣的各种税金和其他费用。本项目应根据"应交税费"账户的期末贷方余额填列。如"应交税费"账户期末为借方余额，以"-"号填列。

29）"其他应付款"项目，应根据"应付利息""应付股利""其他应付款"账户的期末余额合计数填列。"其他应付款"项目，反映企业除应付票据、应付账款、应付工资、应付利润等以外的应付和暂收其他单位和个人的款项。本项目应根据"其他应付款"账户的期末余额填列。"应付股利"项目，反映企业尚未支付的现金股利。本项目应根据"应付股利"账户的期末余额填列。

30）"持有待售负债"项目，反映资产负债表日处置组中与划分为持有待售类别的资产直接相关的负债的期末账面价值。本项目应根据"持有待售负债"账户的期末余额填列。

31）"其他流动负债"项目，反映企业除以上流动负债以外的其他流动负债。本项目应根据有关账户的期末余额填列。如其他流动负债价值较大，应在会计报表附注中披露其内容及金额。

32)"长期借款"项目，反映企业借入尚未归还的 1 年期以上（不合 1 年）的借款本息。本项目应根据"长期借款"账户的期末余额填列。

33)"应付债券"项目，反映企业发行的尚未偿还的各种长期债券的本息。本项目应根据"应付债券"账户的期末余额填列。

34)"长期应付款"项目，反映资产负债表日企业除长期借款和应付债券以外的其他各种长期应付款项的期末账面价值。该项目应根据"长期应付款"账户的期末余额，减去相关的"未确认融资费用"账户的期末余额，再减去所属相关明细账中将于 1 年内到期的部分后的金额，以及"专项应付款"账户的期末余额填列。其中，"专项应付款"项目，反映企业取得的政府作为企业所有者投入的具有专项或特定用途的款项，本项目应根据"专项应付款"账户的期末余额填列。

35)"预计负债"项目，反映企业确认的对外提供担保、未决诉讼、产品质量保证等事项的预计负债的期末余额。本项目应根据"预计负债"账户的期末余额填列。

36)"其他非流动负债"项目，反映企业除以上非流动负债项目以外的其他非流动负债。本项目应根据有关账户的期末余额填列。如其他非流动负债价值较大的，应在会计报表附注中披露其内容和金额。

上述非流动负债各项目中将于 1 年内（含 1 年）到期的负债，应在"1 年内到期的非流动负债"项目内单独反映。上述非流动负债各项目均应根据有关账户期末余额减去将于 1 年内（含 1 年）到期的非流动负债后的金额填列。

37)"合同资产"和"合同负债"项目。企业应按照《企业会计准则第 14 号——收入》（2017 年修订）的相关规定根据本企业履行履约义务与客户付款之间的关系在资产负债表中列示合同资产或合同负债。"合同资产"项目、"合同负债"项目，应分别根据"合同资产"账户、"合同负债"账户的相关明细账户期末余额分析填列，同一合同下的合同资产和合同负债应当以净额列示，其中净额为借方余额的，应当根据其流动性在"合同资产"或"其他非流动资产"项目中填列；已计提减值准备的，还应减去"合同资产减值准备"账户中相关的期末余额后的金额填列；其中净额为贷方余额的，应当根据其流动性在"合同负债"或"其他非流动负债"项目中填列。

按照《企业会计准则第 14 号——收入》（2017 年修订）的相关规定确认为资产的合同取得成本，应当根据"合同取得成本"账户的明细账户初始确认时推销期限是否超过一年或一个正常营业周期，在"其他流动资产"或"其他非流动资产"项目中填列，已计提减值准备的，还应减去"合同取得成本减值准备"账户中相关的期末余额后的金额填列。

按照《企业会计准则第 14 号——收入》（2017 年修订）的相关规定确认为资产的合同履约成本，应当根据"合同履约成本"账户的明细账户初始确认时摊销期限是否超过一年或一个正常营业周期，在"存货"或"其他非流动资产"项目中填列，已计提减值准备的，还应减去"合同履约成本减值准备"账户目中相关的期末余额后的金额填列。

按照《企业会计准则第14号——收入》（2017年修订）的相关规定确认为资产的应收退货成本，应当根据"应收退货成本"账户是否在一年或一个正常营业周期内出售，在"其他流动资产"或"其他非流动资产"项目中填列。

按照《企业会计准则第14号——收入》（2017年修订）的相关规定确认为预计负债的应付退货款，应当根据"预计负债"账户下的"应付退货款"明细账户是否在一年或一个正常营业周期内清偿，在"其他流动负债"或"预计负债"项目中填列。

38）"实收资本（或股本）"项目，反映企业各投资者实际投入的资本（或股本）总额。本项目应根据"实收资本（或股本）"账户的期末余额填列。

39）"资本公积"项目，反映企业资本公积的期末余额。本项目应根据"资本公积"账户的期末余额填列。

40）"专项储备"项目，反映高危行业企业按国家规定提取的安全生产费的期末账面价值。本项目应根据"专项储备"账户的期末余额填列。

41）"盈余公积"项目，反映企业盈余公积的期末余额，本项目应根据"盈余公积"账户的期末余额填列。

42）"未分配利润"项目，反映企业尚未分配的利润。本项目应根据"本年利润"账户和"利润分配"账户的余额计算填列。未弥补的亏损，在本项目内以"－"号填列。

五、资产负债表的编制举例

下面举例说明资产负债表的编制。

新势力有限公司20××年12月31日各账户的余额见表9-3。

表9-3 新势力有限公司20××年12月31日账户余额表

账户名称	借方余额		账户名称	贷方余额	
	年 初 数	期 末 数		年 初 数	期 末 数
库存现金	16 000	18 000	坏账准备	29 000	50 000
银行存款	660 000	1 250 000	长期股权投资减值准备	50 000	100 000
交易性金融资产	180 000	331 600	累计折旧	200 000	260 000
应收票据	5 000	6 000	固定资产减值准备	100 000	200 000
应收账款	650 000	1 181 000	累计摊销	50 000	100 000
预付账款	30 000	100 000	短期借款	300 000	200 000
其他应收款	75 000	120 000	应付账款	320 000	780 000
原材料	490 000	730 000	预收账款	23 000	47 000
生产成本	98 000	154 000	其他应付款	86 000	170 000
库存商品	530 000	840 000	应付职工薪酬	342 000	556 000
周转材料	8 000	9 000	应付股利		200 000
债权投资	32 000	30 000	应交税费	210 000	350 000
长期股权投资	613 000	613 000	长期借款	450 000	390 000
固定资产	1 773 000	2 674 400	实收资本	2 600 000	2 600 000
无形资产	400 000	590 000	盈余公积	150 000	525 600
长期待摊费用		60 000	利润分配	650 000	2 178 400
合 计	5 560 000	8 707 000	合 计	5 560 000	8 707 000

说明：针对期末数据，以上各账户中有三笔记录，经查明应在列表时按规定予以调整：①在"应收账款"账户中有明细账贷方余额 10 000 元和明细账借方余额 1 191 000；②在"应付账款"账户中有明细账借方余额 15 000 元和明细账贷方余额 795 000；③在"预付账款"账户中有明细账贷方余额 5 000 元和明细账借方余额 105 000。

下面表 9-4 就是根据表 9-3 的账户资料所编制的资产负债表。

现将上述资料经归纳分析后填入资产负债表如下。

1）将"库存现金"和"银行存款"的账户余额的合计数列入资产负债表的"货币资金"项目，即

"货币资金"项目的期末余额=18 000+1 250 000=1 268 000

"货币资金"项目的年初余额=16 000+660 000=676 000

2）将"应付利息""应付股利"和"其他应付款"的账户余额的合计数列入资产负债表的"其他应付款"项目，即

"其他应付款"项目的期末余额=0+200 000+170 000=370 000

"其他应付款"项目的年初余额=0+0+86 000=86 000

3）在计算"预收账款"和"应收账款"期末余额时，注意"预收账款"和"应收账款"这两个结算账户与其他账户的填写方式不同，它们并不根据自身总账余额直接填写，而是同时根据这两个账户所属明细账户的余额分析合并填写。"预收账款"填写这两个账户所属明细账户中贷方余额合计数，"应收账款"则填写这两个账户所属明细账户中借方余额合计数。本题"预收账款"账户所属明细账贷方金额为 47 000 元，"应收账款"账户所属明细账贷方金额为 10 000 元，所以"预收账款"项目应填写他们的合计数为 57 000 元；"预收账款"账户所属明细账借方金额为 0 元，"应收账款"账户所属明细账借方金额为 1 191 000 元，所以"应收账款"应填写他们的合计数为 1 191 000 元，再减去"坏账准备"总账期末余额 50 000 元，"应收账款"项目应填写 1 141 000 元，即

"应收账款"项目的年初余额=650 000–29 000=621 000

"预收款项"的期末余额=47 000+10 000=57 000

"应收账款"项目期末余额=1 191 000–50 000=1 141 000

4）在计算"预付款项"和"应付账款"的期末余额时，注意"预付账款"和"应付账款"这两个结算账户与其他账户的填写方式不同，它们并不根据自身总账余额直接填写，而是同时根据这两个账户所属明细账户的余额分析合并填写。"预付账户"填写这两个账户所属明细账户中借方余额合计数，"应付账款"则填写这两个账户所属明细账户中的贷方余额合计数。本题"预付账款"账户所属明细账期末借方金额为 105 000 元，"应付账款"账户所属明细账期末借方金额为 15 000 元，所以"预付账款"项目应填写他们的合计数为 120 000 元；"预付账款"账户所属明细账贷方金额为 5 000 元，"应付账款"账户所属明细账贷方金额为 795 000 元，所以"应付账款"应填写他们的合计数为 800 000 元，即

"预付款项"项目的期末余额=105 000+15 000=120 000

"应付账款"项目的期末余额=5 000+795 000+0=800 000

5）将"原材料""生产成本""库存商品"和"周转材料"的账户余额的合计数列入"存货"项目中，即

"存货"项目的期末余额=730 000+154 000+840 000+9 000=1 733 000

"存货"项目的年初余额=490 000+98 000+530 000+8 000=1 126 000

6）将"长期股权投资"账户余额减去"长期股权投资减值准备"账户余额后的差额列入"长期股权投资"项目中，即

"长期股权投资"项目的期末余额=613 000-100 000=513 000

"长期股权投资"项目的年初余额=613 000-50 000=563 000

7）将"固定资产"账户余额减去"固定资产减值准备"账户余额与"累计折旧"账户余额合计数后的差额列入"固定资产"项目中，即

"固定资产"项目的期末余额=2 674 400-260 000-200 000=2 214 400

"固定资产"项目的年初余额=1 773 000-200 000-100 000=1 473 000

8）将"无形资产"账户余额减去"累计摊销"账户余额后的差额列入"无形资产"项目中，即

"无形资产"项目的期末余额=590 000-100 000=490 000

"无形资产"项目的年初余额=400 000-50 000=350 000

9）资产负债表其余各项目的金额按账户余额表（表9-3）直接列入资产负债表（表9-4）。

表9-4 资产负债表

会企01表

编制单位：新势力有限公司 　　20××年 12 月 31 日 　　单位：元

资　　产	期末余额	年初余额	负债和所有者权益	期末余额	年初余额
流动资产：			流动负债：		
货币资金	1 268 000	676 000	短期借款	200 000	300 000
交易性金融资产	331 600	180 000	交易性金融负债		
应收票据	6 000	5 000	衍生金融负债		
应收账款	1 141 000	621 000	应付票据		
应收款项融资			应付账款	800 000	320 000
预付款项	120 000	30 000	预收款项	57 000	23 000
其他应收款	120 000	75 000	应付职工薪酬	556 000	342 000
存货	1 733 000	1 126 000	应交税费	350 000	210 000
合同资产			其他应付款	370 000	86 000
持有待售资产			持有待售负债		
一年内到期的非流动资产			一年内到期的非流动负债		
其他流动资产			其他流动负债		
流动资产合计	4 719 600	2 713 000	流动负债合计	2 333 000	1 281 000
非流动资产：			非流动负债：		
债权投资	30 000	32 000	长期借款	390 000	450 000
其他债权投资			应付债券		
长期应收款			其中：优先股		
长期股权投资	513 000	563 000	永续债		

（续）

资　产	期末余额	年初余额	负债和所有者权益	期末余额	年初余额
其他权益工具投资			长期应付款		
其他非流动金融资产			预计负债		
投资性房地产			递延收益		
固定资产	2 214 400	1 473 000	递延所得税负债		
在建工程			其他非流动负债		
生产性生物资产			非流动负债合计	390 000	450 000
油气资产			负债合计	2 723 000	1 731 000
无形资产	490 000	350 000	所有者权益：		
开发支出			实收资本	2 600 000	2 600 000
商誉			其他权益工具		
长期待摊费用	60 000		其中：优先股		
递延所得税资产			永续债		
其他非流动资产			资本公积		
非流动资产合计	3 307 400	2 418 000	减：库存股		
			其他综合收益		
			专项储备		
			盈余公积	525 600	150 000
			未分配利润	2 178 400	650 000
			所有者权益合计	5 304 000	3 400 000
资产总计	8 027 000	5 131 000	负债和所有者权益合计	8 027 000	5 131 000

第三节　利　润　表

一、利润表的概念

利润表也称收益表、损益表，是反映企业一定时期经营成果的财务报表。一定时期可以是一个月、一个季度、半年，也可以是一年，因此利润表属于动态财务报表。它是根据"收入-费用=利润"的会计等式，依照一定的顺序，将一定期间的收入、费用和利润项目予以适当排列编制而成。同资产负债表一样，利润表也是企业重要的一个财务报表，它综合反映了企业的经营业绩，同时它又是进行利润分配的主要依据，因此每个单位都必须按要求编制利润表。

二、利润表的作用

利润的多少及其发展趋势，是企业生存和发展的关键，也是投资者和债权人关注的焦点。因此，利润表的编制和披露对会计信息使用者是至关重要的。

1．有利于分析和预测企业的获利能力

通过利润表可以反映利润的实现过程。利润表中列示的各项收入和支出项目，可以反映利润的实现过程，还可以分析利润计划的执行和完成情况。利润表有利于正确评价经营业绩，分析和预测企业的获利能力，为企业的经营决策提供重要的依据。

2．有利于考核管理当局的经营业绩

管理当局的业绩可以体现在很多方面，但主要反映在利润的多少上。在企业的整个经营过程中，收入、成本费用的各项目可以反映出如原材料的耗费、生产设备的利用、劳动生产率的高低、产品质量的优劣、管理效率的高低、经营决策的成败。通过实际数与计划数的比较，可以考核企业计划的完成情况，从而评价企业经营管理的业绩。

3．有利于合理地分配经营成果

投资者之所以参与企业的投资与经营活动，根本目的是为了获取利润。但是企业利润分配应有一个合理的尺度，因为如果分配过多，会影响企业未来的持续发展；但是如果企业不分配或少分配，又会影响投资者等相关人员的积极性。因此，企业必须制定合理的利润分配政策和利润分配方案，而利润表所反映的利润方面的信息，则可以为这一决策提供依据。

4．有助于分析和预测企业的偿债能力

企业的偿债能力主要取决于企业的资本结构和盈利能力。在企业的资本结构确定的情况下，企业的盈利能力对于企业的偿债能力有着至关重要的影响。企业的管理者和债权人可以利用利润表信息，尤其是通过各期利润的比较与分析，对企业的偿债能力做出评价和预测。

三、利润表的格式

作为反映企业经营成果的财务报表，利润表必须包括影响某一会计期间的所有损益内容。利润表由表头、表体和附注资料三部分组成。利润表的表头包括报表的名称、报表的种类、编报单位、报表时期、金额单位等内容组成的。表体反映各项收支的发生额。附注部分（补充资料）主要用于进一步详细说明报表中的某些主要项目和编制基础。由于表头和附注的格式较为简单，故一般所说的利润表的格式是指各项收支项目的分类和排列形式。根据利润表的表体部分的排列方式的不同，利润表的格式主要有单步式和多步式。我国采用多步式格式。

1．单步式的利润表

单步式的利润表是将所有的收入及费用项目分别汇总，两者相减得出本期的收益。因为只有一个相减的步骤，故称为单步式。在单步式利润表下，首先列示本期所有的收入项目，然后再列示所有的费用项目，两者相减，得出净利润。单步式利润表的优点是

比较直观、简单、易于编制；其缺点在于没有反映出各类收入与费用之间的配比关系，无法揭示各构成要素之间的内在联系，不便于财务报表使用者进行分析，也不利于同行业之间的比较。

单步式利润表结构见表 9-5。

表 9-5 利润表（单步式）

编制单位 年 月 单位：元

项 目	本 期 金 额	上 期 金 额
一、收入		
主营业务收入		
其他业务收入		
投资收益		
营业外收入		
……		
收入合计		
二、费用		
主营业务成本		
其他业务成本		
税金及附加		
销售费用		
管理费用		
研发费用		
财务费用		
营业外支出		
所得税费用		
……		
费用合计		
三、净利润		

2. 多步式的利润表

多步式的利润表是将利润表上的收入及费用项目加以归类，在从营业收入到净利润的计算过程中，经过营业利润、利润总额等中间性计算得到的利润表。即

营业利润=营业收入−营业成本−税金及附加−销售费用−管理费用−研发费用−财务费用−资产减值损失−信用减值损失+其他收益+投资收益+公允价值变动收益+资产处置收益

其中：营业收入=主营业务收入+其他业务收入

营业成本=主营业务成本+其他业务成本

利润总额=营业利润+营业外收入−营业外支出

净利润=利润总额−所得税费用

多步式利润表的格式如表 9-6 所示。

表 9-6　利润表（多步式）

会企 02 表

编制单位：　　　　　　　　　　　　　年　　月　　　　　　　　　　　单位：元

项　　目	本 期 金 额	上 期 金 额
一、营业收入		
减：营业成本		
税金及附加		
销售费用		
管理费用		
研发费用		
财务费用		
其中：利息费用		
利息收入		
资产减值损失		
信用减值损失		
加：其他收益		
投资收益（损失以"－"填列）		
其中：对联营企业和合营企业的投资收益		
净敞口套期收益（损失以"－"填列）		
公允价值变动收益（损失以"－"填列）		
信用减值损失（损失以"－"填列）		
资产减值损失（损失以"－"填列）		
资产处置收益（损失以"－"填列）		
二、营业利润（亏损以"－"填列）		
加：营业外收入		
减：营业外支出		
三、利润总额（亏损总额以"－"填列）		
减：所得税费用		
四、净利润（净亏损以"－"填列）		

从上表可以看出：多步式的利润表的优点在于，通过列示中间利润数据，分步反映净利润的计算过程，准确地揭示了净利润的各构成要素之间的内在联系，提供了比单步式的利润表更为丰富的财务信息，便于报表使用者进行盈利分析，能够满足现在和潜在的投资者、债权人对企业财务信息的需求。

四、利润表的编制

利润表是反映企业经营成果的动态报表，所以在编制利润表时，应根据有关损益类账户的发生额填列。根据《企业会计准则第 30 号——财务报表列报》和《企业会计准则应用指南——会计科目和主要账务处理》，利润表项目的具体填列方法如下。

（一）上期金额的填列方法

利润表"上期金额"栏内的数字，应根据上期利润表"本期金额"栏内所列的数字填列。如果本期利润表规定的各个项目的名称和内容同上期不相一致，应对上期利润表各项目的名字和数字按照本期的规定进行调整，填入本期利润表的"上期金额"栏内。

（二）本期金额的填列方法

1）"营业收入"项目反映企业通过生产活动，或提供劳务，或进行其他业务活动所取得收入。本项目应根据"主营业务收入"和"其他业务收入"等账户的本期发生额分析填列。

2）"营业成本"项目反映企业通过生产活动，或提供劳务，或进行其他业务活动所发生的成本。本项目应根据"主营业务成本"和"其他业务成本"等账户的本期发生额分析填列。

3）"税金及附加"项目反映企业经营活动发生的消费税、城市维护建设税、资源税、教育费附加及房产税、城镇土地使用税、车船税、印花税等相关税费。本项目应根据"税金及附加"账户的本期发生额分析填列。

4）"销售费用"项目反映企业销售产品、提供劳务过程中发生的各种费用。本项目应根据"销售费用"账户的本期发生额分析填列。

5）"管理费用"项目反映企业为组织和管理企业生产经营所发生的管理费用，包括企业在筹建期间发生的开办费、董事会和行政管理部门在企业经营管理中发生的或由企业统一负担的经费。本项目应根据"管理费用"账户的本期发生额扣除"研发费用"明细账户的发生额填列。

6）"研发费用"项目反映企业进行研究与开发过程中发生的费用化支出。该项目应根据"管理费用"账户下的"研发费用"明细账户的发生额分析填列。

7）"财务费用"项目反映企业为筹集生产经营所需的资金等发生的筹资费用以及利息收入，包括利息支出、利息收入、汇兑损益以及相关手续费、企业发生的现金折扣或收到的现金折扣等。本项目应根据"财务费用"账户的本期发生额分析填列。

其中："财务费用"项目下的"利息费用"项目，反映企业为筹集生产经营所需资金等而发生的应予费用化的利息支出。该项目应根据"财务费用"科目的相关明细科目的发生额分析填列。该项目作为"财务费用"项目的其中项，以正数填列；"财务费用"项目下的"财利息收入"项目，反映企业按照 相关会计准则确认的应冲减财务费用的利息收入。该项目应根据 "财务费用"科目的相关明细科目的发生额分析填列。该项目作为"财务费用"项目的其中项，以正数填列。

8）"资产减值损失"项目反映企业计提资产减值准备所形成的损失。本项目应根据"资产减值损失"账户的本期发生额分析填列。

9）"信用减值损失"项目反映企业按照《企业会计准则第22号——金融工具确认和计量》（2017 年修订）的要求计提的各项金融工具减值准备所形成预期信用损失。本项目应根据"信用减值损失"账户的本期发生额分析填列。

10）"其他收益"项目，反映计入其他收益的政府补助等。该项目应根据在损益类账户新设置的"其他收益"账户的发生额分析填列。

11）"投资收益"项目，反映企业以各种方式对外投资所取得的净收益。本项目应根据"投资收益"账户的发生额分析填列；如为投资净损失，以"–"号填列。

12）"以摊余成本计量的金融资产终止确认收益"项目，反映企业因转让等情形导致终止确认以摊余成本计量的金融资产而产生的利得或损失。该项目应根据"投资收益"科目的相关明细科目的发生额分析填列；如为损失，以"-"号填列。

13）"净敞口套期收益"项目，反映净敞口套期下被套期项目累计公允价值变动转入当期损益的金额或现金流量套期储备转入当期损益的金额。该项目应根据"净敞口套期损益"账户的发生额分析填列；如为套期损失，以"-"号填列。

14）"公允价值变动收益"项目，反映企业资产因公允价值变动而发生的损益。本项目应根据"公允价值变动损益"账户的发生额分析填列，如为净损失，以"-"号填列。

15）"资产处置收益"项目，反映企业出售划分为持有待售的非流动资产（金融工具、长期股权投资和投资性房地产除外）或处置时确认的处置利得或损失，以及处置未划分为持有待售的固定资产、在建工程、生产性生物资产及无形资产而产生的处置利得或损失。债务重组中因处置非流动资产产生的利得或损失和非货币性资产交换产生的利得或损失也包括在本项目内。本项目应根据在损益类账户新设置的"资产处置收益"账户的发生额分析填列；如为处置损失，以"-"号填列。

16）"营业外收入"项目，反映企业发生的营业利润以外的收益，主要包括债务重组利得、与企业日常活动无关的政府补助、盘盈利得、捐赠利得（企业接受股东或股东的子公司直接或间接的捐赠，经济实质属于股东对企业的资本性投入的除外）等。本项目应根据"营业外收入"账户的发生额分析填列。

17）"营业外支出"项目，反映企业发生的营业利润以外的支出，主要包括债务重组损失、公益性捐赠支出、非常损失、盘亏损失、非流动资产毁损报废损失等。本项目应根据"营业外支出"账户的发生额分析填列。

18）"所得税费用"项目，反映企业按规定从本期利润总额中减去的所得税。本项目应根据"所得税费用"账户的发生额分析填列。

19）"净利润"项目，反映企业实现的净利润。如为净亏损，以"-"号填列。

五、利润表的编制举例

下面举例说明利润表的编制。

新华公司20××年×月有关账户的发生额见表9-7。

表9-7 新华公司有关账户发生额资料表 （单位：元）

账户名称	本期发生额		上期发生额	
	借　方	贷　方	借　方	贷　方
主营业务收入		570 000		556 000
其他业务收入		4 000		6 000
公允价值变动损益				
投资收益		31 713		33 654
营业外收入		2 000		3 000
主营业务成本	200 000		198 000	
其他业务成本	1 000		1 500	
税金及附加	7 400		6 900	
销售费用	83 000		81 000	
管理费用	51 000		49 000	
其中：研发费用				

（续）

账户名称	本期发生额		上期发生额	
	借　方	贷　方	借　方	贷　方
财务费用	6 000		6 000	
其中：利息费用	6 000		6 000	
利息收入				
资产减值损失				
营业外支出	1 000		800	
所得税费用	84 913		82 687	

下面说明利润表的各个项目填列方法。

1）将"主营业务收入"账户的发生额和"其他业务收入"账户的发生额的合计数列入利润表的"营业收入"项目。即

"营业收入"项目的本期金额=570 000+4 000=574 000（元）

"营业收入"项目的上期金额=556 000+6 000=562 000（元）

2）将"主营业务成本"账户的发生额和"其他业务成本"账户的发生额的合计数列入利润表的"营业成本"项目。即

"营业成本"项目的本期金额=200 000+1 000=201 000（元）

"营业成本"项目的上期金额=198 000+1 500=199 500（元）

3）将"投资收益"账户的发生额列入利润表的"投资收益"项目。即

"投资收益"项目的本期金额=31 713 元

"投资收益"项目的上期金额=33 654 元

4）将"营业外收入"账户的发生额列入利润表的"营业外收入"项目。即

"营业外收入"项目的本期金额=2 000 元

"营业外收入"项目的上期金额=3 000 元

5）将"营业外支出"账户的发生额列入利润表的"营业外成本"项目。即

"营业外支出"项目的本期金额=1 000 元

"营业外支出"项目的上期金额=800 元

6）将"税金及附加"账户的发生额列入利润表的"税金及附加"项目。即

"税金及附加"项目的本期金额=7 400 元

"税金及附加"项目的上期金额=6 900 元

7）将"销售费用"账户的发生额列入利润表的"销售费用"项目。即

"销售费用"项目的本期金额=83 000 元

"销售费用"项目的上期金额=81 000 元

8）将"管理费用"账户的发生额列入利润表的"管理费用"项目。即

"管理费用"项目的本期金额=51 000 元

"管理费用"项目的上期金额=49 000 元

9）将"财务费用"账户的发生额列入利润表的"财务费用"项目。即

"财务费用"项目的本期金额=6 000 元

"财务费用"项目的上期金额=6 000 元

10）将"所得税费用"账户的发生额列入利润表的"所得税费用"项目。即

"所得税费用"项目的本期金额=84 913 元

"所得税费用"项目的上期金额＝82 687 元

该公司 20××年×月的利润表如表 9-8 所示。

表 9-8　利润表

编制单位：新华公司　　　　　　　20××年　×　月

会企 02 表
单位：元

项　目	本 期 金 额	上 期 金 额
一、营业收入	574 000	562 000
减：营业成本	201 000	199 500
税金及附加	7 400	6 900
销售费用	83 000	81 000
管理费用	51 000	49 000
研发费用		
财务费用	6 000	6 000
其中：利息费用	6 000	6 000
利息收入		
资产减值损失		
加：其他收益		
投资收益（损失以"–"填列）	31 713	33 654
其中：对联营企业和合营企业的投资收益		
净敞口套期收益（损失以"–"填列）		
公允价值变动收益（损失以"–"填列）		
信用减值损失（损失以"–"填列）		
资产减值损失（损失以"–"填列）		
资产处置收益（损失以"–"填列）		
二、营业利润（亏损以"–"填列）	257 313	253 254
加：营业外收入	2 000	3 000
减：营业外支出	1 000	800
三、利润总额（亏损总额以"–"填列）	258 313	255 454
减：所得税费用	84 913	82 687
四、净利润（净亏损以"–"填列）	173 400	172 767

第四节　现金流量表

一、现金流量表的概念

现金流量是某一时期内企业现金流入和流出的数量。企业销售产品、提供劳务、出售固定资产、向银行借款等取得现金，形成企业的现金流入；购买材料、接受劳务、购建固定资产、对外投资、偿还债务等所支付的现金，形成企业的现金流出。《企业会计准则第31 号——现金流量表》第二条指出：现金流量表，是指反映企业在一定会计期间现金和现金等价物流入和流出的报表。现金流量表是企业的主要财务报表之一，它反映了企业的现金流入、现金流出以及某段时间内现金的净变动额。

《企业会计准则第31号——现金流量表》第二条同时指出：在现金流量表提及"现金"时，除非同时提及现金等价物，均包括现金和现金等价物。也就是说，现金流量表中的现金是广义的现金，包括现金和现金等价物。具体来讲，它是由库存现金、银行存款、其他货币资金和现金等价物等几部分组成。

1. 库存现金

库存现金是指企业持有的、可随时用于支付的现金，即与会计核算"库存现金"账户的内容一致。

2. 银行存款

银行存款是指存放于银行等金融机构的可以随时用于支付的存款，即与会计核算中"银行存款"账户所包括的内容基本一致。区别在于：如果存放在银行的款项中不能随时用于支付的存款（比如，定期存款）不能作为现金流量表的现金，但是提前通知银行便可以支取的定期存款，则包括在现金流量表范围内。

3. 其他货币资金

其他货币资金是指企业存放在银行等金融企业有特定用途的资金，如外埠存款、银行汇票存款、银行本票存款、信用卡存款、信用证保证金，即与会计核算"其他货币资金"账户所包含的内容基本一致。

4. 现金等价物

我国颁布的《企业会计准则第31号——现金流量表》应用指南中指出，现金等价物指企业持有的期限短、流动性强、易于转换为已知金额现金，价值变动风险很小的投资。其中，期限短，一般是指从购买日起，三个月到期，例如可在证券市场上流通的三个月到期的短期债券投资等。现金等价物虽然不是现金，但其支付能力与现金的差异不大，可以视为现金。如企业为保证支付能力，手持必要的现金，为了不使现金闲置，可以购买短期债券，在需要现金时，随时可以变现。但权益性投资变现的金额通常不稳定，比如股票的价格是经常的波动的，因而不属于现金等价物。企业根据具体情况，确定现金等价物的范围，一经确定不得随意的变更。

二、现金流量的分类

现金流量是指现金的流入和流出。现金流量应进行适当的分类，以进一步反映各类经济活动引起的现金流入和流出。我国颁布的《企业会计准则第31号——现金流量表》将现金流量分为三类，即经营活动的现金流量、投资活动的现金流量和筹资活动的现金流量。

1. 经营活动的现金流量

经营活动是指企业投资活动和筹资活动以外的所有交易和事项。一般来说，经营活动产生的现金流入项目有销售商品、提供劳务收到的现金、收到的税费返还、收到其他与经营活动有关的现金。经营活动产生的现金流出项目有：购买商品、接受劳务支付的现金、支付给职工以及为职工支付的现金、支付的各项税费、支付其他与经营活动有关的现金。

2. 投资活动的现金流量

投资活动是指企业长期资产的购建和不包括在现金等价物范围的投资及其处置活动。一般来说，投资活动产生的现金流入项目有收回投资收到的现金、取得投资收益收到的现金、处置固定资产、无形资产和其他长期资产收回的现金净额、购买或处置子公司及其他营业单位产生的现金净额、收到其他与投资活动有关的现金；投资活动产生的现金流出项目有购建固定资产、无形资产和其他长期资产支付的现金、投资支付的现金、支付其他与投资活动有关的现金。

3．筹资活动的现金流量

筹资活动是指导致企业资本及债务规模和构成发生变化的活动。一般来说，投资活动产生的现金流入项目有吸收投资收到的现金、取得借款收到的现金、收到其他与筹资活动有关的现金；投资活动产生的现金流出项目有偿还债务支付的现金、分配股利、利润或偿付利息支付的现金、支付其他与筹资活动有关的现金。

三、现金流量表的作用

在市场经济条件下，企业的现金流转情况在很大程度上影响着企业的生存和发展。企业现金充裕，就可以购入必要的材料物资和固定资产，及时支付工资，偿还债务，支付股利和利息；反之，轻则影响企业的正常生产经营，重则危及企业的生存。现金流量表的作用主要如下。

（1）通过现金流量表，可以揭示企业在一定时期内，现金从哪里来，用到哪里去了，了解企业现金流入和流出的原因，为正确的财务决策提供依据。

（2）通过现金流量表，可以揭示企业经营活动、投资活动及筹资活动的现金流量，详细分析企业的现金周转及偿债能力。

（3）通过现金流量表，可以了解企业未来生成现金的能力，为分析和判断企业的财务前景提供依据。

四、现金流量表的基本结构

我国《〈企业会计准则第31号——现金流量表〉应用指南》将现金流量表分为正表和补充资料两部分。

现金流量表的正表部分以"现金流入-现金流出=现金流量净额"为基础，分别列示经营活动、投资活动和筹资活动的现金流入量、现金流出量和现金流量净额。

现金流量表的补充资料又细分为三部分：将净利润调节为经营活动的现金流量、不涉及现金收支的投资和筹资活动、现金及现金等价物的净增加情况。

现金流量表的格式如表9-9所示。

表9-9 现金流量表

会企03表

编制单位＿＿＿＿＿＿＿＿年＿＿月　　　　　　　　　　　　　单位：元

项　目	本期金额	上期金额
一、经营活动产生的现金流量：		
销售商品、提供劳务收到的现金		
收到的税费返还		
收到其他与经营活动有关的现金		
经营活动现金流入小计		
购买商品、接受劳务支付的现金		

229

（续）

项　目	本 期 金 额	上 期 金 额
支付给职工以及为职工支付的现金		
支付的各项税费		
支付其他与经营活动有关的现金		
经营活动现金流出小计		
经营活动产生的现金流量净额		
二、投资活动产生的现金流量：		
收回投资收到的现金		
取得投资收益收到的现金		
处置固定资产、无形资产和其他长期资产收回的现金净额		
处置子公司及其他营业单位收到的现金净额		
收到其他与投资活动有关的现金		
投资活动现金流入小计		
购建固定资产、无形资产和其他长期资产支付的现金		
投资支付的现金		
取得子公司及其他营业单位支付的现金净额		
支付其他与投资活动有关的现金		
投资活动现金流出小计		
投资活动产生的现金流量净额		
三、筹资活动产生的现金流量：		
吸收投资收到的现金		
取得借款收到的现金		
收到其他与筹资活动有关的现金		
筹资活动现金流入小计		
偿还债务支付的现金		
分配股利、利润或偿付利息支付的现金		
支付其他与筹资活动有关的现金		
筹资活动现金流出小计		
筹资活动产生的现金流量净额		
四、汇率变动对现金的影响		
五、现金及现金等价物净增加额		
加：期初现金及现金等价物余额		
六、期末现金及现金等价物余额		

补 充 资 料	本 期 金 额	上 期 金 额
1. 将净利润调节为经营活动现金流量：		
净利润		
加：资产减值准备		
固定资产折旧、油气资产折耗、生产性生物资产折旧		
无形资产摊销		
长期待摊费用摊销		
处置固定资产、无形资产和其他长期资产的损失（收益以"－"号填列）		
固定资产报废损失（收益以"－"号填列）		
公允价值变动损失（收益以"－"号填列）		
财务费用（收益以"－"号填列）		
投资损失（收益以"－"号填列）		
递延所得税资产减少（增加以"－"号填列）		
递延所得税负债增加（减少以"－"号填列）		
存货的减少（增加以"－"号填列）		

（续）

项　　目	本　期　金　额	上　期　金　额
补　充　资　料	本　期　金　额	上　期　金　额
经营性应收项目的减少（增加以"–"号填列）		
经营性应付项目的增加（减少以"–"号填列）		
其他		
经营活动产生的现金流量净额		
2. 不涉及现金收支的重大投资和筹资活动：		
债务转为资本		
一年内到期的可转换公司债券		
融资租入固定资产		
3. 现金及现金等价物净变动情况：		
现金的期末余额		
减：现金的期初余额		
加：现金等价物的期末余额		
减：现金等价物的期初余额		
现金及现金等价物净增加额		

第五节　所有者权益变动表

一、所有者权益变动表的概念

《企业会计准则第 30 号——财务报表列报》指出，所有者权益变动表是反映构成所有者权益的各组成部分当期的增减变动情况的财务报表。所有者权益共计五项内容，即实收资本、资本公积、库存股、盈余公积和未分配利润。这些项目在资产负债表中只反映了期初数和期末数，并不能反映其增减变动的原因，并不能详细地说明其增减的具体情况，因此所有者权益变动表是企业重要的财务报表之一。

所有者权益变动表全面反映了企业的股东权益在年度内的变化情况，便于会计信息使用者深入分析企业股东权益的增减变化情况，并进而对企业的资本保值增值情况做出正确判断，从而提供对决策有用的信息。

二、所有者权益变动表的格式

根据《企业会计准则第 30 号——财务报表列报》，所有者权益变动表至少应当单独列示反映下列信息的项目：

1）净利润；

2）直接计入所有者权益的利得和损失项目及总额；

3）会计政策变更和差错更正的累积影响金额；

4）所有者投入资本和向所有者分配利润等；

5）按照规定提取的盈余公积；

6）实收资本、资本公积、盈余公积和未分配利润的期末余额及其调节情况。

表 9-10 是依据《〈企业会计准则第 30 号——财务报表列报〉应用指南》所确定的所有者权益变动表的格式。

表 9-10 所有者权益变动表

编制单位：　　年度　　　　　　　　　　　　　　　　　　　　　　　　　　　　全企 04 表

单位：元

项目	本年金额									上年金额								
	实收资本（或股本）	其他权益工具 优先股/永续债/其他	资本公积	减：库存股	其他综合收益	专项储备	盈余公积	先分配利润	所有者权益合计	实收资本（或股本）	其他权益工具 优先股/永续债/其他	资本公积	减：库存股	其他综合收益	专项储备	盈余公积	未分配利润	所有者权益合计
一、上年年末余额																		
加：会计政策变更																		
前期差错更正																		
其他																		
二、本年年初余额																		
三、本年增减变动金额（减少以"-"号填列）																		
（一）综合收益总额																		
（二）所有者投入和减少资本																		
1. 所有者投入的普通股																		
2. 其他权益工具持有人投入资本																		
3. 股份支付计入所有者权益的金额																		
4. 其他																		
（三）利润分配																		
1. 提取盈余公积																		
2. 对所有者（或股东）的分配																		
3. 其他																		
（四）所有者权益内部结转																		
1. 资本公积转增资本（或股本）																		
2. 盈余公积转增资本（或股本）																		
3. 盈余公积弥补亏损																		
4. 设定受益计划变动额结转留存收益																		
5. 其他综合收益结转留存收益																		
6. 其他																		
四、本年年末余额																		

本章小结

1. 财务报表是会计核算的最终成果，它是以会计账簿为主要依据，以货币为计量单位，全面、总括反映会计主体在一定时期内的财务状况、经营成果和现金流量等信息的报告文件。

2. 资产负债表是反映企业在某一特定日期（月末、季末或年末）财务状况的财务报表。该表编制依据是"资产=负债+所有者权益"的会计恒等式。我国现行的资产负债表采用账户式格式，资产负债表的各项目主要依据账户的期末余额填列。

3. 利润表也称收益表、损益表，是反映企业一定时期经营成果的财务报表。它是根据"收入-费用=利润"的会计等式，依照一定的顺序，将一定期间的收入、费用和利润项目予以适当排列编制而成。利润表也是企业重要的一个财务报表，它综合反映了企业的经营业绩，同时它又是进行利润分配的主要依据，因此每个单位都必须按要求编制利润表。利润表采用多步式格式，主要是依据损益类账户的发生额分析填列。

4. 现金流量表是指反映企业在一定会计期间现金和现金等价物流入与流出的报表。现金流量表是企业的主要财务报表之一，它反映了企业的现金流入、现金流出以及某段时间内现金的净变动额。现金流量表应当分别按经营活动、投资活动和筹资活动列报现金流量。

5. 所有者权益变动表是反映构成所有者权益的各组成部分当期的增减变动情况的财务报表。所有者权益变动表全面反映了企业的股东权益在年度内的变化情况，便于会计信息使用者深入分析企业股东权益的增减变化情况，并进而对企业的资本保值增值情况做出正确判断，从而提供对决策有用的信息。

复习思考题

1. 为什么要编制财务报表，财务报表的作用是什么？
2. 财务报表的编制要求有哪些？
3. 现行的会计准则需要企业公布的财务报表有哪些？
4. 为什么要编制资产负债表？
5. 资产负债表的结构和内容如何？
6. 资产负债表项目的填列方法有哪几种？试举例说明之。
7. 我国利润表的结构和内容是如何规定的？
8. 怎样填制利润表各个项目，试举例说明？
9. 现金流量表的现金流量分为几类？
10. 所有者权益变动表要单独列示的项目有哪些？

本章习题

一、单项选择题

1. 依照我国的会计准则，资产负债表采用的格式为（　　）。
   A. 单步报告式　　B. 多步报告式　　C. 账户式　　　　　　D. 混合式
2. 依照我国的会计准则，利润表所采用的格式为（　　）。
   A. 单步式　　　　B. 多步式　　　　C. 账户式　　　　　　D. 混合式
3. 资产负债表是反映企业财务状况的财务报表，它的时间特征是（　　）。
   A. 某一特定日期　　　　　　　　　B. 一定时期内
   C. 某一年份内　　　　　　　　　　D. 某一月份内
4. 在下列各个财务报表中，属于反映企业对外的静态报表的是（　　）。
   A. 利润表　　　　　　　　　　　　B. 所有者权益变动表
   C. 现金流量表　　　　　　　　　　D. 资产负债表
5. 以"收入−费用=利润"这一会计等式作为编制依据的财务报表是（　　）。
   A. 利润表　　　　　　　　　　　　B. 所有者权益变动表
   C. 资产负债表　　　　　　　　　　D. 现金流量表
6. "应收账款"科目所属明细科目如有贷方余额，应在资产负债表（　　）项目中反映。
   A. 预付账款　　　　　　　　　　　B. 预收账款
   C. 应收账款　　　　　　　　　　　D. 应付账款
7. 以"资产=负债+所有者权益"这一会计等式作为编制依据的财务报表是（　　）。
   A. 利润表　　　　　　　　　　　　B. 所有者权益变动表
   C. 资产负债表　　　　　　　　　　D. 现金流量表
8. 某企业"应付账款"明细账期末余额情况如下：W企业贷方余额为200 000元，Y企业借方余额为180 000元，Z企业贷方余额为300 000元。假如该企业"预付账款"明细账均为借方余额，"应付票据"期末余额10 000，则根据以上数据计算的反映在资产负债表上"应付账款"项目的数额为（　　）元。
   A. 680 000　　　B. 320 000　　　C. 500 000　　　D. 80 000
9. 利润表中的"净利润"是根据企业的利润总额扣除（　　）后的净额。
   A. 所得税费用　　　　　　　　　　B. 营业收入
   C. 营业成本　　　　　　　　　　　D. 营业利润
10. 现金流量表是反映企业在（　　）现金流入、流出的财务报表。
    A. 月末　　　B. 一定会计期间　C. 年内　　　　D. 季末

二、多项选择题

1. 财务报表按其编报时间的不同，可分为（　　）。
   A. 利润表　　　　　　　　　　　　B. 年度财务报表
   C. 资产负债表　　　　　　　　　　D. 中期财务报表

E. 现金流量表

2. 资产负债表的基本要素有（　　　　　）。

  A. 资产　　　　　　B. 负债　　　　　　C. 所有者权益　　　　D. 收入

3. 资产负债表的左方结构中包括（　　　）等项目。

  A. 流动资产和非流动资产

  B. 流动资产和流动负债

  C. 长期股权投资和无形资产

  D. 固定资产和所有者权益

4. 利润表的基本要素有（　　　）。

  A. 利润　　　　　　B. 负债　　　　　　C. 收入　　　　　　D. 费用

5. 财务报表的使用者包括（　　　）。

  A. 投资者　　　　　　　　　　　B. 债权人

  C. 政府及其机构　　　　　　　　D. 潜在投资者

6. 财务报表的编制必须做到（　　　）。

  A. 数字真实　　　B. 计算准确　　　C. 内容完整　　　D. 编报及时

7. 财务报表按其编制单位的不同，可以分为（　　　）。

  A. 基层单位报表　　　　　　　　B. 汇总报表

  C. 合并报表　　　　　　　　　　D. 内部报表

8. 资产负债表中的"预收款项"，应根据（　　　）之和来填列。

  A. "预收账款"明细科目借方余额

  B. "预收账款"明细科目贷方余额

  C. "应收账款"明细科目贷方余额

  D. "应收账款"明细科目借方余额

9. 资产负债表中的"货币资金"，应根据（　　　）之和来填列。

  A. 库存现金　　　　　　　　　　B. 银行存款

  C. 其他货币资金　　　　　　　　D. 交易性金融资产

10. 利润表中的"营业收入"，应根据（　　　）之和来填列。

  A. 主营业务收入　　　　　　　　B. 其他业务收入

  C. 投资收益　　　　　　　　　　D. 营业外收入

三、判断题

（　　　）1. 财务报表是综合反映企业资产、负债和所有者权益的情况及一定时期的经营成果和现金流量的书面文件。

（　　　）2. 财务报表按其反映的内容，可以分为动态财务报表和静态财务报表。资产负债表是反映在某一特定时期内企业财务状况的财务报表，属于静态财务报表。

（　　　）3. 财务报表按照编制单位不同，可以分为个别财务报表和合并财务报表。

（　　　）4. 资产负债表属于静态报表，利润表属于动态报表。

（　　　）5. 目前国际上比较普遍的利润表的格式主要有多步式损益表和单步式损益

表两种。为简便明晰起见，我国企业采用的是单步式损益表格式。

（　　）6. 资产负债表中"应收账款"项目，应根据"应收账款"账户所属各明细账户的期末借方余额合计数加上"应收票据"总账期末余额填列。如"预付账款"账户所属有关明细账户有借方余额的，也应包括在本项目内。如"应收账款"账户所属明细账户有贷方余额，应包括在"预付账款"项目内填列。

（　　）7. 资产负债表是以"资产＝负债＋所有者权益"的会计平衡式为依据的。

（　　）8. 利润表是反映企业在某一特定日期财务状况的财务报表。

（　　）9. 企业的利润总额即是反映企业一定时期所实现的营业利润。

（　　）10. 现金流量表是反映企业一定时期经营成果情况的财务报表。

四、业务题

习题一

（一）目的：了解资产负债表各项目的填列方法。

（二）资料：资产负债表的部分项目和填列方法如下。

货币资金

应收账款　　　　　　　　　　根据总分类账户期末余额填列

存　　货

长期股权投资

固定资产

无形资产

短期借款　　　　　　　　　　根据总分类账户期末余额计算填列

预收款项

应付职工薪酬

应交税费　　　　　　　　　　根据明细分类账户期末余额分析填列

实收资本

（三）要求：用直线连接表示上述各项目的填列方法。

习题二

（一）目的：熟悉根据总分类账户余额计算填列资产负债表项目。

（二）资料：某企业 3 月末有关总分类账户余额如下。

（1）"原材料"账户借方余额为 62 500 元。

（2）"生产成本"账户借方余额为 23 800 元。

（3）"库存商品"账户借方余额为 34 700 元。

（4）"在途物资"账户借方余额为 18 600 元。

（5）"无形资产"账户借方余额为 34 200 元。

（6）"累计摊销"账户贷方余额为 7 200 元。

（三）要求：计算填列资产负债表中"存货"和"无形资产"项目的期末余额。

习题三

（一）目的：熟悉根据明细分类账户余额计算填列资产负债表有关项目。

（二）资料：某企业 3 月末"应收账款"和"应付账款"总分类账户和所属明细分类账户余额如下：

（1）"应收账款"总分类账户的借方余额为 6 600 元。其所属明细分类账户余额分别为：甲工厂借方余额 4 000 元；乙工厂借方余额 4 700 元；丙工厂贷方余额 2 100 元。

（2）"应付账款"总分类账户的贷方余额为 7 700 元。其所属明细分类账户余额分别为：A 公司借方余额 1 600 元；B 工厂借方余额 500 元；C 公司贷方余额 4 300 元；D 工厂贷方余额 5 500 元。

（3）"预收账款"总分类账的贷方余额为 2 000 元。其所属明细分类账户余额分别为：X 公司借方余额 500 元；Y 公司贷方余额 2 500 元。

（4）"预付账款"总分类账的借方余额为 1 000 元。其所属明细分类账户余额分别为：X 公司借方余额 1 800 元；Y 公司贷方余额 800 元。

假设该企业应收票据和应付票据总账期末余额均为 0。

（三）要求：根据以上资料计算填列月末资产负债表"应收账款""预付账款""应付账款""预收账款"项目金额，并说明各项目属于资产项目还是负债项目。

习题四

（一）目的：练习利润表的编制。

（二）资料：某企业 20××年×月的本期与上期各损益类账户发生额见表 9-11。

表 9-11 某企业损益类账户发生额

账户名称	本期发生额		上期发生额	
	借 方	贷 方	借 方	贷 方
主营业务收入	1 962 200	1 962 200	1 605 435	1 605 435
其他业务收入	39 000	39 000	31 909	31 909
公允价值变动损益	—	—	—	—
投资收益	3 000	3 000	2 455	2 455
营业外收入	4 640	4 640	3 796	3 796
主营业务成本	1 750 600	1 750 600	1 432 309	1 432 309
其他业务成本	25 000	25 000	20 455	20 455
税金及附加	20 460	20 460	16 740	16 740
销售费用	38 620	38 620	31 598	31 598
管理费用	22 400	22 400	18 327	18 327
财务费用	8 340	8 340	6 824	6 824
资产减值损失	—	—	—	—
营业外支出	4 220	4 220	3 453	3 453
所得税费用				

（三）要求：计算利润总额、应交所得税费用（所得税税率 25%）及净利润（假设没有其他调整项目）。

习题五

（一）目的：了解利润表各项目的填列方法。

（二）资料：利润表的部分项目和填列方法如下。

营业收入

营业成本

税金及附加

销售费用　　　　　　　　　　　　根据总分类账户本期发生额汇总填列

管理费用

财务费用

资产减值损失

投资收益　　　　　　　　　　　　根据总分类账户本期发生额填列

营业外收入

所得税费用

营业外支出

（三）要求：用直线连接表示上述各项目的填列方法。

习题六

（一）目的：掌握资产负债表的编制方法。

（二）资料：佳化公司 20××年×月×日相关的总分类账户与明细账户余额（单位：元）见表 9-12。

表 9-12　佳化公司总分类账户与明细账户余额

账户名称	总分账户		明细分类账户	
	借方余额	贷方余额	借方余额	贷方余额
库存现金	36 000			
银行存款	850 000			
应收账款	400 000			
——A公司			720 000	
——B公司				320 000
预付账款	20 000			
——C公司			50 000	
——D公司				30 000
坏账准备		600		
交易性金融资产	24 000			
库存商品	360 000			
原材料	420 000			
周转材料	30 000			
持有至到期投资	200 000			
长期股权投资	360 000			
固定资产	1 200 000			
累计折旧		80 000		

（续）

账户名称	总分账户		明细分类账户	
	借方余额	贷方余额	借方余额	贷方余额
在建工程	340 000			
长期待摊费用	50 000			
应付账款		84 000		
——甲公司				70 000
——乙公司				14 000
预收账款		42 000		
——丙公司				42 000
短期借款		300 000		
应付职工薪酬		152 400		
应交税费		39 000		
长期借款		600 000		
长期应付款		192 000		
实收资本		2 000 000		
盈余公积		320 000		
利润分配		480 000		

（三）要求：根上述资料，编制资产负债表。

习题七

（一）目的：练习利润表的编制。

（二）资料：某企业 20×× 年度发生下列经济业务。

（1）销售产品一批，售价 500 000 元，增值税销项税额 65 000 元，款项尚未收到。

（2）预收购买单位购货款 200 000 元，存入银行。

（3）以银行存款支付广告费 10 000 元。

（4）以银行存款支付短期借款利息 5 000 元，直接记入财务费用。

（5）以银行存款支付厂部管理费用 40 000 元。

（6）以银行存款支付罚款支出 1 000 元。

（7）收取合同违约金 2 000 元，款项已存入银行。

（8）期末，计算结转已销产品销售成本 250 000 元。

（9）期末，计算结转已销产品应交消费税 6 000 元。

（10）将各损益类账户余额转入"本年利润"账户。

（11）按 25% 的税率计算结转应交所得税（假设没有其他调整项目）。

（三）要求：根据上述资料编制该年度的利润表。

第十章　会计工作规范与会计工作组织

学习目的

通过本章的学习，要求了解我国会计规范体系的组成内容，了解会计工作组织的原则与意义，理解会计机构的设置和会计人员的配备方法，掌握会计档案管理和会计交接制度等内容。

技能要求

理解我国现有会计规范体系的构成，掌握会计交接的程序。

第一节　会计法规体系概述

一、会计规范的定义

会计的基本职能是提供信息，信息使用者期望得到的是对自己决策有用的信息，而会计信息的使用者很多，包括投资者、债权人、企业经营者及政府管理部门等，不同的信息使用者对信息的数量、质量等的需求是不同的。所以，为了提供会计信息，国家就必须规范信息提供者的行为，会计规范的作用是实现会计信息生产的标准化。

会计规范是指协调、统一会计处理过程并对不同处理办法做出合理选择的假设、原则、制度等的总和，是企业会计行为的标准，包括所有对会计的记录、确认、计量和报告具有约束、限制和引导作用的法律、法规、原则、准则、制度等。

二、会计规范体系的构成

会计规范的内容繁杂多样，如果将所有的会计规范综合在一起，就构成了一个体系。会计规范体系并不是会计规范的简单罗列，而是一个具有逻辑顺序、层次分明、有机联系的系统。会计规范体系应该有哪些规范构成呢？从目前的实际情况看，会计规范体系主要由以下几个方面构成。

1. 会计法律规范

会计法律规范包括与会计有关的法律和行政法规，是会计规范体系中最具有约束力的组成部分，是调节经济活动中会计关系的法律规范的总称，是社会法律制度在会计方面的具体体现。我国目前与会计相关的法律主要是《中华人民共和国会计法》（以下简称《会计法》）《注册会计师法》等；与会计相关的行政法规主要是国务院颁布的各种条例，如《企业财务报告条例》及《总会计师条例》等。

2．会计准则和会计制度

会计准则和会计制度是从技术角度对会计实务处理提出的要求、准则、方法和程序的总称。在我国主要由财政部制定并颁布的各种会计准则和会计制度，包括会计核算制度、会计人员管理制度和会计工作管理制度等。

3．会计职业道德规范

会计职业道德规范是从事会计工作的人员所应该遵守的具有职业特征的道德准则，是对会计人员的一种主观心理素质的要求。会计职业道德是一类比较特殊的会计规范，各方应采用道德的形式对会计人员进行理性规范，促使会计人员确立正确的人生观、会计观。目前，我国非常重视会计职业道德建设，也逐步建立了健全的会计职业道德规范。

4．会计理论规范

理论是实践的总结，来源于实践，反过来指导实践，促进实践的发展。成熟的会计理论都是会计规范体系的组成部分，包括会计目标、会计假设、会计要素、会计原则、会计处理程序和方法，是引导会计管理行为科学化、有效化的重要标准。尽管会计理论规范是会计规范体系的重要内容，但作为指导实践的规范而言，没有必要也不可能单独制定会计理论方面的规范。

三、会计规范体系的特征

1．科学性

会计是一门科学，作为指导会计实践和会计人员的会计规范体系更是需要有科学、合理的特征。科学性要求会计规范体系能够与会计所处的客观环境有机结合，体现会计工作的内在规律和要求。

2．统一性

会计规范体系在一定范围之内是统一的，不是针对具体和特定的某一单位、某一企业，而是广泛适用于全国范围的；不是针对某一具体和特定的业务，而是适用于任何会计行为。组成会计规范体系的各种规范之间相互联系、相互作用和相互补充，从而保证了这一体系的严密性、整体性以及统一性。

3．权威性

会计规范作为评价会计行为合理、合法的有效标准，必然具有充分的影响力和威望，能够让会计人员信服。会计规范的权威性可以来自于会计规范的制定机关，也可以来自于社会的广泛支持。

4．相对稳定性

会计规范体系的建立和发展是一个动态的演进过程。作为指导会计实践的会计规范体系必须在一定时期、一定客观环境下是相对稳定的，但这并不意味着会计规范体系是一成不变的。随着社会政治经济条件的发展变化，一些会计规范可能不再适宜，或变得过时而予以修正甚至放弃，一些新的会计规范逐渐建立。

四、会计规范体系的作用

建立健全会计规范体系，是做好会计工作的前提条件，也是解决会计信息失真的措施之一，会计规范体系的作用主要体现在以下几个方面：

1．会计规范体系是保证会计行为合法、合理的标准

在实际工作中，对于解决会计人员的"无从做起"难题，该规范体系给出了一个外在的、统一的标准。会计人员是信息的生产者，任何信息使用者都期望自己所得到的是对自己决策有用的信息，会计规范的主要作用是实现会计信息产生的合法、合理。

2．会计规范体系是对会计工作进行评价的依据之一

这种评价包括自我评价和社会评价。其中，自我评价包括企业经营管理者对会计人员行为的评价及内部审计人员对企业会计处理的评价；外部评价主要指股东、债权人、政府监管部门、注册会计师等对企业会计信息的评价。

3．会计规范体系具有引导会计往特定方向发展的一种约束力和吸引力

这种力量可以是来自会计理性的特定思维，也可以来自外界权威的强制力，还可以是由外界的约束力转化为内在的行为规则而起作用。

4．会计规范体系是维护社会经济秩序的重要基础

全社会统一的会计规范体系是市场经济运行规则的一个重要组成部分，它是社会各方从事与企业有关的经济活动和从事相应经济决策的重要基础，对于国家维护和保证财政利益、进行宏观经济调控、管理国有资产都有十分重要的作用。

第二节　我国会计规范体系的内容

一、我国会计规范体系的构成

新中国成立以来，经过几十年的努力，我国基本形成了一套以《会计法》为中心、以国家统一的会计制度为基础的相对比较完整的会计规范体系。我国现行的会计法规体系主要由会计法律、会计行政法规、部门规章制度及会计职业道德等构成。

从图10-1中可以看出，我国的会计法规体系由4个层次构成，按照规范的强制力排列。其中，会计法律是由全国人民代表大会及其常务委员会制定的，如《中华人民共和国会计法》《中华人民共和国注册会计师法》等；行政法规是由我国的最高行政机关——国务院颁布的，如《企业财务会计报告条例》《总会计师条例》等；部门规章主要是指财政部门根据法律、法规的规定发布的指导会计工作的具体规定；主要包括会计准则、会计制度等；地方性会计法规由地方人民代表大会或地方政府制定，在本地区范围内实施。

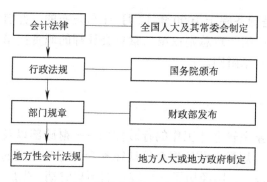

图 10-1 我国会计规范体系的构成

二、会计法律

法律是由国家最高权力机关——全国人民代表大会及其常委会制定的。在会计领域中，属于法律层次主要是指《中华人民共和国会计法》。它是会计规范体系中最具权威性、最具法律效力的规范，是制定其他层次会计规范的依据，同时也是会计工作的大法。

我国的《会计法》经历多次修订。最早的《会计法》是 1985 年 1 月 21 日经第六届全国人民代表大会常务委员会第九次会议通过，并于 1985 年 5 月 1 日实施。此后，在 1993 年 12 月 29 日对其进行第一次修正。随着社会环境的变化，1999 年 12 月 31 日对《会计法》进行了第二次修正，从 2000 年 7 月 1 日开始施行，也就是现在的《会计法》。

《会计法》共分七章 52 条，主要内容包括以下内容：第一章总则，主要规定了《会计法》的基本问题，比如立法宗旨、适用范围、奖励规定、管理部门等；第二章会计核算，主要介绍了会计核算的基本要求和内容，包括会计年度、记账本位币、会计资料及会计档案等；第三章公司、企业会计核算的特别规定，公司、企业必须根据实际发生的经济业务，进行确认计量报告；第四章会计监督，具体规定会计监督的类型；其余的三章分别是会计机构和会计人员、法律责任及附则。

《会计法》的制定与实施，对我国的会计工作具有重大而现实的意义：以法律形式确定了会计工作的地位、作用，确立了会计工作的管理体制，规定了会计机构和会计人员的主要职责，明确了会计人员的职权和行使职权的法律保障。《会计法》使会计工作能够按照规定的程序进行，发挥会计工作在维护社会主义市场经济秩序，加强经济管理，提高经济效益中的重要作用。

三、行政法规

行政法规是由国家最高行政机关——国务院制定的。会计行政法规是根据会计法律制定，是对会计法律的具体化或对某一方面的补充，一般称为条例。在我国的会计规范体系中，属于会计行政法规的有《企业财务会计报告条例》和《总会计师条例》等。

《企业财务会计报告条例》是国务院于 2000 年 6 月 21 日发布的，2001 年 1 月 1 日起实施。它共分六章四十六条，包括：第一章总则；第二章财务会计报告的构成；第三章财务会计报告的编制；第四章财务会计报告的对外提供；第五章法律责任；第六章附则。

《总会计师条例》是国务院于 1990 年 12 月 31 日发布的，并自发布之日起实施。它共分五章二十三条，包括：第一章总则；第二章总会计师的职责；第三章总会计师的权限；第四章任免与奖惩；第五章附则。

四、部门规章

部门规章是指由国家主管会计工作的行政部门——财政部以及其他部委制定的会计方面的规范。制定会计部门规章必须依据会计法律和会计行政法规的规定。

关于会计制度的改革，我国经历了一个较长的历史时期，先后出台了《行业会计制度》《股份有限公司会计制度》《企业会计制度》《金融企业会计制度》及《小企业会计制度》。不同的会计制度发布于不同的时期，适应于不同时期的会计核算工作需要。根据我国会计制度改革的总体规划，现阶段的会计制度有《企业会计制度》《金融企业会计制度》及《小企业会计制度》，其中《企业会计制度》是企业会计制度的会计核心。

我国目前的企业会计准则体系自 2007 年 1 月 1 日起在上市公司范围内施行，由一项基本准则、三十八项具体准则和应用指南构成，可理解为三个层次，第一层次为基本准则，第二层次为具体会计准则，第三层次为会计准则的应用指南。

基本准则在整个准则体系中起统驭作用，主要规范会计目标、会计基本假定、会计信息质量要求、会计要素的确认和计量等。基本准则的作用是指导具体准则的制定和为尚未有具体准则规范的会计实务问题提供处理原则。

具体会计准则又分为一般业务准则、特殊行业的特定业务准则和报告准则三类。一般业务准则主要规范各类企业普遍适用的一般经济业务的确认和计量，如存货、固定资产、长期股权投资、无形资产、资产减值、借款费用、收入、外币折算等准则。特殊行业的特定业务准则主要规范特殊行业中特定业务的确认和计量，如石油天然气、生物资产、金融工具确认和计量及保险合同等准则。报告准则主要规范普遍适用于各类企业通用的报告类的准则，如财务报告的列报、现金流量表、合并财务报表、中期财务报告、资产负债表日后事项、分部报告、金融工具列报等准则。

具体会计准则的应用指南主要规范企业发生的具体交易或者事项的会计处理，为企业处理会计实务问题提供具体而统一的标准。会计准则应用指南，主要包括具体准则解释、会计科目及主要账务处理等，为企业执行会计准则提供操作性规范。

五、会计职业道德

会计职业道德是指在一定的社会经济条件下，对会计职业行为及职业活动的系统要求回明文规定，它是社会道德体系的一个重要组成部分，是职业道德在会计职业行为和会计职业活动的具体体现。根据我国会计工作和会计人员的实际情况，我国会计人员职业道德的内容可以概括为爱岗敬业、诚实守信、廉洁自律、客观公正、坚持准则、提高技能、参与管理和强化服务等八个方面。

1. 爱岗敬业

爱岗就是会计人员热爱本职工作，安心本职岗位，并为做好本职工作尽心尽力、尽职尽责。敬业是指人们对其所从事的会计职业或行业的正确认识和恭敬态度，并用这种严肃恭敬的态度，认真地对待本职工作，将身心与本职工作融为一体。对会计职业的不同认识和采取不同的态度可以直接导致不同的职业行为及其后果。会计职业道德中的爱岗敬业，就是从事会计职业的人员充分认识到会计工作在国民经济中的地位和作用，以从事会计工作为荣，敬重会计工作，具有献身于会计工作的决心。

2. 诚实守信

做老实人，说老实话，办老实事。不搞虚假做老实人，要求会计人员言行一致，表里如一，光明正大。说老实话，要求会计人员说话诚实，是一说一，是二说二，不夸大，不缩小，不隐瞒，如实反映和披露单位经济业务事项。办老实事，要求会计人员工作踏踏实实，不弄虚作假，不欺上瞒下。总之，会计人员应言行一致，实事求是，正确核算，尽量减少和避免各种失误，不为了个人和小集团利益，伪造账目，弄虚作假，损害国家和社会公众利益。

3. 廉洁自律

廉洁自律首先要求会计人员必须加强世界观的改造，树立正确的人生观和价值观，这是奠定廉洁自律的基础；廉洁自律的天敌就是"贪""欲"，会计人员要公私分明、不贪不占；正确处理会计职业权利与职业义务的关系，增强抵制行业不正之风的能力，是会计人员廉洁自律的又一个基本要求。

4. 客观公正

坚持客观公正原则的基础是会计人员的态度、专业知识和专业技能。没有客观公正的态度，不可能尊重事实。有了正确的态度之后，没有扎实的理论功底和较高的专业技能，工作也会出现失误，感到力不从心。当会计人员有了端正的态度和知识技能基础之后，他们在工作过程中必须遵守各种法律、法规、准则和制度，依照法律规定进行核算，并做出客观的会计职业判断。

5. 坚持准则

坚持准则要求会计人员在处理业务过程中，严格按照会计法律制度办事，不为主观或他人意志左右。这里所说的"准则"不仅指会计准则，而且包括会计法律、国家统一的会计制度以及与会计工作相关的法律制度。会计人员在进行核算和监督的过程中，只有坚持准则，才能以准则作为自己的行动指南，在发生道德冲突时，应坚持准则，以维护国家利益、社会公众利益和正常的经济秩序。

6. 提高技能

提高技能要求会计人员提高职业技能和专业胜任能力，以适应工作需要。职业技能，也可称为职业能力，是人们进行职业活动，承担职业责任的能力和手段。就会计职业而言，它包括会计理论水平，会计实务能力，职业判断能力，自动更新知识能力，提供会计信息的能力，沟通交流能力以及职业经验等。提高技能，是指会计人员通过学习、培训和实践等途径，持续提高上述职业技能，以达到和维持足够的专业胜任能力的活动。

7. 参与管理

会计人员在参与管理过程中并不直接从事管理活动，只是尽职尽责地履行会计职责，间接地从事管理活动或者说参与管理活动，为管理活动服务。会计人员要树立参与管理的意识，积极主动地做好参谋。经常主动地向领导反映经营管理活动中的情况和存在的问题，主动提出合理化建议、协助领导决策、参与经营管理活动，不能消极被动地记账、算账和报账。

8. 强化服务

强化服务是要求会计人员具有文明的服务态度、强烈的服务意识和优良的服务质量。会计人员服务的态度直接关系到会计行业的声誉和全行业运作的效率，会计人员服务态度好、质量高，做到讲文明、讲礼貌、讲信誉、讲诚实，坚持准则，严格执法，服务周到，就能提高会计职业的信誉，增强会计职业的生命力；反之，就会影响会计职业的声誉，甚至直接影响到全行业的生存和发展。强化服务的关键是提高服务质量。单位会计人员服务的内容就是客观、真实地记录、反映单位的经济业务活动，为管理者提供真实正确的经济信息，当好参谋；为股东真实地记录财产的变动状况，确保股东资产完整与增值，当好股东的管家。因此，强化单位会计人员的服务就是真实、客观地记账、算账和报账，积极主动地向上级领导者反映经营活动情况和存在的问题，提出合理化建议，协助领导决策，参与经营管理活动。

第三节　会计工作组织的基本内容

一、会计工作组织的含义

会计工作是指运用一系列会计专门方法，对会计事项进行处理的活动。会计人员通过会计工作对各个单位的日常活动实施管理，所以，我们说会计是经济管理的一个重要组成部分，会计具有管理职能。会计机构和会计人员按照一定的目标，为满足国家调控、企业所有权人和企业管理当局的需要，对企业的资金运动过程及结果进行控制、决策、计划、考核与分析。

会计工作既是一项复杂而细致的管理工作，而且又与其他管理工作诸如审计、统计密切相关，为了做好会计工作，协调好会计工作与其他经济管理工作之间的关系，就要科学、合理的组织会计工作，以便具体实施对会计工作的有效管理。

会计管理职能作用的发挥离不开会计工作组织的存在及其正常运行。所谓会计工作组织就是为了适应会计工作的综合性、政策性、相关性和严密细致性的特点，对会计机构的设置、会计人员的配备、会计制度的制定和执行等项工作所做的统筹安排。

二、会计工作组织的意义

1. 有利于维护好财经法纪，贯彻经济工作的方针政策

会计工作是一项政策性很强的工作，必须通过核算如实地反映各单位的经济活动和财务收支，通过监督来贯彻执行国家有关的政策、方针、法令和制度。因此，科学地组织会计工作，可以促使各单位更好地贯彻各项方针政策，维护财经纪律，为建立良好的社会经

济秩序打下基础。

2．有利于保证会计工作的质量和提高会计工作的效率

会计通过从凭证到账簿，从账簿到报表的工作流程，对企业的经济业务进行连续、系统、全面的记录、计算、分类、汇总，最后向社会各界提供会计信息。任何一个环节出现了差错，都必然造成整个核算结果不正确或不能及时完成，进而影响整个会计核算的质量和效率。所以必须要结合会计工作的特点，科学地组织会计工作，才能保证会计工作正常、高效地运行。

3．有利于加强与其他经济管理工作的协调一致，提高企业整体管理水平

会计工作是企业单位整个经济管理工作的一个重要组成部分，它既有独立性，又同其他管理工作存在着相互制约、相互促进的关系，所以，科学而完善的会计工作组织，需要同其他经济管理工作协调与配合，同时也能促进其他经济管理工作的顺利进行。因此，只有科学合理地组织会计工作，才能处理好同其他经济管理工作之间的关系，做到相互促进、密切配合、口径一致，从而全面完成会计任务。

三、会计工作组织的原则

1．统一性要求

会计工作必须按照《会计法》《企业会计准则》以及其他相关会计法规制度对会计工作的统一要求，贯彻执行国家规定的法令制度，进行会计核算，实行会计监督，以便更好地发挥其在维护社会主义市场经济秩序，加强经济管理，提高经济效益的作用。

2．适应性要求

各单位应该在遵守国家法规和准则的前提下，根据自身管理特点及规模大小等因素，制定出相应的具体办法，采用不同的账务组织、记账方法和程序处理相应的经济业务，以适应企业自身发展的需要。

3．效益性要求

企业在保证会计质量的前提下，应讲求效益，节约人力和物力。会计凭证、账簿、报表的设计，会计机构的设置及会计人员的配备，都要避免烦琐，力求精简，防止会计机构过于庞大、重叠，人浮于事和形式主义，影响会计工作效率和质量。

第四节　会计机构与会计人员

一、会计机构的设置

所谓会计机构，是指各企事业单位内部直接从事和组织领导会计工作的职能部门。企事业单位会计机构的设置，必须符合社会经济对会计工作提出的各项要求，并与国家的会计管理体制相适应。《会计法》第三十六条规定，各单位应当根据会计业务的需要，设置会计机构，或者在有关机构中配备会计人员并指定会计主管人员；不具备设置条件的，可以

委托经批准设立从事会计代理记账业务的中介机构代理记账。

《会计法》的这一规定是对会计机构设置所提出的具体要求，包含两层含义：一是企业一般设置会计科、会计处、财务部等会计机构，在单位领导人的直接领导下，负责组织、领导和从事会计工作。规模小或业务量过少的单位可以不单独设置会计机构，但要配备专职会计工作人员或指定专人负责会计工作。二是不具备设置会计机构的单位，应由代理记账的机构完成其会计工作，《根据代理记账管理暂行办法》的规定，在我国从事代理记账的机构，应至少有 3 名持有会计从业资格证的专职人员，同时聘用一定数量符合条件的兼职从业人员。

二、会计工作的组织形式

会计工作的组织形式包括集中核算形式和非集中核算形式。

1．集中核算形式

集中核算就是在厂部一级设置专业的会计机构，企业的会计核算工作都集中在会计部门，内部各部门一般不单独核算，只是对发生的经济业务进行原始记录，编制原始凭证并进行适当汇总，定期把原始凭证或汇总的原始凭证送到会计部门，由会计部门进行核算。

采用集中核算形式，由于核算工作集中在会计部门进行，便于会计人员进行合理的分工，并采用科学的凭证整理程序，在核算中运用现代化的手段，可以简化和加速核算工作，提高核算效率，节约费用，并可以根据会计部门的记录随时了解企业内部各部门的生产经营情况。但是，各部门的领导无法随时利用核算资料检查和控制本部门的工作。

2．非集中核算形式

非集中核算，又称分散核算，是指企业内部各部门核算本身发生的经济业务，包括凭证的整理、明细账的登记、成本的核算、内部报表的编制与分析等工作，而会计部门只是根据内部各部门报来的资料进行总分类核算，编制企业综合性会计报表，并负责指导、检查和监督企业内部各部门的核算工作。

采用非集中核算形式，可以使企业内部各部门随时利用有关核算资料检查本部门的工作，随时发现问题，解决问题。但是，这种核算形式对会计部门而言，会计人员的合理分工受到一定的限制。就整个企业而言，核算工作总量有所增加，核算人员的编制加大，因而相应的费用也会增多。

在一个单位内部，对各部门和下属单位所发生的经济业务，可以分别实行集中核算和非集中核算。如果单位内部实行经济责任制，下属单位需完成经济责任指标，并根据指标完成情况进行奖惩，需要实行分级管理、分级核算，就应实行非集中核算，以满足根据核算资料对各部门进行日常考核和控制的需要。如果单位规模小，经济业务较少或未实行经济责任制，则可以集中核算，以精简机构，减少会计核算层次。

3．影响会计工作组织形式的因素

企业在确定应采用的会计组织形式时，既要考虑能正确地、及时地反映经济活动情况，又要注意简化核算手续，提高工作效率，具体地说，应注意以下几个方面的问题：

1）考虑单位规模大小、业务繁简以及相关核算条件的要求；

2）在保证会计核算质量的前提下，力求简化会计核算手续，及时、正确地提供会计核算资料，节约人力、物力；

3）全面考虑企业单位会计人员的数量和业务素质的适应能力；

4）各相关部门之间要做到相互配合，有关会计核算资料的确定应口径一致。

三、会计人员

设置了会计机构，还必须配备相应的会计人员。会计人员通常是指在国家机关、社会团体、公司、企业、事业和其他组织中从事财务会计工作的人员，包括会计机构负责人、具体从事会计工作的会计和出纳员等。《会计法》第三十八条规定，从事会计工作人员，必须取得会计从业资格证书。担任会计机构负责人的，除取得会计从业资格证书外，还应具备会计师以上的专业技术职务资格或者从事会计工作三年以上的经历。《会计基础工作规范》第十四条规定，会计人员应当具备必要的专业知识和专业技能，熟悉国家有关的法律、法规、规章和国家统一的会计制度，遵守职业道德。

1. 会计人员的主要职责

（1）会计核算

会计人员应按照会计制度的规定，切实做好记账、算账、报账工作。《会计法》第十条规定，下列经济业务事项，应当办理会计手续，进行会计核算：①款项和有价证券的收付；②财务的收发、增减和使用；③债权债务的发生与结算；④资本、基金的增减；⑤收入、支出、费用、成本的计算；⑥财务成果的计算与处理；⑦需要办理会计手续、进行会计核算的其他事项。

（2）会计监督

会计人员通过会计工作，对本单位的各项经济业务和会计手续的合法性、合理性进行监督。《会计法》第二十七条规定，单位内部会计监督制度应当符合以下要求：①记账人员与经济业务事项和会计事项的审批人员、经办人员、财务保管人员的职责权限应当明确，并相互分离、相互制约；②重大对外投资、资产处置、资金调度和其他重要经济业务事项的决策应相互监督和制约；③财产清查的范围、期限和组织程序应当明确；④对会计资料定期地进行内部审计的办法和程序应当明确。

（3）编制业务预算、财务预算

会计人员应当根据会计资料并结合其他资料，按照国家的各项政策和制度规定，认真编制并严格执行财务计划、财务预算，遵照经济核算原则，定期检查和分析财务计划、预算的执行情况。遵守各项收支制度、费用开支范围和开支标准，合理使用资金，考核资金的使用效果。

（4）制定本单位办理会计事项的具体办法

会计主管人员应当根据国家的有关会计法规并结合本单位的具体情况，制定本单位办理会计事项的具体办法，包括会计人员岗位责任制制度、钱账分管制度、内部稽核制度、财产清查制度、成本核算制度、会计政策的选择以及会计档案的保管制度等。

2. 会计人员的主要权限

为了保障会计人员更好地履行其职责，《会计法》及其他法规在明确会计人员职责的同时，也赋予了会计人员相应的权限，具体有以下三个方面：

1）会计人员有权要求本单位的有关部门和相关人员认真执行各项计划、预算，严格遵守国家财经纪律、会计准则和相应的会计制度。如果发现有违反上述规定的，会计人员有权拒绝付款、拒绝报销或拒绝执行，对于属于自己职权范围内的违规行为，在自己的职权范围内予以纠正，超出自己职权范围的应及时向有关部门及领导汇报，请求依法处理。

2）会计人员有权履行其管理职能，也就是有权参与本单位编制计划、制定定额、签订合同、参加有关生产经营管理的会议，并以会计人员特有的专业地位就有关事项提出自己的建议和意见。

3）会计人员有权监督、检查本单位内部各部门的财务收支、资金使用和财产保管、收发、计量、检验等情况，各部门应大力支持和协助会计人员的工作。

会计人员在正常工作中的权限是受法律保护的。《会计法》第四十六条规定，单位负责人对依法履行职责、抵制违反本法规定行为的会计人员以降级、撤职、调离工作岗位、解聘或者开除等方式实行打击报复，构成犯罪的，依法追究刑事责任；尚不构成犯罪的，由其所在单位或者有关单位依法给予行政处分。对受打击报复的会计人员，应当恢复其名誉和原有职务、级别。

3．会计岗位责任制

会计岗位责任制就是在会计机构内部按照会计工作的内容和会计人员的配备情况，进行合理的分工，使每项工作都有专人负责，每个会计人员都能明确自己的职责的一种管理制度。

《会计工作基础规范》第八十七条规定，各单位应当建立会计人员岗位责任制度，主要内容包括：会计人员的岗位设置；各会计工作岗位的职责和标准；各会计工作岗位的人员和具体分工；会计工作岗位的轮换办法；对各会计工作岗位的考核办法。

为了科学的组织会计工作，企业应健全会计部门内部的岗位责任制，将会计部门的工作划分为若干个工作岗位，并根据分工情况为每个岗位规定其各自的职责和要求。不同的单位，可以根据自身管理的需要、业务的内容以及会计人员的配备情况，确定各自的岗位分布。《会计工作基础规范》第十一条规定，会计工作岗位一般可分为会计机构负责人或者会计主管人员、出纳、财产物资核算、工资核算、成本费用核算、财务成果核算、资金核算、往来核算、总账报表、稽核、档案管理等。

第五节　会计档案管理和会计交接制度

一、会计档案管理

1．会计档案的定义及内容

会计档案是指企业在进行会计核算等过程中接收或形成的，记录和反映单位经济业务事项的，具有保存价值的文字、图表等各种形式的会计资料，包括通过计算机等电子设备形成、传输和存储的电子会计档案。按照《中华人民共和国档案法》的规定，下列会计资料应当进行归档：

1）会计凭证：包括原始凭证、记账凭证。

2）会计账簿：包括总账、明细账、日记账、固定资产卡片及其他辅助性账簿。

3）财务会计报告：包括月度、季度、半年度、年度财务会计报告。

4）其他会计资料：包括银行存款余额调节表、银行对账单、纳税申报表、会计档案移交清册、会计档案保管清册、会计档案销毁清册、会计档案鉴定意见书及其他具有保存价值的会计资料。

2. 会计档案管理的基本内容

为了加强会计档案的科学管理，统一全国会计档案管理制度，做好会计档案的管理制度，国家财政部、国家档案局于 1998 年 8 月 21 日发布了《会计档案管理办法》，后经财政部部务会议、国家档案局局务会议修订，于 2016 年 1 月 1 日起开始施行新的会计档案管理办法。新办法规定了会计档案的立卷、归档、保管、查阅和销毁等具体内容。

（1）会计档案的归档和保管

各单位往年形成的会计档案，都应由单位会计部门按照归档的要求整理立卷，编制会计档案保管清册。当年的会计档案，要在会计年度终了后，由本单位会计部门保管一年，期满后移交单位档案管理部门保管，因工作需要确需推迟移交的，应当经单位档案部门同意，会计部门临时保管会计档案最长不超过三年。临时保管期间，会计档案的保管应当符合国家档案管理的有关规定，且出纳人员不得兼管会计档案。单位内部形成的属于归档范围的电子会计资料可仅以电子形式保存，形成电子会计档案。不具备设立档案机构或配备档案工作人员条件的单位也可以委托具备档案管理条件的机构代为管理会计档案。

（2）会计档案的保管期限

按照《会计档案管理办法》的规定，会计档案的保管期限分为永久保管和定期保管两类，其中定期保管期限又分为 10 年和 30 年，时间是从会计年度终了后的第一天算起。企业单位会计档案的具体保管期限见表 10-1，表中规定的会计档案保管期限为最低保管期限。

（3）会计档案的查阅

各单位保存的会计档案一般不得对外借出，确因工作需要且根据国家有关规定必须借出的，经本单位负责人批准，可以提供查阅或者复制，并办理登记手续，并要求在规定时间内归还，严禁篡改和损坏。

（4）会计档案的销毁

保管期满的会计档案，由单位档案管理部门牵头，组织单位会计、审计、纪检监察等机构或人员对会计档案进行鉴定，并形成会计档案鉴定意见书。经鉴定，仍需继续保存的会计档案，应当重新划定保管期限；对保管期满，确无保存价值的会计档案，可以按照以下程序销毁：①单位档案管理部门编制会计档案销毁清册，列明拟销毁会计档案的名称、卷号、册数、起止年度、档案编号、应保管期限、已保管期限和销毁时间等内容。②单位负责人、档案管理机构负责人、会计管理机构负责人、档案管理机构经办人、会计管理机构经办人在会计档案销毁清册上签署意见。③单位档案管理部门负责组织会计档案的销毁工作，并与会计管理机构共同派员监销。监销人在会计档案销毁前，应当按照会计档案销毁清册所列内容进行清点核对；在会计档案销毁后，应当在会计档案销毁清册上签名或盖章。

电子会计档案的销毁还应当符合国家有关电子档案的规定，并由单位档案管理部门、会计管理机构和信息系统管理机构共同派员监销。

应当注意的是：保管期满但未结清的债权债务会计凭证和涉及其他未了事项的会计凭证不得销毁，纸质会计档案应当单独抽出立卷，电子会计档案单独转存，保管到未了事项完结时为止。单独抽出立卷或转存的会计档案，应当在会计档案鉴定意见书、会计档案销毁清册和会计档案保管清册中列明。

表 10-1　企业和其他组织会计档案保管期限表

序　　号	档 案 名 称	保 管 期 限	备　　注
一	会计凭证		
1	原始凭证	30 年	
2	记账凭证	30 年	
二	会计账簿		
1	总账	30 年	
2	明细账	30 年	
3	日记账	30 年	
4	固定资产卡片		固定资产报废清理后保管 5 年
5	其他辅助性账簿	30 年	
三	财务会计报告		
1	月度、季度、半年度财务会计报告	10 年	
2	年度财务会计报告	永久	
四	其他会计资料		
1	银行存款余额调节表	10 年	
2	银行对账单	10 年	
3	纳税申报表	10 年	
4	会计档案移交清册	30 年	
5	会计档案保管清册	永久	
6	会计档案销毁清册	永久	
7	会计档案鉴定意见书	永久	

二、会计工作交接

会计工作交接制度是会计工作的一项重要制度，也是会计基础工作的重要内容，办理好会计工作交接，有利于保障会计工作的连续性，有利于明确职责。关于会计工作交接的问题，有关的会计法规做了明确的规定，《会计法》和《会计基础工作规范》规定，会计人员工作调动或者因故离职必须将本人所经管的会计工作全部移交给接替人员。没有办清交接手续的，不得调动或者离职。

1. 会计工作交接的要求

会计人员工作调动或者因故离职，必须将本人所经管的会计工作全部移交给人员。没有办清交接手续的，不得调动或者离职。会计人员临时离职或者因病不能工作且需要或者代理的，会计机构负责人、会计主管人员或者单位领导人必须指定有关人员或者代理，并办理交接手续。临时离职或者因病不能工作的会计人员恢复工作的，应当与接替或者代理人员办理交接手续。

移交人员对所移交的会计凭证、会计账簿、会计报表和其他有关资料的合法性、真实性承担法律责任。交接完毕后，交接双方和监交人员要在移交注册上签名或者盖章。并应在移交注册上注明：单位名称，交接日期，交接双方和监交人员的职务、姓名，移交清册页数以及需要说明的问题和意见等。移交清册一般应当填制一式三份，交接双方各执一份，存档一份。单位撤销时，必须留有必要的会计人员，会同有关人员办理清理工作，编制决算。未移交前，不得离职。接收单位和移交日期由主管部门确定。

2．会计工作交接的程序

（1）准备

会计人员办理移交手续前，必须及时作好移交准备工作，包括：①已经受理的经济业务尚未填制会计凭证，应当填制完毕；②尚未登记的账目，应当登记完毕，并在最后一笔余额后加盖经办人印章；③整理应该移交的各项资料，对未了事项写出书面材料；④编制移交清册，列明应当移交的会计凭证、会计账簿、会计报表、印章、现金、有价证券、支票簿、发票、文件、其他会计资料和物品；⑤实行会计电算化的单位，从事该项工作的移交人员还应当在移交清册中列明会计软件及密码、会计软件数据磁盘及有关资料、实物等内容。

（2）移交

会计人员办理移交时，应按照国家档案管理的有关规定办理移交手续。纸质会计档案移交时应当保持原卷的封装。电子会计档案移交时应当将电子会计档案及其元数据一并移交，且文件格式应当符合国家档案管理的有关规定。特殊格式的电子会计档案应当与其读取平台一并移交。

（3）监交

会计人员办理移交手续时，必须专人负责监交。一般会计人员交接由单位会计机构负责人、会计主管人员负责监交；会计机构负责人、会计主管人员交接，由单位领导人负责监交，必要时可由上级主管派人会同监交。移交人员在办理移交时，要按移交清册逐步移交，接替人员要逐项核对点收。交接完毕后，交接双方和监交人员在移交清册上签名盖章。并应在移交清册上注明：单位名称，交接日期，交接双方和监交人员的职务、姓名，移交清册页数及需要说明的问题和意见。

本章小结

1．会计规范是指协调、统一会计处理过程并对不同处理办法做出合理选择的假设、原则、制度等的总和，是会计行为的标准，包括所有对会计的记录、确认、计量和报告具有制约、限制和引导作用的法律、法规、原则、准则、制度等。

2．我国现行的会计法规体系主要由会计法律、会计行政法规、部门规章制度及地方性会计法规组成等构成。

3. 根据我国会计工作和会计人员的实际情况，我国会计人员职业道德的内容可以概括为爱岗敬业、诚实守信、廉洁自律、客观公正、坚持准则、提高技能、参与管理和强化服务等八个方面。

4. 会计管理职能作用的发挥离不开会计工作组织的存在及其正常运行。所谓会计工作组织就是为了适应会计工作的综合性、政策性、相关性和严密细致性的特点，对会计机构的设置、会计人员的配备、会计制度的制定和执行等项工作所做的统筹安排。

5. 所谓会计机构，是指各企事业单位内部直接从事和组织领导会计工作的职能部门。企事业单位会计机构的设置，必须符合社会经济对会计工作提出的各项要求，并与国家的会计管理体制相适应。《会计法》第36条规定，各单位应当根据会计业务的需要，设置会计机构，或者在有关机构中配备会计人员并指定会计主管人员；不具备设置条件的，可以委托经批准设立从事会计代理记账业务的中介机构代理记账。

6. 设置了会计机构，还必须配备相应的会计人员。会计人员通常是指在国家机关、社会团体、公司、企业、事业和其他组织中从事财务会计工作的人员，包括会计机构负责人、具体从事会计工作的会计和出纳员等。

7. 各单位必须加强对会计档案管理工作的领导，建立会计档案的立卷、归档、保管、查阅和销毁等管理制度，保证会计档案妥善保管、有序存放、方便查阅，严防毁损、散失和泄密。会计人员工作调动或者因故离职，必须将本人所经管的会计工作全部移交给接替人员。没有办清交接手续的，不得调动或者离职。

复习思考题

1. 我国现行的会计法规体系主要由几部分构成？
2. 根据我国会计工作和会计人员的实际情况，我国会计人员职业道德的内容可以概括为几个方面？
3. 《会计法》对于会计机构的规定有哪些？
4. 《会计法》对于会计人员的规定有哪些？
5. 会计档案包含哪些内容，各自的保管期限多长？
6. 会计交接的程序包含几个环节，各自的内容是什么？

本章习题

一、单项选择题

1. 在一些规模小、会计业务简单的单位，应（ ）。
   A. 单独设置会计机构
   B. 在其他有关机构中设置会计人员
   C. 不设置会计机构
   D. 在单位行政领导机构中设置会计人员

2. 我国的企业会计准则的制定机构是（　　）。

    A. 企业主管部门   B. 财政部

    C. 国务院   D. 企业自身

3. 我国的企业会计准则分为三个层次，它们是（　　）。

    A. 基本准则、具体准则及应用指南

    B. 一般准则和特殊准则

    C. 通用业务准则和特殊业务准则

    D. 会计要素准则和会计报表准则

4. 现行《会计法》是在（　　），经第九届全国人民代表大会常务委员会第十二次会议修订通过的。

    A. 1999 年 10 月 31 日   B. 2001 年 10 月 31 日

    C. 1999 年 12 月 31 日   D. 2000 年 8 月 31 日

5. 关于《会计法》的表述，不正确的有（　　）。

    A.《会计法》是国家宪法

    B.《会计法》是会计法律制度中层次最高的法律规范

    C.《会计法》是会计工作的最高准则

    D.《会计法》是制定其他会计法规的依据

6. 会计行政法规是由（　　）制定并发布。

    A. 全国人民代表大会   B. 财政部

    C. 国务院   D. 全国人大常委会

7. 部门规章，是由（　　）制定的关于会计工作方面的规范性文件。

    A. 全国人大常委会   B. 国务院

    C. 各级财政部门   D. 财政部

8. 下列各项中，属于会计行政法规的是（　　）。

    A.《会计法》   B.《企业财务会计报告条例》

    C.《会计基础工作规范》   D.《企业会计制度》

9. 财政部发布的企业会计准则属于（　　）。

    A. 会计法律   B. 会计行政法规

    C. 部门规章   D. 会计规范性文件

10. 我国会计制度的最高准则是（　　）。

    A.《中华人民共和国会计法》   B.《企业会计准则》

    C.《企业财务会计报告条例》   D.《企业会计制度》

11. 集中核算和非集中核算，在一个企业里（　　）。

    A. 不能同时采用   B. 即可同时采用，又可分别采用

    C. 可分别采用   D. 可同时采用

12. 下列资料中，不属于会计凭证会计档案的是（　　）。

    A. 记账凭证   B. 银行对账单

    C. 汇总凭证   D. 自制原始凭证

13. 企业和其他组织的下列会计档案中，保管期限为10年的是（   ）。

    A. 原始凭证   B. 汇总凭证

    C. 银行存款日记账   D. 银行存款总账

14. 下列会计档案中，不需要永久保存的是（   ）。

    A. 会计档案销毁清册   B. 会计年度决算报表

    C. 固定资产卡片   D. 年度财务会计报告

15. 企业纳税申报表和银行存款余额调节表的保管期限为（   ）。

    A. 15年   B. 5年   C. 10年   D. 25年

二、多项选择题

1. 我国目前会计规范体系由以下层次构成（   ）。

    A. 会计法   B. 行政法规

    C. 部门规章   D. 地方性会计法规

2. 企业会计人员的主要权限有（   ）。

    A. 有权要求本单位有关部门、人员认真执行国家批准的计划、预算

    B. 有权参与本单位编制计划、制定定额、对外签订经济合同等工作

    C. 有权参加有关的生产、经营管理会议和业务会议

    D. 有权对本单位各部门进行会计监督

3. 企业会计人员的主要职责有（   ）。

    A. 进行会计核算

    B. 会计监督

    C. 编制业务预算、财务预算

    D. 制定本单位办理会计事项的具体办法

4. 我国会计人员职业道德的内容可以概括为（   ）方面。

    A. 爱岗敬业、诚实守信   B. 廉洁自律、客观公正

    C. 坚持准则、提高技能   D. 参与管理、强化服务

5. 会计档案的定期保管期限包括（   ）。

    A. 永久   B. 30年   C. 10年

    D. 15年   E. 25年

6. 企业和其他组织的下列会计档案中，需要永久保存的有（   ）。

    A. 年度财务报告   B. 辅助账簿

    C. 会计档案销毁清册   D. 会计档案保管清册

7. 除当年形成的会计档案，其他会计档案的保管应在（   ）保管。

    A. 其他单位的档案部门

    B. 本单位的档案部门

    C. 本单位财务会计部门内部指定专人

    D. 财务部门

8. 会计档案销毁清册应包括所销毁会计档案的（   ）。

    A. 应保管时间   B. 销毁时间

C. 已保管时间   D. 起止年度

9. 会计工作的组织形式包括（   ）。

 A. 集中核算 B. 非集中核算 C. 汇总核算

 D. 合并核算 E. 独立核算

10. 企业的下列会计档案中，保管期限为30年的有（   ）。

 A. 往来款项明细账   B. 存货总账

 C. 银行存款明细账   D. 长期投资总账

三、判断题

（ ）1. 银行对账单不属于会计凭证，因而也就不属于会计档案。

（ ）2. 在我国，《会计法》与《企业会计准则》具有同等的地位。

（ ）3. 企业会计工作的组织方式有集中核算与非集中核算两种。

（ ）4. 企业的全部会计档案均应永久保存，以便查阅。

（ ）5. 各企业、事业行政机关等单位一般都应单独设置会计机构。但一些规模小、会计业务简单的单位，也可不单独设置会计机构。

（ ）6. 会计人员工作调动或者因故离职，必须将本人所经管的会计工作全部移交给人员。

（ ）7. 出纳人员可以兼管会计档案。

（ ）8. 《会计档案管理办法》规定的会计档案保管期限为最高保管期限。

（ ）9. 各单位保存的会计档案经本单位负责人批准后可以借出。

（ ）10. 本单位档案机构为方便保管会计档案，可以根据需要对其拆封进行重新整理。

参考文献

[1] 财政部. 企业会计准则（2006）[M]. 北京：经济科学出版社，2006.

[2] 财政部. 企业会计准则——应用指南（2006）[M]. 北京：中国财政经济出版社，2006.

[3] 财政部会计资格评价中心. 初级会计实务[M]. 北京：中国财政经济出版社，2012.

[4] 财政部会计资格评价中心. 中级会计实务[M]. 北京：经济科学出版社，2012.

[5] 财政部会计司编写组. 企业会计准则讲解[M]. 北京：人民出版社，2007.

[6] 张捷. 基础会计[M]. 北京：中国人民大学出版社，2011.

[7] 杨淑媛. 基础会计[M]. 哈尔滨：哈尔滨工业大学出版社，2012.

[8] 崔凯宁. 基础会计学习指导[M]. 北京：机械工业出版社，2012.

[9] 栾甫贵. 基础会计[M]. 北京：机械工业出版社，2011.

[10] 杨淑媛. 基础会计习题与实训[M]. 哈尔滨：哈尔滨工业大学出版社，2013.

[11] 李相志. 会计基础学[M]. 北京：中国财政经济出版社，2009.

[12] 王觉. 基础会计[M]. 大连：东北财经大学出版社，2006.

[13] 兰丽丽. 会计基础与实务[M]. 北京：中国人民大学出版社，2010.

[14] 董普. 基础会计模拟实训教程[M]. 北京：机械工业出版社，2010.

[15] 王爱国. 会计学基础[M]. 北京：高等教育出版社，2010.

[16] 赵宝芳. 基础会计[M]. 北京：北京大学出版社，2009.

[17] 李端生. 会计制度设计[M]. 2版. 大连：东北财经大学出版社，2006.

[18] 中华会计网校. 新企业会计准则及相关制度精读精讲[M]. 北京：东方出版社，2006.

[19] 方光正，李淑平. 新编会计学[M]. 北京：清华大学出版社，2006.

[20] 孙晓梅，李勤，张江洋. 基础会计[M]. 广州：中山大学出版社，2005.

[21] 徐宗宇. 基础会计[M]. 北京：经济管理出版社，2006.

[22] 樊行健. 基础会计[M]. 3版. 北京：高等教育出版社，2008.

[23] 于晓镭，徐兴恩. 新会计准则实用手册[M]. 北京：机械工业出版社，2006.

[24] 吴扬俊. 会计信息系统教程[M]. 2版. 北京：电子工业出版社，2007.

[25] 常庆森，焦桂芳. 基础会计[M]. 北京：机械工业出版社，2006.

[26] 刘岳兰. 基础会计[M]. 北京：机械工业出版社，2006.

[27] 陈国辉，迟旭生. 基础会计[M]. 大连：东北财经大学出版社，2007.

[28] 丁元霖. 会计学基础[M]. 3版. 上海：立信会计出版社，2009.

[29] 魏艳华. 会计基础与实训[M]. 2版. 上海：上海财经大学出版社，2012.

[30] 财政部中财传媒，中国注册会计师协会. 会计[M]. 北京：中国财政经济出版社，2018.

[31] 全国会计资格考试辅导用书编写组. 初级会计实务精讲精练[M]. 北京：经济科学出版社，2018.

[32] 陈国辉. 基础会计[M]. 6版. 大连：东北财经大学出版社，2018.